中央编译局比较政治与经济研究中心　清华大学凯风发展研究院　主办

China Governance Review | 中国治理评论　第5辑
●俞可平/主编　2014年 第1期

中央编译出版社
Central Compilation & Translation Press

主办单位

中央编译局比较政治与经济研究中心
清华大学凯风发展研究院

编辑委员会

（以姓氏拼音排序）

陈国权	浙江大学	王绍光	香港中文大学
褚松燕	国家行政学院	王正绪	英国诺丁汉大学
丁元竹	国家行政学院	吴建南	西安交通大学
龚维斌	国家行政学院	徐　勇	华中师范大学
何增科	中央编译局	薛　澜	清华大学
黄卫平	深圳大学	燕继荣	北京大学
姜晓萍（女）	四川大学	杨大利	芝加哥大学
景跃进	清华大学	杨光斌	中国大民大学
蓝志勇	美国亚利桑纳州立大学	杨雪冬	中央编译局
	中国人民大学	余逊达	浙江大学
马　骏	中山大学	赵树凯	中国发展研究基金会
米加宁	哈尔滨工业大学	周光辉	吉林大学
浦兴祖	复旦大学	朱光磊	南开大学
王长江	中央党校		

编委会主任、主编
俞可平

编委会副主任
何增科　张小劲

执行主任
褚松燕

执行单位
清华大学政治发展研究所
清华大学政治学系

赞助支持
凯风公益基金会

出版单位
中央编译出版社

目录

001　特稿

002　民主还是民粹
　　　　——中国的民意政治/俞可平

025　主题探讨：城市治理

026　亚洲城市未来十年面临的四个巨大挑战/[美]安东尼·M.奥罗姆

039　城市治理的理论模型与演进逻辑/毛寿龙

054　巴西和圣保罗的城市公共政策中政府、政治行动者和治理/[巴西]爱德华
　　　多·马奎斯

084　城市"问题社区"社会治理的不同视角及其变迁/李秉勤

109　全球地方互动与艺术区治理：以798厂和宋庄为例/张　玥

123　从灾害管理到灾害治理：
　　　中国城市社区减灾防灾救灾体系研究/褚松燕　宋雄伟　于现忠

146 治理理论
147 论治理理论的哲学基础/翁士洪

166 治理与政策
167 中国的户口制度及其变革/[美]王飞凌
191 解释我国政教关系多样化的三种机制/钟智锋
224 当前我国城乡基层治理的若干重大问题及对策建议/袁方成 柳红霞

277 治理案例
278 "公众参与"与"官僚控制"的双重变奏
——杭州综合考评的发展线索解析/黄俊尧

311 学术动态
312 建构中国的改革政治学，积极推动政治进步
——首届"中国政治学30人圆桌会议"研讨纪要

319 书刊信息：城市治理
320 中文论文
323 中文书目
325 英文论文
330 英文书目

334 《中国治理评论》约稿函

Contents

001 **Special Article**

002 Democracy or Populism: The Politics of Public Opinion in China / *YU Keping*

025 **Thematic Articles: Urban Governance**

026 The Four Great Challenges Confronting Asian Cities in the Coming Decade / *Anthony M. Orum*

039 The Theoretical Models of City Governance and Their Evolution Logic / *Mao Shou long*

054 Government, Political Actors and Governance in Urban Policies in Brazil and São Paulo / *Eduardo Marques*

084 Different Paths for the Governance of "Problematic Neighbourhoods" and Their Transitions over Time / *Li Bingqin*

109 Interaction between Local and Global & Art District Governance: A Case Study in Factory 798 and Songzhuang / *Zhang Yue*

123 From Disaster Management to Disaster Governance: Research on the Urban Community Disaster Relief System in China / *Chu Songyan, Song Xiongwei and Yu Xianzhong*

146 **Governance Theory**
147 Philosophy of Governance Theory / *Weng Shihong*

166 **Governance & Policy**
167 China's *Hukou* (Household Registration) System and Its Evolution / *Wang Feiling*
191 Three Mechanisms in Regulating the Relationship between Politics and Religions in China / *Zhong Zhifeng*
224 Urban – Rural Grassroots – Level Governance in China: Problems and Suggestions / *Yuan Fangcheng and Liu Hongxia*

277 **Case Studies**
278 The Double Variation of Public Participation and Controlling the Bureaucracy: The Clue of Comprehensive Performance Appraisal in Hangzhou / *Huang Junyao*

311 **Academic Events**
312 Exploring the Political Logic of China's Reform and Consciously Pushing forward Political Progress: Overview of the First Roundtable Meeting for China's Top 30 Political Scientists

319 **Latest Books and Articles: Urban Governance**
320 Chinese Articles
323 Chinese Books
325 English Articles
330 English Books

334 **Invitation of Articles to *China Governance Review***

特稿 | Special Article

民主还是民粹

——中国的民意政治

俞可平

摘　要：本文认为，民意政治的兴起，是近年来中国政治一个明显的特征。特别是随着博客、微博和微信等网络新媒体的兴起，民意正在深刻地影响政府的决策和中国政治的进程，并改变中国的政治生态。作者详细分析了民意影响中国政治进程的主要渠道、重要机制和民意关注的焦点，在此基础上作者指出，民意政治的兴起及其对政治过程影响的增大，从根本上说，是中国社会政治进步的表现，是中国走向成熟民主的一个必经环节。但民意政治的兴起也有明显负面的作用，它在相当程度上导致了民粹主义的滥觞，助长了"网络暴力"或民意暴力行为。深化政治体制改革，推进民主法治进程，是防止和克服民意政治畸变为民粹主义、网络暴力和暴民政治的根本途径。

关键词：民意　民主　民粹　中国政治

民意对政府决策的影响日益加大，这是近年来中国政治一个明显的特征。特别是随着博客、微博和微信等网络新媒体的兴起，民意正在深刻地影响中国政治的进程并改变中国的政治生态。过去几年中，许多在普通民众中影响广泛的政治事件直接是由民意引发的，例如"贵州瓮安事件"、"厦门PX事件"、"四川什邡事件"、"重庆雷政富事件"、"江苏启东事件"、"甘肃陇南事件"、"浙江海宁事件"、"广东乌坎事件"等。一些违法贪官在民意的要求下受到了法律的惩罚，如发改委前副主任刘铁男；一些政府的重大决策也迫于民意而发生重大改变，如"四川什邡事件"直接导致了当地政府调整相关政策，原定的钼铜项目被迫停顿下来。

民意政治正在中国悄然兴起。"民意"再度成为中国政治的流行词汇，被视为中国民主政治的重大进步，"敬畏民意"也成为流行的政治口号。一些地方政府甚至正式将民意当做评价政府绩效和制定公共政策的基本依据，例如江苏江阴市的"幸福江阴"计划，试图用民意来倒逼政府的改革；浙江湖州的"民意导向警务"活动，则试图用民意来引导和评价警察服务。新一届中共领导人习近平决定从今年下半年开始在党的各级权力部门进行"群众路线教育活动"[1]，这既可以看做是中国新领导人对毛泽东开创的中共政治传统的自觉延续，也可以看做是在新的历史条件下对民意的再度重视。

然而，人们也不难发现，民意政治在中国也产生了另一种后果：民粹主义的兴起。汹涌的民意有时也变成一种"软暴力"，扭曲正常的社会政治生活。特别是在网络上，不少带有明显偏激的言论形成为"网络暴力"，压制社会的理性行为，干预独立的司法审判和正常的决策程序，侵犯包括官员在内的公民的合法个人权利。一些商人和政客甚至不惜动用金钱和权力，雇佣"水军"或"五毛"人员制造所谓的网络"民意"，以达到自己的私利。

那么，中国的民意政治究竟拥有一种什么样的政治生态？民意影响政治的主要机制和重点领域是什么？民意的兴起对中国政治的发展又意味着什么？它究竟是民主政治的进步，还是民粹主义的泛滥？努力阐述并回答这些问题，正是本文的主要内容。

一、民意影响决策的主要机制

民意是政府制定公共政策的基本依据。在民主政治条件下，民意实际上是公共政策的主要合法性来源，几乎所有决策者都会声称自己的政策反映着广大公民的意愿和需求。中国共产党在这方面表现尤其突出,"群众路线"被认为是中国共产党获胜的重要"法宝"之一,从某种意义上说,"群众路线"就是一种民意政治。中国共产党历届领导人在总结经验时都反复强调,什么时候党与人民的联系紧密了,党的事业就会成功;什么时候党脱离人民了,其事业就会遭致失败。改革开放后,邓小平再度运用了民意这个"法宝"。他提出了一个著名的观点:党的全部工作的出发点和落脚点,就是"人民拥护不拥护"、"人民赞成不赞成"、"人民高兴不高兴"、"人民答应不答应"[2]。

然而,公共政策实际上是否反映公众的需求和意愿,并不取决于决策者的愿望,更不取决于决策者的自我宣示,而首先取决于是否存在一套通畅地传递民意的表达机制和体现民意的决策机制。邓小平不仅提出了"人民满意"论,更重要的是他看到了要确保政府政策反映民意,关键在制度。他在改革开放初就说,"为了保障人民民主,必须加强法制。必须使民主制度化、法律化。使这种制度和法律不因领导人的改变而改变,不因领导人的看法和注意力的改变而改变"[3]。他大力推动"党和国家的领导制度"的改革,特别重视决策民主化和科学化的制度建设。在邓小平的直接领导下,中共十三大首次提出了"决策民主化和科学化"的改革议题,着手建立一套真实反映民意的决策机制。[4]经过近30年来的摸索,逐渐形成了"中国特色"的民意影响决策的特殊机制,主要是影响决策的民意表达渠道和处理机制,包括:"两会"、"内参"、"政治教育活动"、"信访"、"听证会"、"恳谈会"和"网络问政"等。其中,有些机制在过去就以某种形式存在,但现在具有了新的内容和新的作用;而有些则完全是这些年中形成的,从内容到形式都是过去所没有的。

"**两会**"是目前中国最重要的制度化民意表达机制。"两会"是一年一度的各级人民代表大会和政治协商会议的简称,也是中国法律规定的基本政治制度。"两会"制度从1949年中共建政后不久形成,其中政治协商会议早于人民代表大会。第一届"中国人民政治协商会议"于1949年9月21日召开,而第一届全国人民代表大会于1954年9月15日召开。但在

20世纪80年代前,"两会"自身的活动并不正常,经常被各种政治运动中断,在"文化大革命"期间几乎完全陷于停顿状态。改革开放前,即使召开"两会",其重点也不在表达民意,而在完成党和政府交付的"法定程序",它们也因此被戏称为"花瓶"。80年代后,这种状况开始发生重大变化。首先是"两会"开始常规化和制度化,"两会"各有自己的年度例会。其中,人民代表大会从中央到省、市、县、区、乡镇均召开年会,而政治协商会议则只在县市级以上才召开年会。其次,除了完成党和政府交付的法定程序外,"两会"开始日益重视民意的收集和表达。人大代表和政协委员在参加"两会"前,通常会想方设法征求自己所在地区或行业的公众意见,在此基础上形成各种"提案"。这些"提案"分别经由人大和政协的"提案委员会"审核后,直接提交给政府责任部门,政府责任部门在收到这些"提案"后必须就如何处理这些"提案"作出回应。每当各级"两会"召开前夕,各级人大代表和政协委员会设法听取民众的意见,然后形成各种各样的"提案",已经成为公众民意影响政府决策最重要的制度性渠道。据统计,从2000年到2010年间,"两会"提案和议案数量超过了10万件。[5]近年来许多网民还通过微博向"两会"代表和委员提出各种建议,出现了所谓的"微博问政"。"两会"的年度例会,也因此成为社会关注度最高的政治事件,是中国政治的一道风景线。

"内参"是中国共产党内部民情上达的重要政治信息渠道和决策依据。中共执政后逐渐建立了一整套十分完备的内部政治信息传播机制,作为各级权力机关了解民情、作出正确决策的重要机制。五花八门的"内参",不同于向上级权力机关汇报和请示工作的"报告",其主要内容是反映存在的问题、民众的意见,以及报送者处理相关问题的建议。"内参"所载内容多半是不宜公开发布的政治信息,包括负面的政治信息,如民众的抱怨等,因此,许多"内参"都被列入保密范围,不得随意扩散。在过去,中共的"内参"体系主要由新华社、《人民日报》等官方媒体组成。尤其是新华社,至今仍维持着最为重要的高层决策所依据的"内参"体系,包括《参考要闻》、《国内动态清样》、《内部参考》、《内参选编》、

《参考清样》等。20世纪90年代后，中国共产党决策系统中的这一"内参"制度进一步发展，除了新华社、《人民日报》、《求是》等官方媒体拥有正式向中央决策层报送的数十种"内参"外，中央多数部委也各有其定期或不定期向中央决策层报送的行业性和部门性"内参"，一些重要智库如中央政策研究室、中央党校、中央编译局、国家行政学院、国务院发展研究中心、中国社会科学院等，都各有其多种"内参"直接报送中央决策层。一些地方政府近年来也开始建立自己的"内参"体系，作为地方党政机关了解当地民情和制定地方政策的重要依据。随着信息时代的到来，"内参"中反映民众意见和需求的内容日益增多，而决策者经常在重要的"内参"上就一些具体的问题作出"批示"，作为对民意的一种回应。

群众性政治活动是脱胎于原先的政治运动的中国共产党特有的民意收集机制。"从群众中来，到群众中去"；密切联系群众，广泛听取群众意见，是中国共产党至今仍声称坚持的优良传统。中国共产党在夺取政权和巩固政权时屡屡通过群众性政治运动来进行广泛的政治动员，曾经获得极大的成功。1949年执政后，中国共产党继续了这一政治传统，更加频繁地发起了一个又一个的政治运动，包括"土地改革"（1947—1952）、"镇压反革命"（1950—1953）、"三反五反"（1951）、"反右"（1957—1958）、"人民公社"（1958）、"大跃进"（1958—1960）、"社会主义教育"（1962—1966）、"四清"（1963—1966）、"文化大革命"（1966—1976）、"批林批孔"（1974—1975）、"批邓反击右倾翻案风"（1975—1977）等。但这些群众性政治运动的性质逐渐发生了重要变化，"文化大革命"后它们事实上蜕变为阶级斗争或政治斗争的主要工具，历次政治运动均造成了难以计数的冤假错案。改革开放后，中国共产党吸取过去群众运动的教训，力图在恢复其作为联系群众纽带的同时，避免大规模的政治斗争，声势浩大的"群众运动"因此而成为"群众性教育活动"。从20世纪90年代开始，历届新任中国共产党领袖都发起过多次这样的群众性教育活动，从"三讲"（即1996年中共十四届六中全会作出决定，对县处级以上领导干部进行一次以"讲学习、讲政治、讲正气"为主要内容的党性党风教育,为期三年)、"保先"(即 2004 年中共中央决定在全党开展以实践"三个代表"重要思想为主要内容的保持共产党员先进性教育活动,为期一年半),到"科发"(即 2008 年中共中央在全党决定分批开展深入学习实践科学发展观活动,为期一年半)、"争先创优"(即 2010 年中共中央决定在党的基层组织和党员中深入开展"争先创优"活动,为期一年半至二年),再到今年下半年刚启动的"群众路线教育活动"。这些"学习实践活动"或"教育实践活动"虽然不再像过去那样广泛发动群众搞"人人过关",但仍然声势浩大。例如,"学习实践科学发展观活动"涉及 7500 多万党员和 370 多万个党组织。[6] 所有这些"教育活动",除了党员特别是党员领导干部的自我批评、自我教育外,另外一个重要内容就是在活动期间专门听取普通党员和其他民众的意见,然后根据这些意见提出具体的"整改措施",并向本部门或本地区的民众作出"公开承诺",在一定期限内完成这些"整改措施",接受民众的监督。这些"整改措施"和"公开承诺",实际上就是基于民意之上的决策。[7]

信访是目前中国最普遍的民意表达机制。中国的信访制度也由来已久,早在 1951 年,当时的中央政府就颁布了《政务院关于处理人民来信和接见人民工作的决定》。但那时信访制度的主要职能是接收各地群众给中央领导和中央领导部门的来信,这被当做中国共产党联系群众的一种形式。改革开放后,特别是 20 世纪 90 年代后,信访的职能发生了实质性变化,成为中国最重要的民意表达和收集制度之一。1995 年国务院正式颁布了《信访条例》,2005 年国务院再次颁布了修订后的《信访条例》。根据这两个法令,信访是"指公民、法人或者其他组织采用书信、电子邮件、传真、电话、走访等形式,向各级人民政府工作部门反映情况,提出建议、意见或者投诉请求,依法由有关行政机关处理的活动"[8]。根据这一条例,从中央到地方县级政府都正式设立信访办公室,一些重要的权力部门也内设了信访办公室,如全国人大和公、检、法部门,专门负责处理人民来信来访。根据相关规定,所有信访部门在接到公民的来信来访后,应当将来访者的诉求加以记录和分类,然后转交给相关政府部门,政府部门通常须向信访部门和上访者反馈其处理意见。信访制度和信访机构从而成为中国最重要的民意诉求渠道之一,也是公民合法地影响政府政策的便捷途径。

地方领导干部走出机关到基层单位的所谓"**接访**"或"**下访**",是信访的一种新形式。从1992年开始,全国各地的信访数量连续迅速上升,在2003年和2004年间达到信访的"洪峰"。2003年的6月至9月,国家信访局来信来人上访的数量同比分别增长了67.3%和58.4%。[9]为了处理大量的信访问题,防止正常的信访演变成群体性事件,从21世纪初开始,一些地方试行主要领导干部直接接待群众来访的新制度,增加了一条普通民众直接向决策者反映诉求的重要渠道,成为基层决策部门了解并处理民意的重要制度。这项制度推行后,明显减轻了信访机关的压力。因此,2009年中办发布《关于领导干部定期接待群众来访的意见》,在全国普遍推行领导干部接访制度。2012年《人民日报》报道称,全国信访总量已连续七年下降。然而该报道同时指出,仅2011年一年,全国县以上领导干部接待来访的群众就达337.2万人次,可见整个信访总量仍然非常之高。[10]近年来信访制度出现了一个新的变化趋势:从正常的个人上访演变为非正常的"群体性事件"。

按照官方的界定,"**群体性事件**"是指"由人民内部矛盾引发、群众认为自身权益受到侵害,通过非法聚集、围堵等方式,向有关机关或单位表达意愿、提出要求等事件及其酝酿、形成过程中的串联、聚集等活动"[11]。"群体性事件"是民众表达对政府及政府官员不满的一种特殊方式,实际上是一种集体的抗议和示威。由于这种非正常的民意表达方式通常会造成广泛的社会影响,对政府形成重大压力,因而,它已经成为当今中国最重要的民意表达形式之一。"群体性事件"的表现形式及数量在近些年中获得了快速增长。有学者也把"群体性事件"称为"社会性突发事件",并认为在眼前的中国这类事件多达15个种类:集体上访、静坐、集会、示威游行、示威抗议、罢工、堵塞交通、封堵政府大门、冲击政府、公共混乱事件、骚乱、民族间纷争、网络聚集、传闻引发的集体行动，以及组合形式的集体行动。[12] 20世纪90年代以后，群体性事件的增长速度几乎与GDP一样，年均超过9%。有人估计，群体性事件在1993年为0.87万起，1999年为3.2万起，2003年为5.8万起，2011年则高达19万起。[13] 群体性事件正在以一种独特的形式改变着中国的政治生态，它不仅是民意影响政府决策的重要形式，也是影响社会稳定的重要因素。

网络是中国目前影响最广泛的民意表达平台，也是普通民众影响政府决策的最重要机制。中国是网民大国，目前网民已经超过6亿，仅新浪的微博用户就超过了5亿，腾讯的微信用户超过3亿，而且还在快速增长。"两会"、"内参"主要是官方的民意收集渠道，"信访"、"群众活动"虽然直接与民众接触，但民意通常要经过多层过滤，唯有微博和微信等网络工具，既方便实用又几乎没有"信息过滤"，因此，在合法的公众参与渠道相对缺少的情况下便迅速成为公众表达其民意的最重要平台。网络议政和网络参与是中国网民生活的重要内容，也是中国网民区别于他国网民的重要特征。中国的网民们纷纷利用网络平台发表对时政的评论，表达自己的政治诉求，传播各种政治信息，因而，以博客、微博和微信为代表的网络平台，成为民意汹涌汇集的海洋。与这种现实情况相适应，中国领导人，如前总书记胡锦涛和前总理温家宝，十分重视网络民意，并使之成为决策的重要参考依据。各级政府纷纷开设了自己的门户网站，其中不少政府还在门户网站内开辟了专门的民声通道，或另外创办专门倾听市民意见的网站，鼓励本地居民对政府工作提出意见和建议，如辽宁沈阳市的"民心网"等。新华社和《人民日报》等官方媒体也专门创办了反映网络民意的"内参"，如人民网的《网络舆情》、《舆情分析》和新华社的《舆情摘要》等，直接报送中央最高决策层。各级地方政府也纷纷效仿，监视和摘报当地的网络舆情，作为其决策的重要参考。

听证是各级政府在制定与民生相关的公共政策前听取民众意见的新机制。听证制度在西方国家一直是重要的决策制度，是西方民主的基本制度之一，也因此在中国一直被视为典型的资本主义政治制度。从21世纪开始，听证制度开始引入中国，先是在地方层面进行试验性推广，但很快被中央政府采纳，是胡温执政时期在民主决策方面的一项重要制度创新。温家宝在就任总理伊始就明确要求，从中央到地方各级政府制定重大政策之前，必须经过听证程序。2008年发布了《国务院关于加强市县政府依法行政的决定》，明确规定重大决策必须举行听证。2010年进一步发布了《国务院关于加强法治政府建设的意见》，专门就政策听证作出了具体的规定："要把公众参与、专家论证、风险评估、合法性审查和集体讨论决定作为重大决策的必经程序。作出重大决策前，要广泛听取、充分吸收各方面意见，意见采纳情况及其理由要以适当形式反馈或者公布。完善重大决策听证制度，扩大听证范围，规范听证程序，听证参加人要有广泛的代表性，听证意见要作为决策的重要参考。"[14]全国人大常委会也适时引入了听证制度，在一些重要立法出台之前召开听证会议。按照中央政府的要求，各级地方政府纷纷出台相关条例，进行立法听证和政策听证的尝试。虽然中国至今还没有听证法，但在事关民生的重要政策问题上，如自来水、家用电、煤气和出租车的涨价等，举行听证会已经成为一种惯例。听证会主要是政策制定者听取民众代表和专家学者的意见，尽管在如何选取民众代表、是否真正尊重民众意见方面充满着争议，但听证制度已经成为民意影响决策的正式制度，而且这种制度对政府决策的影响无疑在逐步增大。

"恳谈会"也是近年发展起来的政府与公民进行对话协商的新制度。"恳谈会"在各地有不同的称呼，例如"政策对话"和"民主协商"等，其基本内容是基层的政策制定者就某项特定政策听取利益相关者的意见。其中最有影响的要数浙江温岭的"民主恳谈会"，温岭市的松门镇早在1999年就开始推行"民主恳谈会"，乡镇党委和政府就一些具体的民生问题听取民众的意见。此后，这一制度在温岭市范围内得以推广，并且有一系列的配套制度，一度成为中国式协商民主的典范。[15]"恳谈会"主要应用于乡镇和村一级的决策过程，是居民和地方当局之间的协商对话，是一种直接民主。尽管学者和民众对此好评如潮，但因为涉及地方政府向民众的分权和地方的行政效率，一直难以得到大范围的推广。

除了上述这些机制外，民众表达其诉求和意见，并进而影响政府决策和政治生活的还有一些其他的渠道，例如大众传媒、过去群众运动时期遗留下来的"意见箱"制度、"举报"制度、领导干部"下基层"制度、上级到下级的"巡视"制度和各类智库的调研报告等等。

二、民众关注的主要问题

民众所反映的问题与提出的诉求，大多与其切身利益直接相关，因而千差万别。但从地区和国家的整体来看，每个时期的民意都有其特定的关注热点，它们在相当程度上反映着社会的政治经济现状。可以说，民意是社会政治的晴雨表，带有明显的时代印记。例如，"文革"结束后民意关注的焦点是平反历次政治运动造成的冤假错案，国有企业改制时关注的是职工下岗就业，城市化进程加速时关注的是拆迁补偿，如此等等。目前民意关注的焦点问题主要有哪些呢？综合相关调查观察材料，主要有以下这些。

民生问题。毫无疑问，普通民众最为关心的当然是与其生活密切相关的衣、食、住、行等民生问题。[16]纵观近年来各种舆情调查和分析报告，民生问题始终占据民意的核心地位，特别是所谓的"三难"，即"买房难、看病难、上学难"。房价飞涨，使社会中下层居民买不起房，或被银行贷款绑架，成为"房奴"。药价高、好医院和好大夫少，加上医疗腐败和医疗保险制度不完备，使得普通居民看病面临费用高、好医院难进的双重困难。现在的适龄学童大都是独生子女，父母们都希望孩子能上好一点的学校，但好学校与众多学生相比总是稀缺，因而也与看病难一样，广大家长在孩子上学时面临学费高、好学校难进的困难。这"三难"被一些网民戏称为新的"三座大山"。除此外，下岗失业、退休养老、社会保障、食品安全、交通拥堵、公共安全、物业纠纷等基本民生问题，都成为舆论关注的热点。随着城市化进程的加速，一些特殊的民生问题，也逐渐演变成民意的焦点，如土地征用、房屋拆迁和环境保护。

土地征用。城镇化是实现中国现代化的必经之路，快速的城镇化是中国现代化的重大成就之一。但中国的城镇化速度令世人吃惊，其中还另有奥妙。1978年城乡人口比是17.92%和80.02%；2000年为36.22%和63.78%，2011年则完全颠倒过来，变成了51.27%和48.73%。[17]驱动快速城镇化的直接动因之一，是地方政府从中获取的巨大土地收益。中国的土地产权分为城市与乡村两种不同类型，城市土地属于国家所有，乡村土地属于集体所有。国家所有的土地政府可以作主，集体所有的土地则由村民委员会作主。土地的市场价与对农民的补偿款之间存在着巨大的差价，少则十几倍，多则上百倍。经济学家吴敬琏估计，地方政府这些年中从农民手中攫取的土地溢价至少在30万亿元人民币以上[18]，土地收益已经成为许多地方政府的主要财政来源。然而，地方政府的这种土地收益，是以剥夺农民的权益为代价的。尽管中央政府三令五申，必须对失地农民进行合理补偿，但并非所有地方政府都能按中央政府要求的那样理性处事。许多失地农民既得不到合理的补偿，又没有固定的职业和基本的养老等社会保障，成为所谓的无土地、无职业、无保障的"三无农民"。不少农民觉得自己在土地征用中受到了不公正的待遇，便向政府发出强烈的抱怨，直至形成所谓的"信访潮流"。以南方的浙江省为例，仅1999年至2002年的三年间，就征用农村集体土地154.69万亩。因土地征用而去省里上访的，2000年为342批1015人，2001年为333批1010人，2002年上升至470批1615人。[19]

拆迁安置。这是与土地征用有密切关系但又有所不同的热点问题，大量的拆迁安置也是城镇化进程的产物，但除了城镇化外，大型水利工程和建设工程也带来拆迁安置的问题。如三峡工程的安置移民，就多达140万人。拆迁安置比土地征用更加复杂，它不仅涉及农村居民，也涉及许多城镇居民。由于城镇化及大型工程的需要，对居民的房屋进行拆迁，然后进行适当的补偿并重新对其进行安置，这直接关系到居民的安身立命，稍有不妥势必引发居民与开发商的激烈冲突，最后双方都有可能会求助于政府出面调解。如果居民以为政府的调解失却公平公正，最后就会将其不满转向地方政府。近年中大量对政府的民怨直接由拆迁安置引发，各地还不时发生暴力冲突和恶性人命案件，例如2007年重庆的"最牛钉子户事件"和2009年成都的"拆迁户自焚事件"。每年的"两会"按其本意应当是人民代表和政协委员议论国家大政方针，但近些年中比"两会"代表和委员进京更多的是访民，其中相当多数的上访由拆迁安置引发，这些访民希望借"两会"之际引起上层对其问题的关注，在上层的干预下满足其需要。

环境污染。中国迅速的现代化确实创造了世界经济史的奇迹，GDP年均增长连续33年超过9%，但为之付出的代价极其昂贵，其中主要的代价之一就是环境污染。GDP崇拜和GDP主导的官员绩效考核，在相当长一段时间中形成了不计环境成本的增长模式，"先发展，后环保"曾经是许多地方政府的发展思路。虽然中国政府在前些年开始调整这种以牺牲环境为代价的增长模式，但为时已晚。水污染、大气污染和土壤污染的程度已经触目惊心，严重威胁到人们的生活质量和生命健康，促使人们对生态环境的神经变得日益敏感。广大的城乡居民纷纷开始环境保护的自救行动和维权行动，其中引人注目的举措，就是日益关注周围的环境质量，主动反映周边的环境，形成民意的重要焦点。不仅如此，当民众的环境权益面临威胁时，越来越多的人开始采取抗争行为，例如上访、示威、游行，直至演变成暴力对抗。近年发生的大规模官民冲突事件，许多是由环境问题引发的，如厦门和大连的"PX项目事件"、什邡的"钼铜事件"、启东的"排污事件"等便是典型案例。据专家统计，由环境污染引发的群体性事件以年均29%的速度递增。仅2011年，环境保护部就直接处置突发性环境事件106起。[20]

社会公正。中国共产党信仰社会主义，并把它作为执政的基本原则。从理论上说，与资本主义相比，社会主义更强调平等和公正。因此，在中共执政伊始，就推行均贫富的分配制度，致力于消灭占据大量财富的资本家阶级和地主阶级。长时间中，社会各阶层的收入差距很小。改革开放前的1978年，中国城镇的基尼系数只有0.16，农村居民的基尼系数只有0.2889，平均为0.2797。[21]但这种均贫富的收入分配制度，导致了居民生产积极性的严重不足，使中国长期处于严重的贫困状态。改革开放后，邓小平为了克服平均主义的分配制度，提出要"允许一部分人一部分地区先富起来"的政策，强调"效率优先，兼顾公平"的原则。结果是，一方面经济迅速发展，财富急速增加；另一方面，贫富差距迅速拉大。据学者统计，从1980年至2010年的30年间，中国的基尼系数不断上升，从0.2862飙升至0.48。[22]

2012年，中国官方公布的基尼系数是0.47，但学者的统计远高于此，家庭收入差距的基尼系数最高达到0.61。[23]2012年收入最低的5%的家庭收入累计占所有家庭总收入的0.1%，而收入最高的5%家庭的收入却占所有家庭总收入的23.4%，是前者的234倍。而且城乡人均收入和东西部区域性人均收入的差距也在拉大。[24]财富分配的不公，直接导致了教育、卫生、安全、住房、司法等方面的明显不公，成为公民对政府的不满增加而信任减少的基本原因。一些调查表明，多达60%以上的居民觉得社会不公平。[25]常言道，"不平则鸣"，种种社会的不公平，便成为各种正式的和非正式的民意诉求的焦点内容。

司法不公。中国有着长期的人治传统，直至20世纪90年代末才正式提出要建设法治国家，并把法治当做是国家政治发展的根本目标之一。但走向法治必然是一个相当漫长的过程，在这个过程中，法制不完善、法外干预、法官腐败、以权代法、刑讯逼供、有罪推定、地方保护等因素均会严重影响司法的公正。各地确实不时有一些民事和刑事案件，由于权力和金钱的干预而出现不公正的审判。此外，中国特有的信访体制和维稳体制，又进一步增加了许多干预独立司法审判的政治因素。一些已经判决的案子，当事人甲觉得不公平，便向上级投诉上访，上级部门的干预有可能影响原先的判决，这样又可能引发当事人乙新的不满。在"稳定压倒一切"方针的指引下，地方政府会以"息事宁人"的思维去解决民众的某些强烈诉求，从而在现实生活中会形成一种"不闹不解决，小闹小解决，大闹大解决"的奇特政治逻辑。在信访热点问题中，由民众感觉司法不公而引起的"涉法信访"不仅占据比例高，而且持续时间也长久。一份研究指出，四川乐山市仅2009年就发生"涉法信访"4580件（人次），占该全部信访总量的79%。[26]向政府讨要"说法"，成为近年中许多民众的强烈诉求。司法不公的现象便成为长期得不到根本解决的体制性问题，也成为公众舆论的热点话题。

腐败特权。腐败已经成为中国政治的痼疾，从20世纪90年代中国开始转向市场经济后便不断加剧，直至现在还处于高峰。从工程承包招标、稀缺资源供给、商品买卖回扣，到孩子上学、病人住院、官员选拔、荣誉评选等，几乎涉及社会各个领域，案值也从数千数万元到数亿数十亿元。腐败极大地败坏了社会风气，陡然增大了行政和交易成本，使普通民众深深地感觉到社会的不公平和政府官员的不可信，从而长期成为公众舆论关于党和政府工作的最大关注点。实际上，许多中高级官员的腐败案最终事发，舆论的披露和介入功不可没。近年来另一个与腐败紧密相关但更为可怕的现象日益严重，这就是愈演愈烈的特权。特权是制度许可或至少并不违法的特殊利益，它虽然极不合理但却不被法律追究。特权是一种制度性腐败，其危害比官员的普通腐败远远更为严重。在上学、就业、升官、医疗、退休、交通、住房等利益纠纷突出的领域，特权现象便紧跟其后。在民意的关注中，特权与腐败通常被不加区分地看待。近年来的许多民调表明，官员的腐败特权是民众关注度最高的社会问题。上引的一份调查称，有75%多的居民认为官员腐败是目前最大的社会问题。[27]

民族主义。改革开放后中国迅速崛起，不仅成为世界第二大经济强国，综合国力也日益强盛。在世界政治经济舞台上，中国的声音从来没有像现在这样响亮，中国的国际地位前所未有地提高。在这种背景下，中国人民的民族自豪感大大增强，对传统文化的重视为中国共产党执政后所未有。这样，一方面，中国继续强调对外部世界开放，并学习借鉴国外的优秀文明成果；另一方面，许多民众开始有意识地抵触外来文明，民族主义和爱国主义的情绪开始高涨。一些原来并不敏感的问题变得敏感了，特别是对外来的刺激开始产生强烈的反应。在民众中，反西方特别是反美的情绪变得日益强烈，对一些外交纠纷特别是领土纠纷，民众开始发出自己的强烈呼声，并且对政府的外交政策形成强大的压力。例如，"中美撞机事件"、"中国驻南使馆被炸事件"、"南海岛礁之争"、"钓鱼岛之争"等，都成为当时影响最大的公共舆论事件。以2012年的网络舆情为例，"钓鱼岛与反日游行"以及"黄岩岛与南海局势"两个议题高居中国最有影响的三家论坛（天涯、凯迪、人民）、两家微博（新浪、腾讯）和两家社交网站（人人、开心）的榜首。[28]民众的民族主义和爱国主义情绪，已经成为政府制定内外政策日益重要的依据。

三、结束语：民主还是民粹

民意政治的兴起，是中国近年来政治生活中一个引人注目的现象。从上面的叙述中我们可以发现，民意政治的兴起有许多种表现。其一，民众对政府的诉求日益强烈，并且努力通过各种渠道表达出来。更多的民众，特别是年轻一代，不再将自己的不满和要求埋藏在内心，而是选择了公开的表达，甚至不惜采取一些极端的表达方式，如群体性事件等。其二，民众表达其各种诉求的渠道大大增多，只要有强烈的表达意愿，即使最底层的穷人，也能找到表达其意愿的方式。除了传统的渠道外，民众更多的是利用新兴的民意渠道，如利用手机和互联网等新媒体，甚至通过外国人和外国在华机构表达其诉求，出现了所谓"告洋状"。除了合法的表达渠道外，民众也大量使用"非法的"渠道，如"群体性事件"等。其三，公众的民意已经对政府决策产生重大影响，成为公共决策不可逾越的环节。从中央最高层领导到地方政府官员，倾听民意，关注舆情，已经是其政治生活的基本内容。政府决策完全弃民意于不顾的时代已经过去，敬畏民意开始成为更多官员的政治态度。其四，针对民意政治的兴起，一些相应的制度开始建立。它们旨在规范和疏导民意，同时也力图使公共政策反映民意，例如听证制度、信访制度、协商制度等。其五，一批"意见领袖"

开始出现，例如近些年来出现的所谓"公共知识分子"和微博"大V"，并且对公共政治生活产生日益重要的影响。改革开放前，中国从来不存在也不允许存在所谓的"意见领袖"，随着民意政治的兴起，这种状况被彻底改变。人数日益增多的"意见领袖"，每个人的微博粉丝可以多达数十万、数百万，直至数千万，他们的一言一行往往有很大的社会反响。这些"意见领袖"通常表达的是他们对政府政策和现实政治的意见和批评，尽管许多政府官员可能对此并不满意，但这种现实已经难以改变，"意见领袖"的许多意见事实上正在对社会公共事务产生日益重要的影响。重点做好这些"意见领袖"的工作，也成为中国共产党意识形态管理的新内容。

民意政治在中国兴起的深刻原因，首先在于社会利益结构的分化和不同利益群体的形成。民意政治归根到底是一种利益表达和利益诉求，对公共政策和政治改革议程的不同态度，实质上是不同利益群体对改革进程和社会现状的不同反应。从总体上说，社会强势阶层及其代言人掌控着关键性的利益表达渠道，他们可以通过大量合法的途径来表达其意愿，并决定性地影响政策制定和改革议程。相反，社会弱势群体很难有机会通过合法的利益表达机制影响政府决策，他们的声音经常被"沉没"。在无可奈何的情况下，他们只能通过对决策进程影响微弱的渠道，甚至通过所谓"非法的"和非正常的机制来表达其诉求，例如信访、网络和群体性事件。

民意政治的兴起，也是民众权利意识觉醒的结果。几千年残暴的专制政治传统，使中国的普通民众即使在自己利益受损时，也常常选择"政治的沉默"。中华人民共和国建立后，把人民当家作主当做核心的政治价值，民众的权利意识获得空前的觉醒。改革开放后，人民民主得到进一步的强调，尤其是随着居民经济利益的增加，其政治权益的需求也随之增强。当自己的正当权益遭受侵犯时，越来越多的公民不再忍气吞声，而敢于表达自己的诉求，直至与政府进行抗争。这深刻地反映了中国公民权利意识的增强和政治文化的变迁。

最后，中国民意政治的兴起还与现代信息科技的发展直接相关。特别是电脑技术、手机技术和互联网技术的结合，使得普通民众即使在传统的民意表达渠道阻塞的情况下，也可以运用诸如手机、网络、微博、微信等新兴媒体表达自己的诉求。与西方发达国家相比，信息网络在中国的民意政治中具有特殊的重要性，一方面是由于正常的民意表达机制不够通畅，另一方面则得益于现代信息技术在中国的快速普及。正像中国是人口最多的国家一样，它也是网民数量最多的国家。

民意政治的兴起正在极大地影响中国的政治生活，甚至在某种程度上改变着中国的政治进程。与此同时，如何看待民意对政治的这种影响，也成为中国政治讨论的重要议题。一些人把民意的兴起，看做是中国民主进步的成果；另一些人则认为它是民粹主义的表现。究竟应当如何认识民意政治的作用？在我们看来，民意政治的兴起，本身就是改革开放后，特别是20世纪90年代以后，中国社会政治进程的重要内容，它深刻地体现了社会重大转型时期中国政治发展的双重性。

不少人认为，中国30多年改革的成就集中在经济领域，政治领域特别是在民主政治方面几乎没有明显的变化。只有经济改革，没有政治改革，甚至被一些海外的专家学者视做邓小平领导的中国改革之所以成功的重要原因。其实，这种看法是片面的。中国的改革开放过程，是一个包括经济生活、政治生活和文化生活在内的社会整体进步过程，政治生活的进步也相当明显。如果从多党竞争、分权制衡、总统直选等典型的西方标准来看，中国的政治确实没有实质性变化，但如果从中央与地方关系、公民社会的兴起、官员的选拔、政治透明、公共服务、公众参与、政府责任、法治建设等角度看，就可以发现中国政治的重大变迁。换言之，中国的政治改革，主要是治理改革。一般认为，治理改革主要是一种工具理性，而制度改革则是一种价值理性。然而，从长远看，这两者之间有内在的联系。治理改革本身也包含着某种价值理性，治理改革到一定程度必然要求体制变革。如果政治体制的变革严重滞后于治理变革，两者之间就会形成巨大的张力，传统的体制反过来会影响治理改革的绩效。治理与体制的这种辩证关系，在中国的民意政治中得到了典型的体现。一方面，民意表达渠道的增多和民意对决策影响的增大，满足了民众的参与需要；另一方面，整个公民参与体制并未发生重大变革，既定的政治体制便严重阻碍了民意在政治生活中发挥"正能量"，反而使民意政治具有某种"负能量"。

民意的表达和处理机制是民主政治的重要内容，民意与决策的关系在很大程度上反映着现实的民主进程。无论是跟改革开放前的传统社会主义体制相比，还是与西方发达国家的现行政治体制相比，中国现行的民意表达机制和处理体制都带有自身的特征。最重要的特征，就在于它兼有民主和民粹的双重性。一方面，有更多新的制度性和非制度性渠道来表达民意，决策者也更加重视民意，民意对决策的影响日益增大。这体现着中国民主政治的进步，是民众力量日益强大的具体体现。另一方面，无论是民意的表达机制还是民意影响决策的机制，都还很不规范，民意的自由表达和合适处理还缺乏健全的制度环境，民意对决策的影响和作用还具有相当的不确定性。换言之，民意对决策的影响还有随意性，并带有深刻的民粹主义烙印。从中国政治发展的总体格局和长远趋势来看，这种带有民粹主义色彩的民意政治，是中国走向更加成熟的民主政治的必经环节。

从本质上看，民意对决策的影响增大，是中国民主政治的进步。民意表达渠道的增多，其实就是公共参与的扩大。公共参与是民主政治的基本要素，在竞争性选举相对不足的现实情况下，公共参与对中国的民主进步意义尤其重大。民意受到决策者的更多重视，从而对政府决策的影响更加深刻，这表明了公共政策在更大程度上反映了公民的愿望和需求，是"权为民所用"的一种体现。民意对公共政策影响的加大，不仅对宏观政治的进步意义重大，而且对维护具体的公民权利也有着直接的意义。许多民意引发的公共事件，直接结果是改变了原先损害公民权益的政府决策，维护了公民的正当权利。例如，一些污染性工程项目被迫停止，一些冤假错案得以平反，一些违法拆迁和土地征用得到纠错，实际上都有效地防止了对公民正当权益的不适当侵犯。一些典型的官员腐败案例由于民意的介入而得以进入司法程序，客观上也对公权的滥用形成了一种社会的制约。

然而，中国目前这种民意政治存在着重大的缺陷。首先，现行的民意政治过分偏重于决策环节，而忽视了授权环节。按照民主政治的本义，

"人民主权"或"人民当家作主"首先应当体现在"权为民所赋"和"权为民所有",然后才体现在"权为民所用"。与强调"协商民主"的现实政治相适应,中国现行民意机制发生作用的主要领域也在"权为民所用"。这属于决策民主或"民主决策"的范畴,民主决策对于民主政治当然是不可或缺的,但却是不充分的。如果没有健全的民主授权机制,"权为民所有"和"权为民所赋"就难以得到保障。

其次,现行的民意政治还缺乏足够的法律保障。民意表达的基础是新闻自由和结社自由,这些也是公民的基本政治权利,需要强有力的法律保障。中国宪法规定公民有新闻和结社自由权,但至今仍无专门的新闻法和社团法。这既是导致公民的言论表达权不时受到地方官员公然侵犯的重要原因,也是导致"网络暴力"相当泛滥的重要原因。前述的所谓"不闹不解决,小闹小解决,大闹大解决"政治现象,更是法治精神缺失的典型体现。

再次,缺少足够的制度化公众参与渠道。尽管近年来公民表达意见的渠道迅速增加,但增加的主要是网络渠道和信访渠道,常规的民意表达渠道依然明显不足。甚至人大代表和政协委员这些法定的"民意代表",与其所在地民众之间也缺乏健全的联系机制。这就产生两种后果,一是非正常的公众参与事件不断增加,例如群体性的上街"散步"、"喝茶";二是由于运用类似信访和网络等工具表达意见受到一定客观条件的限制,网上民意便带有某种偏向,民意的真实性容易受到扭曲。

最后,中国目前的民意政治带有显然的民粹主义印记,极端的平民化在相当程度上成为民意政治的合法性基础。例如,去年的一项公众民粹化倾向调查发现,"49.5%的受访者具有民粹化特征,其中,31.3%的人属于民粹特征显著群体,18.2%的人属于有一定民粹化倾向群体。在民粹化特征群体中,男性占55.8%,女性占44.0%。在党员群体中,民粹特征显著者占30.8%,有一定民粹化倾向者占20.6%。从行政区划来看,日常居住地为乡镇、村的受访者中,民粹化特征群体和民粹特征显著群体所占的比例均为最高,分别占乡镇、村受访者的57.5%和41.3%;居住在直辖市的受访者民粹情绪较低,比例分别为48.1%和29.0%。日常居住地为海外的人，民粹特征最不显著，比例分别为21.7%和8.3%"[29]。

综上所述，民意政治在中国的兴起，本身就是中国政治进步的产物，并且反过来正在强劲地推动着中国的民主法治进程。无论对政府还是对民众，它都是一把双刃剑，具有正负两个方面的作用。要增强其推进民主政治的积极作用，减少其助长民粹主义的消极作用，唯一的途径就是进一步深化政治体制改革。我们应当从战略高度来认识和看待民意政治的兴起，将它纳入政治发展的长远规划和政治改革的近期议程。要进一步完善民意表达的相关法律制度，建立科学的利益表达和处理机制，扩大和增加公民有序参与的渠道，把民意表达和处理纳入法治化的轨道，让公民通过合法的渠道表达其诉求，从而减少非正常的公众参与和非法的群体性事件。简言之，深化政治体制改革，推进民主和法治，是防止和克服民意政治畸变为民粹主义、网络暴力和暴民政治的根本途径。

【注释】

［1］参见《党的群众路线教育实践活动工作会议召开》，载《人民日报》，2013年6月19日。

［2］参见中央文献研究室编：《十四大以来重要文献选编》（上），人民出版社1996年版，第450页。

［3］邓小平：《解放思想，实事求是，团结一致朝前看》，见《邓小平文选》第2卷，人民出版社1995年版，第147页。

［4］参见中共十三大政治报告《沿着有中国特色社会主义道路前进》（1987），见《十二大以来重要文献选编》（下），人民出版社1988年版。

［5］《每年"两会"议案、提案背后的力量》，见中国网报道，网址：http://news.china.com.cn/txt/2010-02/28/content_19491373.htm。

［6］胡锦涛：《在全党深入学习实践科学发展观活动总结大会上的讲话》，载《人民日报》，2010年4月6日。

［7］网上有一篇《北京师范大学学习实践科学发展观整改方案》，内含校级整改措施44项，院系整改措施215项，参见http://www.doc88.com/p-331732289587.html。

〔8〕国务院：《中华人民共和国信访条例》（2005年1月5日国务院第76次常务会议通过）。

〔9〕胡奎、姜抒：《2003年中国遭遇信访洪峰》，载《瞭望东方周刊》，2003年第4期。据一位熟悉信访工作的权威人士估计，2004年信访高峰时总量在1000万人次，目前大约在800万人次。

〔10〕张洋：《党的十六大以来信访工作成就综述》，载《人民日报》，2012年10月30日。

〔11〕中共中央办公厅、国务院办公厅关于转发中央关于处理信访突出问题及群体性事件联席会议《关于积极预防和妥善处理群体性事件的工作意见》的通知（中办发〔2004〕33号），转引自百度文库：http://wenku.baidu.com/view/3632f5feaef8941ea76e053e.html。

〔12〕参见朱力：《走出社会矛盾冲突的漩涡：中国重大社会性突发事件及其管理》，社会科学文献出版社2012年版，第19—31页。

〔13〕参见同上书，第32—33页。

〔14〕《国务院关于加强法治政府建设的意见》（国发〔2010〕33号），载《人民日报》，2010年11月9日。

〔15〕关于温岭的民主恳谈会，许多学者做过深入研究，比较有代表性的成果包括：郎友兴：《公民文化与民主治理机制的巩固和可持续性——以温岭民主恳谈会为例》，载《中共浙江省委党校学报》，2012年第3期；陈剩勇等：《公民参与地方公共政策的制定——以浙江省温岭市民主恳谈会为例》，载《学术界》，2007年第10期；何俊志：《权力、观念与治理技术的接合：温岭"民主恳谈会"模式的生长机制》，载《南京社会科学》，2010年第9期等。

〔16〕根据《中国社会舆情与危机管理报告》（2011）的统计，2009年与2010年，包括食品安全、医疗卫生、环境污染、教育、就业、物价、交通、住房等在内的民生类舆情热点事件，占据绝对性压倒多数。参见上海交通大学舆情研究实验室：《2010年中国社会舆情年度报告》，见谢耘耕等编：《中国社会舆情与危机管理报告》（2011），社会科学文献出版社2012年版，第1—56页。

〔17〕参见中华人民共和国统计局编：《中国统计年鉴》（2012），中国统计出版社2012年版。

〔18〕参见杨耕身：《30万的土地差价让人惊心》，载《中国青年报》，2013年3月

26日。

[19] 参见杨建华等：《冲突与弥合——社会群体冲突及调节机制的实证研究》，社会科学文献出版社2013年版，第112—113页。

[20] 参见贾峰等：《中国环境保护：形势、现状与新议题》，见陆学艺等主编：《2013年中国社会形势分析与预测》，社会科学文献出版社2013年版，第257页。

[21] 参见徐映梅等：《中国基尼系数警戒线的一个估计》，载《统计研究》，2011年第28卷第1期。

[22] 参见彭定赟等：《中国30年来贫富差距与社会和谐变动的实证研究》，载《税务与经济》，2013年第2期。

[23] 参见西南财经大学中国家庭金融调查与研究中心2012年底发布的《中国家庭收入不平等报告》，引自百度文库：http://wenku.baidu.com/view/8fd223d17f-1922791688e8d7.html。

[24] 北京大学中国社会科学调查中心昨日发布的"中国家庭追踪调查"数据显示，2012年全国家庭人均纯收入均值为13033元。但收入最低的5%的家庭人均收入只有1000元，5%—10%范围内的家庭人均收入只有2000元，而收入最高的5%家庭的人均收入则高达34300元。参见《南方都市报》，2013年7月18日。

[25] 石方军：《农村群体性矛盾冲突多发领域分析——基于中原地区6县的调查》，载《前沿》，2013年第7期。

[26] 涉法信访问题研究课题组：《涉法信访热点、难点问题的成因分析及对策建议》，载《中共乐山市委党校学报》，2011年第13卷第1期。

[27] 石方军：《农村群体性矛盾冲突多发领域分析——基于中原地区6县的调查》，载《前沿》，2013年第7期。

[28] 参见祝华新等：《2012年互联网舆情分析报告》，见陆学艺等主编：《2013年中国社会形势分析与预测》，社会科学文献出版社2013年版，第194—195页。

[29] 人民论坛问卷调查中心：《中国公众的民粹化倾向调查报告（2012）》，载《人民论坛·学术前沿》，2012年11月（下）。

（本文作者为中共中央编译局副局长、北京大学中国政府创新研究中心主任、《中国治理评论》主编）

Abstract

It is an obvious change in China's political life that public opinion has been rising and getting increasingly impact on government policy nowadays. However, for both the government and ordinary citizens, public opinion is like a dual-edged sword with both positive effects on pushing democracy forward and negative effects on breeding populism. The paper argues that it is a reflection of progress in China's democracy since democracy, to a large extent, is a public-opinion-oriented politics. The paper will focus on the main mechanism with which public opinion influences political policy, including the major fields where public opinion influences and new channels with which public opinion influences public decision, and the positive and negative effects of rise of public opinion. Furthermore, the author will analyze the realistic conditions, institutional environments and challenges of rise of public opinion, and its impact on future of China's politics in depth.

Keywords

Public Opinion; Democracy; Populism; Chinese Politics

■ 主题探讨：城市治理 | Thematic Articles: Urban Governance

亚洲城市未来十年面临的四个巨大挑战[*]

[美] 安东尼·M. 奥罗姆 著　张玥 译

摘　要：当今世界面临许多难解的挑战。如何从2008年的经济危机中恢复过来无疑是其中非常重要的一个。经济学家致力于解决这一挑战，也讨论究竟是政府还是市场（或者二者合作）最适合帮助世界经济恢复。作为一名社会科学家，笔者拟在此处全景展现我们正面临的挑战，并列出国家和城市在不久的将来将会面临的系列挑战。下文将重点探讨四个此类挑战，也会明确地方层面的解决办法相较于国际和国家层面解决办法的重要性，因为地方层面的解决办法最可能持久。由领导层提出的解决办法，无论是国家层面还是国际层面的，走不远。从长远来看，如果不为地方民众和组织接受、执行，它们是不可持续的，不会持久。

关键词：亚洲城市　经济不平等　公民权　数字科技　挑战

一、未来面临的挑战

亚洲城市中心未来几年面临的主要挑战有：其一，经济不平等和不同群体之间经济差异的挑战，以及与此相关的不断加剧的贫困和都市贫民窟

---

[*] 本文最初是为2012年5月举办的上海论坛中城市一环节所作的主旨演讲。非常感谢复旦大学任远教授的邀请。

的挑战。其二，社会融入的挑战。随着人口不断涌向大都市，不同群体之间潜在的社会分野浮出水面，与此相关的还有公民权利问题。其三，环境和可持续未来的挑战。如何保护作为自然不可或缺的一部分的自然资源，而非单纯开发并耗尽资源。其四，数字技术的挑战。我们生活在一个日益复杂而又无处不在的数字世界当中，不断受到干扰而无处可逃；但是它也给城市居民实现彼此间及与自己类似的大城市居民间更多的联络提供了机会。

（一）不平等和贫困率蹿升的挑战

如今，对民众生活而言，最主要的问题是经济不平等问题和城市居民贫困率不断扩大问题。关于经济不平等，社会理论家可以高谈阔论——从亚里士多德和柏拉图谈起，然后扩展至19世纪的社会理论家，如卡尔·马克思和马克斯·韦伯等。对马克思而言，穷人和富人之间、受雇者和失业者之间、所有者和工人之间的不平等是现代资本主义的主要罪恶。20世纪，各国政府作出明显的努力去缓和随着西方资本主义发展而增加的经济不平等。资本主义将人分成工厂主和工人两类。多数西方国家的政治完全受这些不平等的影响，其政治反应也由不平等决定。在美国，共和党成为代表富人和农村居民的政党；而由于罗斯福新政，民主党成为代表工人阶级和城市穷人的政党。在英国，工党是作为代表工人阶级利益的政党出现的，工党与工会结成同盟。在20世纪前半叶，工会成为英国、美国政治全景的一个关键部分。

国家或政府也为处理经济不平等问题付出努力。在美国，这体现为各种政府发起的项目计划。如社会安全、医疗保险和医疗补助计划。每个项目都为保障退休后的工人或不再能赡养自己的老人的权益而设计。在英国，政府采取了多种举措去帮助穷人，包括提供住所、失业保险等等。欧洲大陆各国政府都作出了自己的安排。

对左翼进步力量而言，这些解决办法及他们寻求的其他办法都是处理与现代资本主义发展如影随形的经济不平等的一种尝试。让这些政策发挥作用的政治意愿部分因为工会赞同并设法动员其资金和人员为左翼政党说话。或许有人会说西欧民主国家和美国20世纪中叶成功提出了慷慨的福利国家模式——由于复杂原因，欧洲的福利国家模式比美国的更慷慨。无论社会阶级间存在何种不平等，它们为政府的行动所缓和，并为其所限制。只要经济运转、人民得到雇用、税收流向政府，似乎会出现一个真正的中产阶级民主社会，这对西方至关重要。这种社会的出现也能确保作为城市居民的民众的需求得到满足。

但是，大约在20世纪30年代至70年代出现的中产阶级民主社会的希望，现在似乎面临被舍弃的危险（至少在西方如此）。20世纪60年代末70年代初，情况开始变化，削弱了缓和经济不平等的努力。发生了种种能扼杀利用国民政府减少经济不平等努力的事件——工会成员数量和影响力的下降，耗尽国民政府资金和精力的各种国际战争，社会碎片化，民主社会内部的争论（尤其是关于公民权利和社会融入问题的争论），更为保守的力量（以英国的撒切尔和美国的里根为代表）在国家政治生活中的影响力在20世纪80年代初的增长，由各种保守主义评论家和政治家领导的对用来帮助穷人和老人的项目的抨击。事实上，由民主政府于20世纪30年代至70年代间实现的许多事情，被更为保守的政府从根本上推翻或破坏。例如，美国的此类情况始于里根政府。里根，起初是民主党的一员，是富兰克林·罗斯福政策的支持者。后来改变了立场，成为另外一种方式的强力拥护者。颇具讽刺意味的是，尽快里根努力限制政府，政府的规模和利用的资源却在他当政期间大大扩张。

从那时到现在，保守主义力量（富人，或自由市场的拥护者）一直处于优势。因而，在过去的几十年里，美国及其他西方国家的经济不平等实际上增加了，这一点也不奇怪。近期的各种研究也揭示了美国及其他西方国家不断增加的经济不平等。利用基尼系数，许多研究发现过去几十年美国的经济（或收入）不平等急剧增加。过去20年，美国最富的1%人口拥有的财富总份额进一步增加，其他一些西方国家也有类似情况。这是一个巨富者能够发明为他们创造财富的新方法，而随着福利国家计划因素逐渐消失，穷人和年轻人只能自己养活自己的时代。这个时代让一些分析家（如哥伦比亚经济学家杰弗里·萨克斯）想起19世纪末期的镀金时代。那时，恰如现在一样，经济领导人和机构可以恣意而行，政府规章未知，银行家和相关机构能不费力地赚钱，贫困阶层却不断增加。

如果笔者的解释是正确的，那么可以说，或许在20世纪30年代至70年代间，经济平等和民主达到其历史顶峰。此后，各西方国家成为不平等不断增加、富人与穷人之间暗斗、中产阶级减少、公民因缺乏对工作和国家活动的积极参与而沉默的场所。

西方社会的此类结构和政治变化为城市及其领导人不得不试图应付城市居民的境遇提供了广阔的范围。如果人口中的大多数生活在大都市区域，如果像人口统计学家告诉人们的那样这些区域将持续增长和扩张，如果像经济学家和社会学家指出的那样这些区域的贫困率急速增长，不得不在这些地方寻找某种形式的有效解决办法。在像美国一样的国家，市政当局拥有大量权力，它们能处理不平等和贫困问题（尽管它们因债务和税收下降而在经济方面受到的限制增加）。在像中国一样的国家，越来越多的人被吸引到大都市，地方政府被授予更多权力，也应该在大都市政府层面寻求解决办法。

正如其对西方国家一样，不平等和贫困增加问题如今对亚洲国家一样重要，一样需要注意。虽然其相关经历是否给亚洲提供了模范还有待商榷，但西方国家的确经历了工业化，政府也努力限制与资本主义发展相伴随的不平等问题。由于各种原因，许多西方国家如今处于非常艰难的金融困境（包括累积了大量债务）。中国如今处于债权债务集的另一端，是许多西方国家的最大债权国之一。但是，尽管有些亚洲国家现在或许拥有一种有利的经济状况，但也面临贫困和经济不平等问题。经济不平等和急剧增加的贫困率将成为亚洲国家发展道路上的拦路虎。现在，亚洲社会和亚洲城市需要直面这些挑战，它们或许可以利用当下较为有利的经济位置找到解决办法。

（二）社会融入的挑战

社会融入和公民权问题的重要性几乎与不断增加的经济不平等问题的重要性相当。一个法国年轻人根据自己的意愿杀死犹太人，认为自己是在讨伐异教徒；美国佛罗里达州桑福德一个只是携带糖果、没有武器的非裔男孩被一名封闭社区看守人杀害，等等。类似的事件表明，世界许多地方存在持续的社会极化和冲突现象。这些现象都是随着全球"变小"、人们愿意和能够更简易地跨越国界、移民成风而出现的。在美国，区分黑人和白人、非裔和白人的问题已存在了几个世纪。奥恩·马丁事件表明，这些是让美国人分化并相互对抗的问题。尽管美国黑人取得了巨大进步，但在美国的各市中心，仍然能够发现高贫困率、高失业率和犯罪。在最易受伤害的非裔群体中尤其如此。15—29岁之间黑人青年的失业率比其他群体要高。

如果美国历经四个世纪仍未发现能解决这些问题又能让人满意的办法，那又如何要求像法国这样直到最近一直是同质天主教社会的国家恰当处理与异乡人（穆斯林及其他移民）的关系。19世纪末，如埃米尔·德雷福斯案例所表明的，法国未能处理好犹太人问题；而如今，法国似乎也无力处理穆斯林问题。法国并非不能处理类似问题的唯一国家，其他地方也有凶杀和袭击。例如，在荷兰，著名画家梵高因其对穆斯林的态度被杀；在德国，虽然土耳其穆斯林被征召进劳动大军已有多年，但他们依然是"他者"，游离于德国社会之外，即使柏林也是如此。

所有这些问题都与社会融入和公民权问题相关。著名社会理论家T. H. 马歇尔指出，实现社会全面发展的路径先是解决经济问题，然后是社会问题，最后解决公民社会的相关问题。他提供了一种思考公民权问题的框架。但是近来的历史表明，他关于社会融入本质和时机的框架基于部分有限的社会历史，或许过于简单。

存在排外和缺乏公民权问题的地方，还可以列举很多。正如资本主义问题及不平等不可避免的增长一样，社会融入和公民权问题是现代化进程的一部分。融入和公民权问题（尤其是公民权问题）的解决办法应该在国家层面寻找，但也需要城市（地方）层面的解决办法。正是在城市（地方），充满紧张关系，一个群体被隔离于另一群体并受到区别对待，人们无法实现完全融入，获得全部权利。这并非西方国家才有的问题，亚洲国家也出现越来越多的类似问题。在中国，社会排斥和公民权匮乏问题主要表现在由农村向城市转移的劳动力群体中。笔者在上海的调查研究揭示了相较于上海本地居民，移民如何在日常生活中遭受不公平、不公正待遇。

即使国家和大城市能够设法解决经济不平等问题，社会融入问题仍然会存在。未来世界不太可能变得更为同质。随着越来越多的人离开一个地方去大都市甚至他国追求未来和机遇，未来世界会变得更为多样。此问题很大，必须由全国和地方政府设法解决。

（三）可持续未来的挑战

人类与周围世界的关系不稳定。过去的几十年，生态学者告诫道，在开采并根据自己的意愿使用自然环境后，人类正快速滥用可支配的资源——空气、水和亿万年来帮助供养地球生命的各种生命进程。但是，大约上个世纪，人类继续开采自然资源的能力开始达到一个极限，开始危及这些资源的再生。无论是人类似乎正经历的气候变化，还是似乎影响许多地方的空气污染，抑或多种鸟类和动物的灭绝（所有物种构成的生物链的重要部分）。科学家告诉我们，人类可以在不危及未来的情况下达到极限。

工业革命宣告了以前所未有的方式使用资源时代的来临。工业增长也意味着城镇的增加，城市发展及其社会环境以多种方式使人口持续增加成为可能。美国统计局收集的数据显示了全球人口如何急剧膨胀。1804年，世界人口估计为10亿。直到1927年，世界人口才翻了一番，达到20亿。但随后的增长率加速——1960年达到30亿，1974年达到40亿，2012年达到80亿。中国和印度清楚地知道，不断扩张的人口给经济和地方环境带来相当挑战。同时，工业革命释放了具有危险后果的新力量，也有助于新产品、新科学发明和洞见的增长，婴儿死亡率下降，近几十年来人均寿命延长。例如，美国人1900年的平均寿命为40岁左右，现在则增加到男性平均78.9岁，女性平均83.5岁。

过去两个世纪的科学和工业成就带来相当大好处。但它们的成本也很高。工业产品要用碳材料发动机器，汽车需要大量油气，迫使不断勘探新矿藏。随着越来越多的人涌向城市，这些地方不仅变得拥堵，其空气和水资源也受到威胁。近年来，开始探讨用新的方式发展定居点，而不危及自然环境，使其达到临界值。绿色运动是一种旨在让所有人意识到如何发明可持续城市生活办法的新社会运动。在不同国家（如美国和德国），在距离遥远的不同城市（如美国俄勒冈州波特兰和中国上海），绿色运动快速推进。不仅发明利用风能、太阳能去创造人类的可持续未来，也有正在进行的系列发明。

可持续发展问题必须被列为优先讨论话题，作为所有城市、所有国家未来十年甚至更长时间面临的挑战。这不只是科学和政府意识问题，也已成为政治问题。如今在美国流行一种主要由茶党激进分子和基督教右翼分子鼓动的观点，声称环境损耗和全球变暖问题都是虚构的。笔者不同意此观点。但必须面对关于这些问题的政治分野，尤其是那些坚持一个彻底的宗教世界观点的人和那些寻求现代科学发现者之间的战斗。

（四）数字科技的挑战

新兴科技的挑战是人类尤其是亚洲城市面临的又一挑战。正像工业革命帮助改变了人类生活的世界（既带来了机遇，也带来障碍）一样，现代科技革命也有类似影响。现在，很难想象一个没有互联网的世界。但是直到20世纪90年代中期，互联网还没有普及，未成为一种真正的全球现象。据报道，脸书现在有大约8.5亿遍布全世界的用户，而2006年还没有脸书。大约在过去十年间兴起的互联网商业，现在在美国已与商店购物分庭抗礼。借用大卫·哈维的名言，数字革命压缩了时空。这产生的相应影响将非常巨大。

正如所有科技一样，未来会发生什么将在很大程度上取决于什么人利用数字科技、什么人从中获益。脸书为群体出现在无穷的问题中、为人们无限交友提供了一个机会。但它也面临危险——什么人会利用脸书编汇的用户私人信息？脸书的市场估价基于此发明能为聚集商业和利用各种关于个体的信息片段去使其成为潜在客户提供一种新平台。但是，尤其当脸书用户不清楚他们的个人信息可能被售卖时，脸书应该在何种程度使用这些信息？政府也可能利用那些通过网络实现个人交流的个体的信息和身份。但是，政府应该在何种程度利用这些信息，或阻止个体间的交流？

科技、隐私和安全问题不仅存在于国家之间、国家内部，也存在于城市居民中间。新科技在可能危及个体安全的同时，也为提高安全度提供了机会。尤其在面对突发情况的时候，社交网络成员可以彼此之间在线交流。城镇和社区能够将互联网作为一种危险报警机制，也可以作为在社区居民中传播消息的一种方式。也存在许多其他可能用途。

关于数字技术的关键问题是，什么人可以利用互联网承载的信息，什么人来控制其应用，这些信息该如何用。阿拉伯之春过程中信息在参与者之间的快速传播展现了互联网如何动员抵抗，也为确保政府控制提供了方法。

二、如何应对挑战

上述四种挑战代表了当今时代的主要挑战，相信所有人都会同意这一点。将来人们也会要求有效的解决办法。解决办法将不得不由三个层级的政府提供——国际层面、国家层面和地方层面。此处笔者将提供一些应对这些挑战的地方层面的可能办法。

地方政府如何解决经济不平等和贫困问题？这些问题理所应当地是国家首要关心的问题。但是，不平等恰恰在地方上呈现。关于当今城市，许多作家指出，世界许多地方，从北到南，从西到东，涌向城市的穷人数量不断增加。在这些初来乍到者当中，许多人不得不将就最差的住所，生活在城市的边缘，创建自己的社区，日复一日挣扎在生存线边缘。在拉美的贫民窟、南非、印度和中国，都可以发现这些情形。总的来说，不平等和贫困问题各地都有，因而都要寻找解决办法。解决办法或许应该有普遍性内容，而非简单独特的内容。

首先要致力于为这些移民提供适宜的住所。他们现在住的往往是你我所不愿住的棚屋。因而，在不久的将来，必须努力为移民提供适宜的住所，以便他们养育家庭，创建持久的社区。一些亚洲城市（如新加坡、上海）在朝着这个方向前进，但进程过于缓慢，太多婴儿和老人因为缺乏基本生活必需品而死去。贫民窟会成为所有那些可怕的当代城市病——轻微罪行、谋杀、剥削利用妇女等等——的场所。在一些地方，那么多人将就着生活在这样的条件下，但他们不能总是这样。他们在这种条件下生活的时间越长，贫民窟的破坏性将变得越多、波及范围越大，会破坏整个城市的道德和社会结构。

只有在地方层面找到解决这些不平等问题的办法才有意义。只有地方当局拥有相关信息，能理解这些问题如何在他们的辖区存在，只有地方当局能拥有解决相关问题的必要资源。在美国，许多城市为解决流离失所问题作出了无数努力。这些城市的绝大多数都瞄准本地问题。另外，让地方私营企业参与处理住房和贫困移民的基本生活需求问题是明智的。例如，在美国，地方开发商开启了解决贫困和住房缺乏问题的项目。亚洲城市似乎可以采取同样的解决办法。

其次要致力于解决社会融入和公民权问题。正如上文所指出的，社会融入问题也存在于世界各地的城市区域。在其得到解决以前，这些问题将会不断恶化，影响国家的长期稳定和发展。在某种程度上，社会融入问题比收入不平等问题更难解决。融入和公民权与人们的身份及其作为城市和国家成员所拥有的权利有关。虽然难对付，但必须解决社会融入和公民权的问题。正如美国近来的事件所表明的，如果得不到有效解决，它们将被高度政治化，地方和中央政府将努力剥夺贫困移民任何形式的权利或利益。

在地方层面，有解决社会排斥问题的方法。在芝加哥等城市，有各种为新移民提供帮助的团体，不仅帮助解决基本生活需求，还帮助移民更多地了解新的城市环境；律师为许多贫困的新移民提供无偿服务；学校为母语不是英语的孩子安排项目，但这些项目在各区的合法性及认可度不同。

在像中国上海一样的城市，那些住所在城市的人和那些实际上是外来工人的移民之间出现的各种不平等，导致双重和不公平公民身份。随着更多移民进入城市，移民可能会被仿佛不存在般所忽视、敷衍，这些问题是当今社会的真正挑战。如果地方当局不能有效解决这些问题，当地人和移民之间的紧张关系进而冲突只能极大增加与恶化。笔者曾见到给贫困移民提供教育和更好住所等形式的努力。但最终，移民必须获得权利和机会，这可以通过改变牺牲他们利益的现行法律体系得到有效解决。

可持续的挑战在给亚洲各国政府带来真正问题的同时，也在地方层面有所展现，必须在地方层面得到解决。显然，亚洲各国政府必须在如何处理环境和可持续问题方面作出艰难选择。海上绿色城市可能是一些前沿解决办法的代表，但此计划尚待完成。海啸、几乎关闭所有核设施等日本的近期相关经历，再次表明了找到某种可行的社会办法有效解决城市人口增长、满足居民和工业对能源的需求问题的重要性。笔者在上海看到了一些解决办法；西方国家尤其是大都市区域的解决办法也不断增多。例如，俄勒冈州波特兰以独特方式处理可持续城市和环境问题而闻名。也有其他美国城市和部分西欧城市较好地处理了这些问题。德国出现了作为动员公众舆论应对可持续挑战的一种重要政治力量的绿党。

人们都会同意收入不平等、不断增加的贫困、迁移和社会排斥问题是未来城市面临的主要问题。可持续问题也是。可持续问题需要地方、中央政府持续保持警惕，协调、改进人与自然之间的关系。

如果人们能相信不断在奥斯汀、硅谷等地兴起的新公司的数量，数字科技只是处于其早期阶段。如何利用它去改善生活在亚洲城市内部和城市周围人群的条件？或许有无数办法。其中包括利用社交媒体联接彼此去创建和支持新社区。随着越来越多的人可以使用数字科技，它能提供了解地方政府是否及如何有效工作的反馈机制。作为草根与官员之间的一种常规反馈机制，利用数字科技促进当局和居民之间的良好联系提供了各种可能性。当然，也有隐私的问题，政府是否及可以在何种程度上利用互联网监听民众或限制其自由。但从另外一种角度看，这些媒体能为警方联系他们的目标居民提供途径，为警方提供了一种更为智能和有益的依据。

正如近期美国和其他地方的发展所表明的，数字科技为人们围绕涉及自身的问题开展动员提供了基础。这一利用社交媒体的方法颇有创造力，将会不断增加。它为持不同意见者组织起来提供了一种合乎情理的方法，甚至可以反映政治进程中经常被遗漏的声音。迄今为止，人们对数字科技的了解和运用还是一知半解，不甚成熟。一方面，政府会在何种程度上成为一种侵犯隐私的力量；另一方面，能在何种程度上动员抵抗。可以设想在某些更好的都市世界，利用数字科技在官员和民众之间创建更为透明的常规连接。这能提供一种对现代科技的重要（实际上是进步的、解放的）运用方式吗？如果能如此，将实现以韦伯为代表的思想家们的梦想。他们认为，现代世界应该有更多更好的方式让议会和政府与民众交流得更有效、更经常、更有规律。

三、结 论

本文明确了亚洲城市不远的将来将要面对的主要挑战，这些挑战也是全世界无数民众和城市所要面对的。本文也提供了应对这些挑战的系列办法。

要想解决这些挑战，周围的大小社会和经济机构必须设法准备好相应资源。需要资金，需要权力，需要蓝本——能尝试或已经尝试过解决办法的地方，即提供如何有效应对这些难题模式的城市。

【参考文献】

[1] Katherine Boo, *Behind the Beautiful Forevers: Life, Death and Hope in a Mumbai Undercity*, New York: Random House, 2012.

[2] Max Fisher, "Map: U.S. Ranks Near Bottom on Income Inequality", in *The Atlantic*, 2012. [Available on the Internet]

[3] Thomas L. Friedman, "Why Nations Fail", in *The New York Times*, Sunday, April 1, 2012.

[4] John Friedmann, *China's Urban Transition*, Minneapolis: University of Minnesota Press, 2005.

[5] "Growing Income Inequality in OECD Countries: What Drives It and How Can Policy Tackle It?", OECD Forum on Tackling Inequality, Paris, Monday, May 2, 2011. [Available on the Internet]

[6] Richard D. Kahlenberg and Moshe Z. Marvit, "A Civil Right to Unionize", in *The New York Times Op-Ed*, Thursday, March 1, 2012.

[7] Anthony M. Orum and John G. Dale, *Political Sociology: Power and Participation in the Modern World*, Fifth Edition, New York: Oxford University Press, 2009.

[8] Xuefei Ren, *Building Globalization: Transnational Architecture Production in Urban China*, Chicago: University of Chicago Press, 2011.

[9] Ananya Roy and Aihwa Ong, *Worlding Cities: Asian Experiments and the Art of Being Global*, Oxford, UK: Wiley-Blackwell, 2011.

[10] Joseph A. Schumpeter, *Capitalism, Socialism and Democracy*, New York: Harper and Row Publishers (1942; 1947; 1976), 47th edition.

[11] Martin King Whyte, *Myth of the Social Volcano: Perceptions of Inequality and Distributive Injustice in Contemporary China*, Stanford: Stanford University Press, 2010.

[12] "World Population Milestones", United States Census Bureau estimates, 2012. [Available on the Internet]

（本文作者为美国伊利诺伊大学社会学退休教授；译者为普林斯顿大学政治学博士，现任伊利诺伊大学芝加哥分校政治学系副教授）

Abstract

The world today is facing many difficult challenges. The major one, of course, is how to recover from the Great Economic Recession of 2007 – 2009. Economists are at work to solve this challenge as well as to debate whether the state or the market can best aid the economic recovery worldwide – or whether it is a combination of the two. My task here is to take a fuller view, as a social scientist, of the challenges we face and to present a set of challenges that nations as well as cities will face in the near future. I propose four such challenges, and will explore them at greater length below. I also will suggest the importance of local solutions, as opposed to international and national, because, from my perspective, it is local solutions that will be the most enduring. Solutions proposed by hierarchies, whether national or international, can only go so far. If they are not freely accepted and implemented by local people and local organizations, they will not be sustainable over the long run.

Keywords

Asian Cities; Economic Inequality; Citizenship; Digital Technology; Challenge

城市治理的理论模型与演进逻辑

毛寿龙

摘　要：城市五花八门，各有千秋，但城市治理却可以分离出权力模型和市场模型两种纯粹的理论模型。这两种模型在实践上都有其演进逻辑，古代是两种混合的模型，区别是权力多一些还是市场多一些。但有些城市走出了混合，走向了较为纯粹的市场模型，它们成了自由城市的典范。现代城市有了很大的发展，同样存在权力和市场的混合，但更多的城市似乎偏离市场模型而走向权力的模型，从而形成了一堵堵看不见的城墙。未来城市要克服过去的弊端，让城市真正充分自由地发展起来，就需要努力克服权力的干扰，适应市场的需要，让城市治理变成真正的公共治理。

关键词：城市治理　公共治理　权力模型　市场模型

城市治理有很多纯粹的理论模型。在古代，可以看到市场模型与权力模型，很多城市的产生和发展遵循市场模型，也有很多城市的发展遵循权力模型。市场模型的城市有很强的生命力，但权力模型的城市也同样辉煌。这两种模式主宰着古代城市的发展。现代城市的治理不再遵循权力逻辑，市场的力量冲破了城墙，也冲破了权力模型的顶峰帝国的疆界，使得国内的战争和国际的战争越来越让位于市场的稳定与和平，偶然的战争也是贸易战争、货币战争，目的是让东西卖得便宜一些，争取更多的市场。当然现代城市也有其隐形的新的权力逻辑，这进一步阻碍了现代城市的开放和发展。未来城市的治理，需要更多地突破古代的和现代的权力逻辑，而更多地考虑自由和开放的市场逻辑，只有这样才能解决现代城市病。

一、古代城市治理的逻辑与演进模型

城市治理，在理论上有多种纯粹的模型，一种是市场模型，一种是权力模型。在古代历史上，也可以看到这两种模型，而且也可以看到古代城市治理演进的两种逻辑：市场交易逻辑和帝国权力逻辑。

在古代，城市是城墙围起来的市场。它需要城墙的保护，同时还需要打开城门从事商贸活动。城市治理纯粹市场模型有很多元素，最核心的是开放的市场，然后是一个坚固的城墙和护城河，以及一支军队，城市里面的商人组织了各种行会和公会，还组织起警察和司法服务，当然还有垃圾清扫、市场建设等公共服务。

由此可以看出，纯粹市场模型的城市治理，是一个商人为本的治理结构。有了商人，才有市场；有了商人，才需要各种公共服务；有了商人缴纳的税，才有城市的财政费用。商人组织种种公共组织，提供公共服务。因此，市场模型的城市治理，是自由的商人和聘请的管理和服务者组成的。政府是服务型政府，是斯密类型的看守政府。而且公共权力是内生的，不是外部强加的。商人们要遵守的规则，也是内部演化产生的，比如公平交易、童叟无欺。随着市场的发达，甚至会产生出种种货币，贝壳、食盐、石块、金银铜，甚至欠账条都可能成为货币。可以想见，城市的市场规模越大，城市人口也就越多，城市规模也就越大。在中国历史上商朝的商业很发达，西周灭商之后商朝的人继续经商，就叫做商人。但西周之后到唐代，国家对商业管制越来越严格，城市就变成了权力模型为主的治理。唐代以后，尤其是宋朝，商业因素又重新起到重要的作用，城市里很多市场，不是政府设计的，而是自然演化的，沿街房屋，都可以变成市场。宋朝的时候，由于还有了交子那样的纸币，市场尤其发达，南宋的临安人口最多时有250万。

权力模型里的城市，也是城墙围起来的市场，而且一般来说也会有护城河，城门里还有瓮城。不同的是，城墙不是商人自己建的，是帝国的军队建立起来的，城市大门也会敞开，有很多商贸活动。但是城市里的人，往往有严格的户籍。

城市治理纯粹权力模型的基本元素是，也有一个开放的或者局部封闭的市场，城墙是必然的，军队和警察是帝国的，里面的人有严密的户籍制度。帝国的军队和政府提供警察和司法服务。帝国征收税收，一部分交给帝国，一部分留做城市管理和公共服务。帝国的军队和政府可能是掠夺性的，城市就遭殃；也可能是建设性的，城市就得利。自西周之后，中国各级政治中心基本上都是权力模型的城市。这些城市以国家权力为依靠，其内部布局整齐划一，单中心设计，坊和市是分开的。其城市规模不取决于商业和工业规模，而是取决于帝国在特定的地理和交通条件下能够筹集多少粮食，所以城市规模大小也可以看出帝国权力的盛衰。帝国全盛时期，首都的人口规模可以达到100万以上。

帝国权力模型的城市都有行政级别。首都级别最高，所以最繁荣，地方的首府次之，一般的集市是最小规模的城市。首都一般享有更多的特权，小集市一般享有更多的自由。城市的兴衰，取决于帝国赋予的权力，当然帝国在何处设立城市，一般来说也往往是比较符合农业生产、商贸和手工业的发展规律的。

从演进逻辑来看，古代城市由于古代政府一般都严格管制市场，其差别不过是管制水平差别而已。古代的市场发展有限，所以城市的规模更多地取决于帝国的规模。古代纯粹因市场而发展的城市规模都不大。在帝国严格管制下，市场是顽强生存的，但是发展也受到帝国的严厉的限制。

在古代西方，历史上帝国发展都不充分，市场发展也不充分，所以城市的规模都不大。罗马时期城市大一些，但罗马帝国的城市开始时才5000人，后来罗马帝国和东罗马帝国全盛时期人口才到500万。那会儿巴黎、伦敦那样的首都，也就几万人口。罗马帝国灭亡之后，大城市就都消失了，因为这些城市是随着帝国的繁荣而繁荣的，自然也随着帝国的灭亡而灭亡。

进入中世纪之后，西欧的城市因工商业和贸易的发展，开始雨后春笋般发展起来。城市因为手工业和商业的发展而发展，是典型的市场模型的城市。城市的人口来自附近乡村的农奴，他们进入了城市，只要住够一年零一天，就获得了自由。

如果说中国古代的城市是典型的权力模型夹杂一些市场模型，那么中世纪西欧的城市确是纯粹的市场模型。因为那时西欧的城市是工商业者的聚居地，城市是一个社会共同体，都是市民，而中国的城市成员不是市民共同体，有官员、地主，有商人、手工业者，还有农民，没有共同利益。西欧的城市是先作为经济中心发展起来，然后逐步成为政治、文化、军事中心，有些纯商业城市，没有政治功能。中国却先是政治中心，官府的驻地，然后才有商业中心，好多甚至纯粹是军事政治中心。

中国的城市中市场模型和帝国模型有冲突，也有互补。冲突在于市场模型一直在帝国权力模型的夹缝里生长，帝国管制松，则城市发展快，帝国管制多，则城市发展慢。帝国需要市场，因为有市场就会有财富。但市场多意味着帝国的失控，所以帝国又要严格控制，于是市场就萎缩。中国古代城市市场和权力的冲突，一直没有很好地解决。这一矛盾一直到现在还存在。

但这一矛盾在中世纪的欧洲却找到了一个比较恰当的出路。因为在中世纪，农村的领主统治城市，享有行政管理权和司法权。领主依靠这些权力，征收赋税，强迫市民交这交那，激起了市民的反抗。斗争的结果是城市通过赎买的方式，获得自治权。法国一些城市通过武装斗争获得了独立的自治权。意大利的城市不仅取得了城市的自治权，还获得了周边乡村的管辖权。这些城市，比如威尼斯、热那亚、佛罗伦萨和米兰，都叫做城市共和国。德国的一些城市也获得了完全的自治权。城市市民选举产生市长、法官和市议会。市议会指挥军队、发行货币和监督行会。不过，这些城市的规模都不大，人口少，面积小，比较大的城市人口也就5万—20万人。米兰和巴黎大一些，20万人。威尼斯15万，佛罗伦萨10万。这些城市，都是通过市场慢慢发展的，所以没有统一的规划，街道很不规则，是演进城市规划观的典型例子。

城市的自治权，是中世纪的一大发明。这使得城市的发展摆脱了帝国的控制，但是也因此失去了帝国的支持。因为同时代的君士坦丁堡人口就有100多万，巴格达也有上百万的人口，这都是帝国支持下的大城市。但中世纪自治的城市，解决了市民的身份自由问题。城市自由而平等，空气都是自由的，让个人的生活更加美好，这种话应该出自中世纪的城市。

进入近代之后，欧洲开始了工业革命，与此同时民族国家的发展也导致了新的帝国。这些帝国和殖民主义相结合，在世界范围内发展了市场网络，在世界各地开发了更多的城市，这些城市和近代帝国的对外扩张有关，和市场经济的发展也有很大关系。中世纪城市自由民主法治的斗争到近代开始转向国家自由、民主和法治的斗争。英帝国实行君主立宪，议会政治，选举权日益扩大。美国建国开始就实行地方自治，三权分立，民主立国。二次大战，德国为土地而战，英美为市场而战。第二次世界大战之后欧陆国家普遍实行自由民主法治。进入现代史，因为核武器的存在，使得国家之间的战争没有必要而且有害。欧洲市场开始一体化，世界各国开始加入关税与贸易总协定，城市终于不需要为自己修筑昂贵的城墙，从而解决了中世纪因为城墙修不起而无法发展的困境。终于出现了数千万人口级别的城市。

不过，在近代中国，帝国和城市之间的关系中，一直是帝国占据主导地位。帝国的治理框架，牢牢控制着城市的发展空间，而严格的户籍制度和土地登记制度，则是控制城市的重要抓手。这一框架一直延续到中国改革开放。

二、现代城市的理论模型及其演进逻辑

现代城市，和古代城市的差别很多，不仅人口规模超级大，最核心的是市场的充分发展，不仅有发达的产业，各种商品市场，可以自由购物，

更重要的是现代城市还有发达的房地产市场、金融市场，还有服务业。发达的房地产市场，以及房地产市场和公共服务之间的紧密的关系，使得现代城市的市场模型出现了新的特点：

它不再需要城墙来保护自己，因为现代国家已经没有中世纪的战争，而且现代战争大炮一响，飞机一炸，城墙形同虚设。没了城墙，城市也就不再有物理的边界。它的物理边界是房地产覆盖的范围，它的经济边界往往是没有的。现代城市一般规模很大，但公共服务未必是为整个城市提供的，很多服务具有区域性的特点。所以，现代城市的治理，一是没有边界，很可能超越原有的行政边界，一个城市横跨好多行政县。二是其城市的公共收入可以来自房地产的收益。三是城市的治理结构是多中心相互交叠的结构。

当然，现代城市除了市场模型之外，还有权力的模型。现代国家都很难说依然还是帝国，但帝国的影子以及基本的元素还依然存在，国家权力对城市治理的影响依然很大。在具有帝国传统的国家里，城市的土地在法律上是国家所有的，但国家只是在管理意义上拥有土地，实际上是城市所有的，因为城市的土地规划、使用，甚至是出售，其收益基本上是城市的财政收入。这样的城市，过去是典型的权力模型，现在由于市场化的广泛发展，出现了新的变化：城市政府担负国家赋予的发展城市的任务，城镇化、美丽城市、卫生城市等一系列的发展任务。过去它在国家计划中发展，城市因为缺乏市场而逐步萎缩，而且成为国家的负担。市场化改革之后，城市逐步繁荣，城市开始开发房地产。迅猛发展的房地产，加上国家对城乡的控制，对土地的控制性开发，对城市公共服务的过度投入，形成了一大批高行政级别的迅速发展的大城市。这些城市因为市场发展突破了很多国家的控制，但国家的控制也因此而形成了城市中各种人员的身份的差别：首先是有户籍的人和没户籍的人的差别，然后是体制内和体制外的差别，接着是体制内的行业差别、等级差别。这样的城市，依然没有形成市民共同体，城市的发展深受国家权力的影响。首都和直辖市发展最快，然后是省级市和计划单列市，地级市、县级市，现在还有镇级市。市场对城市的发展依然有影响，这使得有些省辖市也可以和首都、直辖市那样变成一线城市。有些镇级市甚至超过县级市，而作为小小县级市的义乌市，则因为小商品市场的发展，甚至超过了地级市的规模。义乌市的市场不仅在本地发展，而且还在中西部一些省辖市发展，义乌市其实已经超过了地理的限制。温州商人全国投资，温州人有一半的 GDP 在外地，温州商会全国到处都是，这也使温州城市超越了行政区划的限制。

古代城市的演进逻辑是，它们过去都存在普遍的有形的城墙，都在争取自由，并为城市的发展开拓了空间，当自由必须突破城墙的时候，当自由可以拆除城墙的时候，它们毅然拆除了城墙。但现代城市在拆掉有形的城墙，在获得了普遍的自由的情况下，开始建立一圈圈无形的城墙，并开始逐步失去自由：

现代城市越来越民主，选民越来越指望政府变成全能的上帝，积极干预经济，提供公共服务，拉平收入分配，贫有所济，居者有其屋，幼有所教，老有所养。选民要求有工作，政府给提供工作，选民要求免费医疗，要求充足的养老金，政府就提供免费医疗、养老金。其结果是，市民在福利和债务中失去自由和市场为基础的治理，成为福利和债务国家控制下的城市治理。在福利国家时代，城市和国家的关系也发生了变化，国家通过财政政策和货币政策，促进经济增长，控制着城市的宏观经济环境，福利国家对城市的干预越来越多。国家为了促进经济增长，实行减税制度，增加财政支出，财政出现赤字。城市自主权也越来越削弱。发达的现代金融市场，使得城市可以通过建设项目融资发行市政债券。过去市政债券是为了建设新的市政设施，现在的市政债券是为了维持高昂的城市福利。国家也一样，过去只有战争时期才需要发行国债，其后果是取得了战争的胜利，但也导致战后的通货膨胀。现在为了公民的基本福利，国家也发行巨额债券，导致通货膨胀，或者金融危机。社保基金空账运行，不可持续。有些城市和地方政府，还有国家政府甚至不得不寻求破产，方能摆脱危机。

非民主的城市在市场化过程中获得了更多的自由，城市的市长像企业家运作企业那样来运作城市,城市快速发展,政府获得更多的税收收入,同时城市快速发展的地产金融,能够让城市通过金融市场筹措更多的收入。城市房地产泡沫形成的高额土地出让金收入,使得城市暂时有了充分的融资能力。发达的金融市场,没有房地产税的免费公共服务治理结构,国家赤字财政和高额债务、货币超发条件下的发展任务,使得城市变成了经营性的城市。市长变得像一个企业家。这个企业家,一方面卖地赚钱,一方面把卖地融资能力金融化,而且把市场投资金融化、企业化。城市的主人,或者购买房地产,推高房地产泡沫,让政府赚得钵满,或者高额储蓄,把钱存在银行里。市长则通过成立城投把钱花完,提供种种福利。经营性城市逐步变成一个泡沫机器,或者变成一个债务制造机器。城市则在债务和福利的重压下,开始失去自由。

城市快速发展,产生了现代城市病。首先是城市治理疾病。自由成长的古典城市,道路是根据微观的局部需要形成的,大多没有直线,或者明显的主干道。城市的建筑,很少有宏伟的建筑,是多点多中心演进发展的。这种城市缺乏整体的规划,但很有自身的特点,每一个城市都有自己的特点,并形成自己的独特名片。现代城市开始集中规划、集中整治,甚至集中拆除古典的部分,进行现代化改造。城市根据规划者的理想,形成了人为的功能区:金融区,产业开发区,科技园区,教育区,居住区,行政区,商务区,休闲区,艺术区等。这些功能区让城市看起来比较符合设计者的理性,但设计者致命的自负,导致了更多的城市病:城市看起来很美,但不够实用。功能区划分,符合管理者想法,但不符合实际使用。道路交通单中心放射状设计,导致交通流量向主干道集中,一旦主干道有交叉,七八个车道的车流在交叉处汇集成两三个车道,结果流量外溢。城市消灭红绿灯计划,往往有优先的具体目标考虑,从 A 点到 B 点消灭红绿灯,但到了 B 点任务完成,在 B 点之后就出现了交通拥堵点。功能区设计,居住人口集中,工作区域集中,提升了人员流动的时间成本,单中心设计的大城市,出行时间在 1—2 个小时之间。工作人口起早贪黑,不仅对健康是一个损害,对家庭生活也是一个损害,进而降低了经济和社会效率。城市的复杂化，导致单中心治理结构局部有效、多地无效。城市中心只好行政划分权，按照等级制把城市人为划分为不同的管区。等级化、区域化的行政结构不利于创新，在现有的结构之外建立一个活力区域，也就是开发区，或者高科技园区。传统的结构不利于信息传导，小事容易化无，当化不成无时就出现失控的大事。对于常规事情处理比较有效，但对于特发事件缺乏一个快速反应的机制。政府又不得不在常规机制之外建立应急机制。应急机制需要常规结构支持，结果常规结构的运作开始应急化，整个城市处于疲劳应付的状态。为了减少疲劳应付，政府开始发明种种管制机制，来建立高度管制的城市。

越是大城市，户籍的管理越严格，虽然市场化的城市发展让更多的人口进入城市。很多城市非户籍人口都超过户籍人口。城市人口控制政策虽然失败，但控制政策的松动很艰难，取消更不可能。严格管理的户籍制度和全面开放的市场同时进行，导致了城市本身的分裂和城市公共服务的特权化，并催生了非政府的公共服务。本地户籍人士离开本地去外地发展，同样面临异地人口融入本地的问题。很多公共服务对外地人口开放，但核心公共服务受严格的户籍政策限制。许多市场服务，也因此受到严格的管制。比如住房是市场服务，政策类房只能通过户籍来获得；市场类住房，在大城市已经普遍实现了按照户籍购房，而且有指标限制。车辆是市场服务，而且车辆登记在某地，过去只是方便注册而已，任何人，只要有身份，都可以在任何地方购车，并在任何地方注册。这是典型的市场治理结构。现在因为交通拥堵，开始限制车的使用和购买，并限制外地车进入本市，或者限制外地车在本市行驶。

但这些严格的管制，在存在市场条件下，总是有很多化解管制的办法。买不了房，离婚增加购房指标；和本地人假结婚，获得购房指标；买不了房，就签订长期租房协议，相当于买房。或者干脆就租房；租房也是拥有住房的一种方式，而且更加自由。限制购车，就动员全家人口考驾照去摇号，摇到号后去购车，用不完指标就出售或者出租；或者用机构或者单位去摇号；或者就干脆每月违规四次交四次罚款出车；或者购车去外地上机动车号牌；或者购买或者租用他人的车辆；有人干脆当起了出租司机，租用出租公司的车，有空时拉拉活，赚点份子钱，其他时间自己开车玩，还不受限行的限制。

为了解决市场条件下的策略行为，政府不得不加强进一步的管制。对违规出行，提升违规成本，过去违规一天罚一次，现在三小时罚一次，依然控制不住就开始罚一次罚一分，估计如果还控制不住会扣三分。过去外地车可以在本地出行，现在严格限制外地车的使用，甚至禁止外地车进入。

但再严厉的处罚，只要存在市场，其策略行为的空间就依然是存在的，其结果是增加了很多特权的分配，给政府提供了更多的收费罚款的机会，市场被扭曲了很多，但依然会顽强存在。当然，城市运作的社会治理成本、政府治理成本、市场运作成本，明显提高了。城市的活力显然也会因此而下降。人在策略行为的塑造下变得越来越聪明，但道德和修养水平却下降了。

更为重要的是，单中心的控制结构也在这个以管为本的治理实践中得以强化。城市的道路越来越出现单中心的形状，即使地下铁路也是市中心密集分布，周边散状稀疏分布。城市的公共服务也出现单中心的分布，市中心、次中心到郊区，出现了从繁华、次繁华到不繁华的梯次分布。市中心戒备森严，投入大量的安保力量，郊区相对松懈。在这样的单中心结构下，城市运作一方面需要市场治理来支撑活力，另一方面又要依靠单中心治理来支撑城市的管理，城市的治理出现了权力模型和市场模型的交叉摩擦，出现了很多问题。权力模型因为复杂而很难运作，经常需要举办大的会展来凝聚城市的力量。于是一个城市，举办了奥运会、亚运会、大运会之后，其管理的水平会大大提高，因为这可以让城市放下一切策略行为集中力量办大事，平时办不成的事情，需要各方面配合而难以取得配合的事情，这时候都可以办得到。而在办成事情的压力下，单中心的治理结构也会很快变成多中心的治理结构，从而展现城市的活力。比如在举办运动会时，单中心的结构很难处理分散在各个场馆的事情，为了解决各场馆内的协调问题，必须实施分权于各场馆的多中心体制。智慧城市提供了集中的决策支持系统，但是同时也为多中心协调提供了数据支持。比如单中心协调提供的数据表明，三环是没有车的，二环却非常拥堵。结果车都去了三环，结果三环是拥堵的，而二环却没有车。这说明，单中心的数据系统对于支持交通系统不是很有利。相反，实时的市场化的导航系统却可以发挥多中心、扁平化的优势，从司机收集实时的动态的信息，同时又给司机发送实时的动态的信息。

三、未来城市治理模式

城市治理的理论模型有两种，一种是权力模型，是管制等级封闭的，一种是市场模型，是自由平等开放的。在古代，城市需要权力给予安全的保障，同时也需要市场的支持，这两种力量决定了城市的发展和衰落。欧洲自由城市的出现，不仅为自己提供了保障，还赢得了更多的活力。

现代城市拆除了城墙，获得了更多的自由，但是开始为自己提供更多的无形的城墙，希望给自己提供更多的安全和保障，却开始走向封闭、管制和等级化，并埋下了衰落的种子，导致了各种各样的城市病，而且难以解决。

未来的城市，应该有能力解决古代城市的挑战，也能够解决现代城市的挑战。过去城市的挑战是国家权力的威胁，现在的城市同样面临国家权力的威胁，同时更多地面临来自城市内部的威胁。未来的城市治理，必须考虑如下元素，才能真正成为自由的、欣欣向荣的、安全的城市：

第一，在国家治理中，城市作为实体性的政府要有自主的治理的权力。城市本身是一个非常复杂的集合体，它的复杂性不允许任何外在力量的干预。这种外在的法律如果不是普遍的法律，而是具体的操作化的指示，不仅城市不可能执行，而且还会因为策略行为而损害城市的发展。比如国家对城市土地所有权的规定，不是普遍地规定所有权，而是规定是国家所有，但实际上城市土地又不可能是国家所有。城市业主只拥有使用权，这种权利是一种行政所赋予的特权，而不是可市场化的普遍权利，这势必对城市的治理结构产生诸多不利的影响。比如业主的行为没有长期性，业主对自己的产业没有完全的责任，即使需要修缮，也等着政府来修缮。很多商业化业主交物业费，很多拆迁的、还有非全价购买的不交物业费。这就损害了城市治理的社会资本，使得城市治理的权力结构没有良好的社会权利结构作为基础。

第二，在城市之间应该有一个平等的市场地位，从而更好地适应市场化的需要。国家权力等级性，往往把城市纳入到自己的等级体系中。但城市本身的市场性和开放性，需要城市之间是平等的，否则两个相邻的城市由于面临不同的行政等级，而失去很多发展的空间。世界上一个城市的发展，往往和相邻城市的发展相匹配，其结果是城市的发展超越了行政区划，城市群的发展，实现了整个区域的经济和社会的发展。中国的情况也一样，目前珠江三角洲城市群、长江三角洲城市群，取得了一体化的发展，虽然其城市的等级性在一定程度上损害了其一体化发展的机会，但是一体化水平的确要比京津冀地区城市群要好。珠江三角洲的城市一体化相互之间行政级别差异比较小，因为城市之间也就是副省级、地市级和县市级的差别，长三角地区城市级别差异稍大一些，因为多了一个直辖市。京津冀地区，一个首都，一个直辖市，其他一个副省级市，然后都是地级市、县级市，级别相差非常大，结果人力、物力和各种行政资源都向首都集中，然后向直辖市集中，处于中间的地级市和边上的地级市发展很慢，而广大乡村和山区更是一个显眼的贫困带。现在要推进京津冀一体化，最大的障碍，就是行政级别的差异的障碍。行政上的差异使得城市之间很难有理性对话的空间。行政上的差异，使得不同城市的户籍价格也有天然之别，这自然导致在市场化条件下的资源单向流动，从而让发展出现明显的行政梯次。这虽然有利于首都的发展，但也让首都本身的发展有很多畸形的因素，不得不通过控制来纠正这些畸形。但控制了这儿，控制不住那儿，控制了那儿，还有别的地方失控。控制越来越严，使得城市的资源消耗在严厉而无用的控制上，而且控制失效更让整个城市本身成为分裂的城市。比如控制户籍越来越严格，但又不得不开放劳动力市场，结果是一个城市一半是本地人、一半是外地人。控制义务教育很严格，但不得不开放一部分，结果学生也是一半本地人一半外地人。一旦到高考，这些孩子虽然一直生活在城市里，高考时却不得不去从来没有去过的户籍所在地参加考试，是名副其实的异地高考。

  第三，城市内部的治理，需要有一个开放性的结构。政府要做的是做好自己的事情，而不是去做市场和社会可以做的事情。城市治理要给各方面有领导力的人在各个领域提供领导的机会，而不是通过封闭的制度来扼杀这些领导人的能力。比如在社区里，很多重要的人物在社区里都很低调，都隐姓埋名，不想发挥作用，其结果是急需领导力的社区，却缺乏相应的领导力。于是，一个城市欣欣向荣，但社区治理却很差。城市的街道很干净，垃圾清运都很有效率，但是垃圾分类一到社区就出现了问题。整个城市都非常有组织化，但城市的基础社区却一盘散沙，没有多样化的组织，从而导致小区虽然是一个居住单位，但是小区业主对小区的公共事务却没有亲切感，因为小区是一盘散沙。这就为小区里的利益冲突埋下了祸根，一旦发生冲突，小区的公共事务就没人管，就会出现不稳定的因素。有领导能力的人，不在小区发挥应有的作用，有很多原因，其中城市政府缺乏公共性有很大的关系。政府里负责决策的领导人太忙，负责执行的领导人没有机会展示自己，负责监督的人往往形同虚设，对下有效对同级和对上无效。政府治理缺乏公共平衡机制，其结果是没有人愿意在社区发挥作用。因为社区在城市里是底层，人与人之间处于面对面的平等的关系，社区里没有行政等级结构，信息的收集和处理都处于公开化的状态。社区天生就是公共治理的地方，而城市政府的各级人员虽然都是具有领导力的人，但在封闭的政府治理体系里，一旦参与社区的治理活动，不知道对自己有多大的影响。不参与社区活动，对他们只是损失了社区的一些好处，但参与社区活动，有可能对他们在政府中的工作有不确定的影响。所以，社区里能够积极发挥作用的是一些退休的领导人。在社区里这些人非常稀缺，一个社区拥有这样的人是这个社区的福气。根据目前的情况，一个城市里有5%的小区拥有这样的有能力而且愿意发挥自己领导力的人。95%的小区应该都有自己的拥有领导力的人，但他们却不愿意发挥作用。这是这个城市的不足。城市内部每一个层次都有一开放的结构，是未来城市治理的基本要求。

第四，在全球化时代，公民的国家身份已经在淡化。很多人在这个城市有房产，在那个城市有房产；在这个城市生活，在那个城市度假；在这个城市投资，在那个城市工作。全球化，使得这些城市属于不同的国家，但城市之间的交往，个人之间的交往，变得比国家的外交更加重要，规模也更大。一个国际化的大都市，不仅仅是拥有世界性大公司的城市，有很多外来投资，有很多国际的物流和资金流，不仅仅是有很多外交官，有很多外事活动，有好几个繁忙的国际机场，更重要的是这个城市还有很多外国人在工作、学习和生活，而且他们很容易融入到这个城市中来。这就需要这个城市所在的国家有免签制度、宽松的签证制度、宽松的居住制度，而且有更开放的投资、购房、工作、上学等方面的制度和政策。只有这样，才能让城市的发展真正跟上国际大都市发展的步伐。

总而言之，未来城市应该更多地适应全球化、市场化的需要，更多地以市场为核心，而不是以国家和权力为核心来形成自己的治理结构。只有这样，才能避免古代和现代的演进悖论，避免城市发展的种种问题，才能真正让城市变成经济增长的引擎，成为呼吸自由空气的地方，成为每一个人向往的梦想之地。

（本文作者为中国人民大学公共政策研究院执行院长、公共财政与公共政策研究所教授）

Abstract

There are kinds of cities, each has its own merits. City governance can be abstracted as two kinds of pure theoretical models: The power model and the market model. These two models have their evolutionary logic in practice. In the ancient time, the practice is a mixture of the two models. The difference between the ancient practices, is more power or more market. But some cities got out of the mix, to a pure market model, and became the model of free city. The modern city has been developed in large scale, and also has mixed models of power and market, but many cities seem to deviate from the market model to the power model, thus forming many invisible walls around free cities. Future cities to overcome the ills of the past need to overcome the state power interference, adapt to the needs of the market, and transit the city governance into public governance.

Keywords

City Governance; Public Governance; Power Model; Market Model

巴西和圣保罗的城市公共政策中政府、政治行动者和治理

[巴西] 爱德华多·马奎斯 著 秦寅霄 译

摘 要：公共政策是在不同行动者之间的关联基础上形成的；这一形成过程以制度环境为背景，而且通常是跨机构、跨组织的。但是巴西学术界很少有研究详细分析政策活动（同时也是政治活动）的制度环境。我认为治理的概念可以填补这个空白。对治理的理解一直是多种多样的，而且在治理这一概念在拉美传播的过程中，存在不少令人迷惑的和混乱的理解。在本文中，基于巴西各地关于治理的争论以及国际学术界的有关研究，我提出了治理的分析性概念。这个概念超出了政府行为的范畴。我明确并考察了治理的各要素。

本文首先批判性地讨论了流行于拉美和巴西的治理概念，指出了它们的问题。在此基础上，我提出了一个可操作的治理概念。之后我讨论了巴西城市政策中最重要的政治行动者。最后讨论了城市公共政策和治理。

关键词：治理 城市政策 政府 政治行动者 巴西

公共政策是在不同行动者之间的关联基础上形成的；这一形成过程以制度环境为背景，而且通常是跨机构、跨组织的。行动者之间的互动充满了冲突，各种各样的利益关系和观念，以及政治资源的不平等分配。以上这些观点几乎是国际上相关文献中无可争议的结论，但是拉丁美洲的社会科学却鲜受其影响。这可能与我们的直觉相反，因为早在20世纪60年

代，拉美的政治系统研究就已经开始强调传统的和现代的经济精英在地方政府的形成和运作方式中的重要作用。但实际上，在拉美存在两种研究路径，它们二者的共存能够部分解释拉美社会科学为什么鲜受影响。一种路径是强调社会群体（通常是经济精英）重要性的传统研究路径，另一种是晚些时候出现的关注选举过程、政党和行政—立法关系的路径。第一类路径关注正式政治制度之外的现象，但是没有使用可操作性强的实证研究找出现象发生的确切原因。第二种路径则认为政治过程根本上是由正式政治制度、行动者及其之间的关系约束和决定的。

我认为"治理"的概念有助于化解两类研究路径的对立。对治理的理解是多种多样的（Rhodes，1996；Stoker，1998），而且有些学者希望从治理概念中得到更多的启示，而不局限于概念本身（Koomiman *et al.*，2008）。治理概念在拉美的传播过程当中，被赋予了一些混乱、不明确的意义，其中一部分是盲目借用国际上治理概念的后果。在本文中，我将结合拉美和最近世界其他地区的研究，重新定义治理，以便将巴西学术界政策研究的关注点扩充至国家以外，同时更加精确地审视治理的要素。这项工作非常有意义，因为巴西国家依赖关系网络进行治理的传统已经在民主化后一系列重要变化的影响下得到进一步强化，但同时变得更加碎片化，民主化引起的变化包括：联邦主义的重构，制度化政治参与的出现，公共服务的外包和监管机构的建立。

除导论和结论外，这篇文章分为三部分。首先，我讨论在拉美，特别是巴西，治理概念的运用，指出其中的一些重要问题，以便提出一个操作性强的定义。第二部分讨论巴西城市公共政策中主要的政治角色。第三部分讨论近年来圣保罗市城市公共政策和治理。最后一部分总结全文。

一、流行于拉美和巴西的治理概念

学术界对治理的理解有很多种。对于其他国家和地区的相关研究我在此不予讨论，因为有学者如罗茨（Rhodes，1996）和斯托克（Stoker，

1998）已经完成了这项工作。我在这部分将讨论盛行于拉美和巴西的治理概念，以为探讨城市公共政策中包含的治理模式打好基础。在某些情况下，治理只是被当做政府的暗喻（Ivo，1997 和 Ivo et al.，1998，Souza，2004），在国际上也有类似研究（Robert and Wilson，2009；Heinrichs et al.，2009）。在其他更多的情况下，治理意味着公共政策的管理，它与很多因素相互依赖，比如大都市管理（Azevedo and Mares-guia，2000；Komin and Moura，2004）或水资源管理（Abers and Keck，2009；Jacobi，2005 和 Ribeiro，2009），这些领域的管理都不同程度地强调社会参与。

整体上，巴西关于治理的研究与两种不同的政府组织结构相联系，导致两种政治上截然不同的结果。但是我们也会看到，这些研究也有相似之处。第一，它们都与民主化后地方政府的变化相关，尽管这些研究受到国际上不同观念和研究的影响。第二，它们与巴西两大政治力量相联系，这两大力量也是参与巴西竞选的两大力量。第三，它们都高度质疑国家的作用。

1. 公共管理、国家作用的减少和民间角色的加入

在这类研究中，治理这一术语出现于 20 世纪 90 年代，指一个特定的政策制定过程，政府机构和民间行动者都参与其中，而且与国家改革有确定的关联。这个用法与罗茨（Rhodes，1996）对"治理"的第一个和第三个用法相似——国家作用最小化和新型公共管理。[1] 这种意义下的治理是针对国家失败提出的药方，因此是"新鲜的和令人期待的消息"，它通过具体政策实现，目的是改革国家机器，在减少政府作用的前提下产生更好的公共政策。[2]

许多研究都推动了这种围绕国家改革的治理概念的出现。比如新公共管理理论（New Public Management）对国家的作用持负面评价，认为应当重新调整国家在经济中的作用。这类关于治理的文献指向了 20 世纪 70 年代以来西方国家的危机，尤其是在经济管理和公共支出方面的危机（OCDE，1995）。引入公共机构与私人公司之间的竞争，将私人领域的管理工具引入国家机构，这样能够提高公共部门的效率，使公共部门对民众更负

责任。核心的问题就成为减少官僚主义，以及对一些公共管理部门进行市场化改革（由行政控制转变为市场控制）。但是，改革后很快就清楚地看到，以减少国家作用为中心的新自由主义药方并不能有效促进发展。[3]

其中部分学术争论甚至质疑市场有效的假设，即在完成国家各项新兴职能上（尤其是监管功能），市场一定比国家有效（Przeworski, 1993 e Dahl, 1993），这就回应了经济学中的新制度主义。因此，眼前的任务不是将国家作用最小化，而是重新设计国家的作用，将监管职责和执行职责区分开来。为了加强监管和促进公共产品私人生产，新设代理人是必要的，方式有两种，或者让公共部门与私人企业公平竞争，或者由私人企业提供公共服务。这两种方式都面临委托—代理问题（Melo, 1996）。一种情况是公共部门作为委托人，政府作为代理人；另一种情况是政府作为委托人，私人公司作为代理人。这两种方式要求建立激励制度和监管制度，以引导各角色（包括国家）将公共利益作为各自的行动指南。在此公共利益应当与国家利益区分开来，因此监管活动也应当置于国家的控制之外。

在巴西，国家作用的减少同时意味着长久以来实行的进口替代战略的终止和基于国家发展主义的政治联盟的分裂（Diniz, 2003）。尽管巴西的社会政策仍然主要受政策过程的约束，但国家改革，特别是公共开支政策的调整，受到围绕国家改革的治理概念的强烈影响。

地方上关于国家改革的讨论很激烈，它们大多发生在费尔南多·恩里克·卡多佐任期内，那届政府也鼓励这些讨论[4]。讨论认为，统治力（governability）[5]和治理（governance）应该区分开来，它们是两项不同的国家能力。统治力指各项保证公共政策顺利制定的条件；治理则应当被理解为"政府拥有的用来将政府决策转变为现实的经济和管理条件"（Bresser Pereira, 1997, p. 7）或"使政府决策生效的能力"（Ibid, p. 18）。

围绕国家改革的治理概念在联邦管理和国家改革部（Ministry of Federal Administration and State Reform，缩写 MARE，此后简称"改革部"）成立后得到支持；该部被路易斯·卡洛斯·布雷塞尔·佩雷拉（Luis Carlos

Bresser Pereira）所掌控，他是一位经济学家，同时也是在之后数年坚持这种观点的政治改革家。改革方案包括重新划定国家权力界限，指定国家行动的专属领域，以及其他需要公共化（指变为公有而不是国有的）或私有化的事项。改革指定了几项法律，但根据法律制定者的说法，这些法律实施后并不成功（Bresser，2001）。关于改革的争论非常激烈，焦点是改革部及其下属机构国家公共管理学院（National School of Public Administration-ENAP）的发行物中包含的关于政府的观点（比如 Araújo，2002），这些发行物中的一些文章作者就是改革部长本人。不难看出，围绕国家改革的治理研究对改革持乐观态度。[6]

国家改革在政策方面、对国家作用的理解方面都产生了影响，但是在国家运作、国家与其他行动者的关系方面并没有产生太多有用经验。这是因为改革是从以下假设出发的：国家是在政治系统之外的，国家与政治甚至是分离的。除了其对于监管机构的研究仍然保持其生命力，围绕国家改革的治理研究在 21 世纪后迅速衰退。这主要因为政治联盟通过再分配的手段取代国家成为了议程中心和争论中心，还因为在国家作用下经济确实取得了发展。国家改革迅速衰落揭示了一个事实，那就是巴西社会科学的研究议程是以政治而不是以问题为导向的，这让长期的知识积累变得困难。

在拉美和非洲还有一种治理概念，与围绕国家改革的治理概念相似，它是从多边组织的实践中获得灵感的，特别是世界银行和经济合作与发展组织的实践。在 20 世纪 80 年代，这些国际组织不顾当地具体情况和政治环境，在贫困国家推行结构调整的政策。发展项目的整体政策失败引发各界对这些组织越来越多的批评。项目失败导致的另一个结果是，多边组织的下一代政策更加注重结合当地的政治情况和制度情况。自 20 世纪 90 年代以来，腐败、制度建设、寻求共识、问责制、合法性和可持续性等议题成为多组织发展项目的内容。无疑，它们的项目议程与国家有不少对话，比如："非洲不仅需要更少的政府作用，也需要更好的政府作用……"（The World Bank，1989，p.5）这里治理的定义是宽泛而不精确的，比如"运用政治权力管理国家事务"（p.60），尽管它实际上旨在推广善治（好的治理)——"公共服务有效,司法系统可靠,行政管理对公众负责"(p. xii)。

根据穆尔(Moore,1993,p. 2),世界银行(1992)对治理的理解可以被看做是"一系列关于善治的指标",目的是"塑造全世界(特别是作为世界银行扶持对象的国家)对于好政府的理解,以便各国能够独立地建立这样的好政府"。尽管世界银行无法干预制度设计和政治体制,它们也从来不是世界银行的干预目标,但在事实上,治理的概念却开始影响政府结构和能力。所以,这里的治理与政府活动的积极方面相联系,同时治理也意味着,可以通过制度改革创造出起正面作用的政府活动(Borges,2003)。国家可能是低效率的原因之一,但是通过培育新的制度可以解决这个问题。

2. 民主治理/社会参与

在拉美和巴西另外一些文献中,治理是与一些政策领域中的社会参与、民主、社会控制和社会运动相关的。在某种意义上,这种治理扮演的角色与20世纪80年代地方权力扮演的角色相同。治理概念在巴西又一次的民主化过程中使用,但是与国际上关于地方权力的争论没有关系;它用来描述地方层面的权力下放、民主化和政治参与这三者的混合体。这种对治理的理解是巴西独有的,在罗茨(Rhodes,1996)和斯托克(Stoker,1998)的分类中都没有涉及。

从实证角度来看,这些研究关注巴西再次民主化之后新建立的政治参与制度,包括政策委员会(Policy Council)、参与性预算制度(Participative Budgeting)、国民大会(National Conferences)(Santos Jr, 2002, Santos et al., 2004; Ribeiro, 2012; Ronconi, 2010; Jacobi, 2005; Abers and Keck, 2009; Cardoso and Valle, 2012; Frey, 2007, Jacobi, 2005, Ribeiro, 2009 和 Dias, 2009)。这些制度有时候被认为是协商民主的表现,但是有时也被认为是新统合主义(Cortez and Gugliano, 2010)。

大多数文献并没有明确各自的治理概念。尽管其中大多数都认为治理意味着政府的变化——"在社会政策和满足公民需求方面,加强地方政府问责制；承认所有公民的社会权利；为大规模公民参与开通渠道"（Santos Jr, 2002, p. 88）。也正是在这个意义上，里贝罗（Ribeiro, 2012）认为较低程度的社会联系和现行政治文化阻碍了大都市治理水平的提高（p. 12）。尽管没有给出确切定义，但是在这里治理意味着权力下放后，地方政府应当做到的事情；在这里需要明确的是，权力下放后，由公民参与的政策制定是以政府机构之间合作为基础的（p. 72）。由公民参与的政策制定也可以通过社会关系网络实现（Frey, 2007）。将治理理解为促进政治参与策略的主要政策领域包括城市研究（Ribeiro, 2012；Santos Jr, 2002；Santos et al., 2004；Frey, 2007）、居住（Cardoso and Valle, 2000）和环境（Jacobi, 2005；Abers and Keck, 2009；Ribeiro, 2009 and Dias, 2009）。

在这里，和上一部分一样，实行控制的国家同样是可疑的，但是这可以通过社会控制和制度化政治参与的发展得以化解。同样，和上部分类似的是，只有当政策过程含有某些元素或得到某些结果时，才可算做治理：上部分的治理侧重有效的制度设计，本部分的治理主要关注扩大的政治参与及其结果。

大多数情况下这类治理研究不考虑民主对巴西国家—社会关系带来的剧烈变化，除了一些对联邦主义的研究外。结果就是，这类研究削弱了两大类元素——政党的重要性和最近的公共政策改革。导致这种现象的部分原因是，研究者仍然认为政治参与和社会运动突出了（社会的）自主性。但事实上，政治动员是在密集的关系网络中进行的，而关系网络恰恰能将社会运动与其他行为体联系在一起（包括国家）；社会运动的需求是通过与政治的持续对话而形成的，而且离不开通过政治制度而得到保证的相关公民权利和有关政策的支持。

相反，比上述研究更晚出现的一些关于巴西社会运动的研究将国家与公民社会组织之间的多重联系作为研究中心（Houtzager, Lavalle and Acharya, 2004；Tatagiba, 2011 and Dowbor, 2013）。这类研究摒弃了社会运动自主性的观点，对政治动员和政治制度之间的多重联系有更出色的理解，有助于扩展对治理的理解。

最后，必须提出一个方法论的问题。将治理定义为产生好结果（比如高效或政治参与）的政策设计和政策过程会阻碍我们发现这些好结果产生的原因。在方法论意义上，这是一个如何选择因变量的问题。只有对比成功和失败案例，才有可能明白成功的原因。同理，只有同时选取有政治参与和无政治参与的案例，才有可能明白参与的作用。因此，如果治理研究仅选取有好结果的案例，就无法理解好结果是如何产生的。

还有第三类研究需要引起我们的注意。这类治理研究的关注点介于国家改革治理和民主治理之间，它从政府责任制出发，在政治系统内研究治理，具体的定义有很多种。这类研究既认识到了在当前资本主义和世界系统的背景下分析国家改革的必要性（Santos，1997），又认识到了最近民主化导致的制度变迁，因此这类研究从改革（及其好结果）和政治参与两方面理解治理。

但是，其中一些研究对治理的定义仍然保留着强烈的规范意味。与麦卡尼（McCarney，1996）不同，博斯基（Boschi，2003）将治理定义为"公共管理的形式，以公私互动为基础，保证政策制定过程的透明和政策执行的有效性"（p.1）。这种规范的理解也出现在迪尼兹（Diniz，2003）的书中，在深入讨论了最近国家改革的起源和性质后，将治理定义为"国家完成政策制定和获得集体目标的行动能力"（p.22）。这样，治理更多的与（正面的）能力相联系，而不是侧重某种制度中行动者之间关系的结构。卡格纳扎罗夫（Ckagnazaroff，2009）虽然与迪尼兹不同，但也是在规范意义上定义治理的，将民主治理定义为"基于政府和公民社会关系的、实现公共目标的一系列过程"。

在现实中，只有很少的研究者考虑到了制度和行动者之间的联系，他们不从规范意义上理解治理，从而避免了在定义中预设治理结果。阿泽维多和马雷斯·吉亚（Azevedo & Mares Guia，1998，p.10）认为治理"不仅仅是行政事务，同时包括利益协调，特别是当治理意味着社会组织参与到公共政策的制定、监督和执行当中的时候"。相应地，在对贝洛·奥里藏特（Belo Horizonte）的大都市管理机构运作方式进行的实证分析中，他们同时关注了制度和政治过程。在另一部作品中，阿泽维多（Azevedo，2000）写道："治理不仅仅局限在国家的制度和行政管理形式，或者政策执行时国家机器的有效性……治理的概念能够恰当地描述国家运用权威的情形。"

在我看来，以上概念都不能很好地运用到巴西城市公共政策的研究中去。事实上，这些对治理的理解导致对公共政策和相关政治的错误理解和种种谎言。下面总结了七个重要的错误理解：

1. 从政府到治理——治理为被理解为政府的一个替代物。但是在政策制定过程当中，无论怎样安排，也没有哪个行动者能够替代政府的作用（Stoker，1998）。这种将治理作为政府替代物的观念有时候隐含在研究之中，很可能起源于上面谈到的两大"国家作用最小化"的研究范式。事实上，任何治理安排都包含大量的政府行为和传统意义上的国家行为。

2. 治理一定是正面和积极的——但事实上，只有至少满足以下条件中的一个时这一点才有可能成立：（1）政治角色总是以公共利益作为行为指导；（2）一些具有权威的政治行为者以公共利益为指导；（3）有制度逼迫政治参与者以公共利益为指导。尽管政治系统是多元化的，但是在现实政治世界中，期待这些条件的实现是不现实的。不过这个假设在治理研究中有不同的表现形式，见以下四个错误：

3. 治理将通过培育横向联系（horizontality）而消灭纵向的等级关系——事实上，有充分的理由证明等级不会被消灭，也不会被公民间的横向联系替代，就像古阿内罗斯-梅萨（Guarneros-Meza，2009）论证的那样。事实上，考虑到地位、结构、通道和流动，关系网络也是充满等级的，这是与我们的常识相反的。除此之外，政治行为者凭借可以获取的资源参与政治过程，而参与政策制定的行动者的增加并没有消除资源占有的不平等，因此不可能有纯粹的横向联系。

4. 类似的，治理中政治参与的扩大意味着民主程度的提高——公共政策的有关文献已经证明了，基于不同的政策设计和政策过程，制度化的参与可能导致某些社会组织掌握更多权力（特别是在统合主义的背景下），而不是促进民主。

5. 作为有效性或能力的治理——这个问题在讨论围绕国家改革的治理概念时已经存在了，之后在地方治理有关研究中继续存在，如地方治理是"基于政府和公民社会关系的、实现公共目标的一系列过程"（Ckagnazaroff，2009）。勒·加莱（Le Gales，2002）的定义有所不同，它将治理定义为"实现特定目标的过程"。这里由"特定目标"取代了"公共目标"，这就消除了定义中的规范意味，引导研究寻找不同的政策结果。事实上，即使所有"好"的制度设计都存在，事情也有可能出错，那么找到这些"好"的政策目标是为了使哪些人受益就应当是研究的关注点之一，但不应该成为治理定义本身的内容。

6. 治理包含规范意义的维度——这种理解将阻止我们对"好政府"或"好的做法"进行全面理解。对于"好政府"，一个最明显的需要明确的问题是，政府应当对谁好。我们已经从熊彼得等许多学者那里知道，找到民众的共同意愿和政治中的普遍善是不可能的。

7. 此外，世界银行最近对"好的做法"这一治理概念广为宣传，这也是罗茨（Rohdes，1996）中的第四个治理概念。有些巴西学者试图提出其他版本的"好的做法"的治理概念。他们提出的概念与世界银行的不同，对于各种政策问题给出了相应的解决方案。尽管这是一个进步，但是他们与世界银行的概念一样，都假定：（1）相同政策可以在各国各地区通用；（2）好政策的设计和实施主要依靠优秀的技术解决方案。但毫无疑问的是，政策是很难在不同地区通用的。早在20世纪50年代，政治学研究就发现，政治过程（如政治行动者、冲突、联盟等）和本地条件（如制度）是决定国家政策能否成功实施的要素。事实上，了解"坏做法"比了解"好做法"能更好地帮助我们理解政府的运作和政府政策。

那么，我们应当如何定义治理才能够既保证概念的适用性又避免上述七个问题呢？沿袭斯托克（Stoker，1998）和勒·加莱（Le Gales，2002；2011）的研究，我将治理定义为：在政策制定过程中，一系列国家、非国家的政治行动者通过正式和非正式的纽带相互联系，并嵌入在特定的制度环境中。让我们详细讨论这个定义中的各个元素。

国家与社会、政治与政策之间存在复杂的区别。尽管它们有各自的特征、行动者和其他要素，但是它们之间存在许多形式的联系，这对政治过程有很大的影响。政策制定的所有阶段都包括多个国家、非国家的行动者，它们都对政策制定施加影响。我提出的治理概念将非国家行动者系统地吸纳进来，但是我认为国家、非国家行动者之间的界限是模糊的、不明确的（Stoker，1998）。

此外，这种政策制定过程很难说是专制的，因为权力从之前单一的决策者或执行者扩散到其他行动者，而且各组织之间相互依存（Stoker，1998）。有其他研究涉及这个问题。林德布诺姆的"断裂的渐进主义"（disjointed incrementalism）理论证明了政策制定领域天然存在的互动性，库伊曼（Kooiman et al.，2008）则提出了互动的治理。

与其他研究（Rhodes，1996）不同的是，我不认为治理仅仅是自我组织和运行的网络，相反，它也是吸纳各行动者的制度和组织，以及这些制度和组织的结构和权力资源；若用一个经典的术语来表达，就是"权力结构"。

沿着这条分析思路，治理应该被理解为关于处在关系网络中的各行动者的制度安排。它与由等级或市场形成的制度安排不同（Rhodes，1996；2006）。尽管将关系网络放在了概念的中心地位，但是我相信这还不够，因为关系网络在其他领域也存在。在市场里，关系网络将交换关系结构化，这也是大量经济社会学文献所讲述的。在各类组织中（包括国家），等级是和关系网络相结合的，有时候两者是重叠的，这是休·赫克洛（Hugh Heclo）和之后政策网络文献论述的中心（Laumann and Knoke，1987）。关系网络是公民社会的核心架构，它将行动者联系在一起，有多种多样的形式和变形。

除此之外，本文提出的治理的概念将许多非正式的甚至是非法的过程吸纳进来，在许多情况下，这会对政策产生影响。这些非正式过程有时候被认为是干扰、错误或微不足道的问题，因此可以被忽略，不值得分析。甚至政策网络文献（Laumann and Knoke，1987）也这样认为，只关注正式的和为政策制定而刻意维护的关系纽带。在我看来，相当一部分政策制定过程中包括非正式活动和关系。部分现存的组织之间的关系实际上是私人的、非正式的关系，并不是为了政策制定而建立的，或者关系的建立根本没有任何目的，但是他们却在政策制定的正式场合被动员和利用（Marques，2012）。

此外，相当一部分政策制定过程包括负面因素、失败、错误甚至是非法行为。这不仅仅发生在拉美，在一些制度更健全的国家也会发生，比如美国的"铁三角"[7]（Fiorina，1989）或欧洲难以被操纵的组织间关系（Rhodes，1996）。治理的概念恰恰可以吸纳这些因素，但是先验的、只关注"好做法"的治理概念就无法做到这一点。我们之前已经说过，只有将这些治理的"阴暗面"考虑进来，我们才能够解释好的治理为什么发生。

最后，本文提出的治理概念实际是对行动者和制度之间关系的安排，增强了不同治理的可比性。目前存在多种治理类型，这是皮埃尔（Pierre，2011）或（Stone，1993）利用政治制度进行治理模式分类时已经讨论过的。但是，在这里的"治理"不只是几个治理模式，它们可以在同时同地的不同政策领域共存。对这些模式的比较分析可以帮助理解行动者、制度和网络的不同组合是如何互动并创造出不同的治理条件的。下面几部分就以圣保罗市为例讨论这一点。

二、行动者、制度遗产和政策

在城市公共政策的例子中，有以下几类行动者很重要：不同级别的国家机构和官僚；政客和政党；私人企业，它们依靠提供城市公共服务和参与城市建设进行经营和定价。

巴西最一般的制度特征是联邦制，包括三个层次的政府——联邦政府、州政府和市政府。根据法律规定，每一级政府都可以自主制定某些类型的政策。尽管之前军事政府垄断了政策的产出，但是过去20年的政策改革正在打破这一局面，正在重新制定联邦体系内的政策权力分权。目前，在大多数政策领域，联邦政府起着重要的决策作用，但是地方政府（根据具体政策可能是州政府、市政府）在提供公共服务和政策执行方面起着显著作用（Arretche，2012）。各个政策领域的历史传统也能影响由哪级政府进行公共服务的提供。城市公共服务中，规划、土地控制、汽车类公共交通以及垃圾集中服务是由市政府提供的，轨道类公共交通、警察和环境保护服务是由州政府提供的。住房、交通控制、公共卫生、排水服务根据是否有当地公司承包及相关协议来决定由州政府或市政府提供。有相当一部分服务外包给私人公司，这也解释了下面要讨论的城市资本的重要性。

巴西联邦制的特征对地方政治联盟的形成有影响。与美国的情况不同，巴西的地方政府能够得到相对稳定的公共政策资金支持。在较大、较为富裕的州，这些资金来源于地方税收（土地税和服务税）和联邦转移，较小、较为贫困的州也可以自动获得联邦专用的资金（Arretche，2012）。因此，尽管经济增长是一个重要的政治目标（和重要的政治话题），但它并不是政治联盟最常见和最稳定的基础，比如莫罗奇（Molotch，1976）提到的增长机器的例子就说明了这个问题。另一方面，私人公司是选举竞争的核心资金来源，既提供合法捐款，也提供非法资助。但这种资金支持只能通过与公共服务和公共工程的私人承包商建立紧密的联系才能够实现。因此，巴西城市政治中的联盟不仅可以在土地开发和城市改造的基础上形成，也可以在大型公共建设工程项目的基础上形成。这种联盟的形成是出于政治原因而非经济原因。

联邦制的另一个制度特征是所谓的"基于联盟的总统制"（coalition presidentialism）。民主化之后，总统无法控制议会两院，但是绝大多数通过的法案是由总统提交的。这是因为总统和立法院的某些机构都拥有立法权，这就使政党和议长拥有很大权力。此外，行政机构关键位置的人选是总统和政党讨价还价的结果，这就让巴西的总统制有强烈的议会制色彩。最终结果是，行政机构力量强大，但是受制于总统和政党的谈判（Figueiredo and Limongi，1999）。

近年来，司法部门的作用也加强了，不仅有政治司法化的倾向（Sadek，1999），而且建立了公共检察官办公室（Public Prosecutor's Office，葡萄牙语：Ministério Público），宪法将其定位为公民权利的保卫者（Arantes，2010）。根据职责，没有权利受害方的参与，公共检察官办公室也可以开启司法流程。这个新机构对社会政策产生了重要影响。

上述特征是中央层面的，但是在州和市也有体现。已有的研究表明，在城市中，至少在圣保罗市，市政官的作用很少体现在提出法案方面（特别是当法案不在市长的议程上时），除了在批准重要城市法案［如城市核心规划（Master Plans）和土地使用法］时（此时往往有大量社会组织游说），市政官能够在决策制定过程中发挥重要作用。在绝大多数情况下，市政官对政策的影响主要体现在执行，并用执行换取议会的支持（Couto，1998；Marques，2003）。自20世纪80年代起，政策执行由市政官控制，由地区行政部门（现在的市政府的下一级政府，submunicipalities）具体实施，内容包括小型街道的铺设、垃圾集中和其他日常维护服务。近年来，随着行政权力下放，这些基层部门提供的服务种类更多了（Grin，2011）。基层机构的权力是市长授予的。在绝大多数城市，本地官员的力量比较弱小，尽管他们的实力在快速增长，这在很大程度上归功于联邦政府的支持。

除了政治家和政党，精英行动者还包括以盈利为目的的企业或城市资本。但是这里的城市资本不是指以某种地方合作主义形式出现的个人或集体所有的资本集团。在欧洲城市（Le Gales，2000）只有极少数的企业会集体参与到城市公共政策中去，巴西与之类似。有许多商业协会坐落在圣保罗市，比如商业协会（ACSP）、圣保罗州工业联合会（FIESP）、巴西银行联合会（Febraban），但是这些组织很少参与到城市公共政策当中去。

与城市公共政策真正相关的城市资本是这样的资本集团：它们在城市的开发和运转中制定价格，赚取利润。根据它们和国家的关系以及土地对它们的价格的影响，可以至少分为以下三类：

第一类城市资本主要指城市开发业，在国际学术界（Topalov，1974）

和巴西学术界（Ribeiro，1997s），马克思主义城市社会学已经有几次关注过这个行业。它们的经营过程强烈依赖于可供开发的土地，因而往往集中在特定地点。它们的产品直接销往市场，通常比较有竞争力，但是竞争力不及位于重要地点的开发项目。在每个经营周期中，这类城市资本与建筑公司、土地所有者互动，但是利润来源与它们二者截然不同。建筑公司寻求工业上的利润，土地所有者收取土地使用费用，而开发商从开发项目日后的发展获利，项目的发展通过更改土地用途而改变土地价值。由于土地不可再生，土地价格就与土地使用的情况密切相关。通过改变土地用途，开发商改变了土地价格，创造了利润。国家通过监管和规划影响开发商的利润率，但并不是开发项目的直接买家。这类城市资本的重要性主要体现在它们转换土地用途的能力，凭借这个能力它们甚至能够创造空间效应，进一步影响开发地点所在的整个区域。在圣保罗市，最重要的城市开发资本集团是 SECOVI，它是一个开发商协会。在城市法律的批准过程中（比如城市核心规划和土地监管法）时，经常能够看到它的行动，比如代表行业游说，尽管它施加的压力大多数时候是针对个人的。因为该行业的核心是土地用途转变，因此开发商的利益是与空间牢牢挂钩的。

在过去几十年中，城市开发业改变了圣保罗，这在一定程度上也是顺应巴西全国住房市场变化的结果。民主化后，至少出现过三种生产模式。前两个阶段分别在 1985—1993 年、1993—2003 年。这两个阶段的开发集中在扩展之后的市中心，主要是建设高端住宅，第一个阶段尤其如此（Marques，2005）。新保（Shimbo，2012）认为 2004 年开始了第三个阶段，这个阶段出现了更多的面向中低阶层的中低端住宅；参与开发的公司规模更大。这是 2006 年以来开发公司上市融资的结果，同时新出台的《联邦住宅业监管条例》也促成了大规模开发公司的出现（Cielci，2012）。在这新一轮的开发浪潮中，中低端住宅的市场份额显著增加，住宅位置较前两轮而言离市中心更远。

第二类城市资本集中在城市基础设施建设，对这种资本的研究仅有少数几项（Marques，2000）。从生产过程看，它们大体与建筑业类似。它们也组织工业生产过程，生产产品，购买原料，但是土地对它们而言不是问题，或至少不是核心问题。产品买家的位置决定了它们的位置，它们的买家是私人开发商（建造建筑物并需要基础设施）或国家（购买城市基础设施），土地使用的问题是由买家事先解决好的。就像我在马奎斯（Marques，2000 和 2003）中指出的那样，这个行业通常是买方寡头垄断（oligopsony）——有一定数量的卖家，但仅有少数的大型买家，买家主要是自己购买或向其他机构外包的国家机构。因此，价格形成和产品的质量数量取决于国家内部发生了什么。因此，这个行业天然具有政治性，行业中的私人企业有强烈的动机去影响国家的行为。因此腐败容易出现，尤其是在制度不健全的情况下。

第三类也是最后一类资本主要指城市公共服务提供，比如交通和垃圾集中这类服务。土地对这种资本的影响力最小。就像基础设施建设行业一样，国家是公共服务的唯一买家，因此也是买方寡头垄断式的竞争，也具有很强的政治性。不同的是，公共服务的提供在时间空间上不集中，而是散布在广泛的地域，持续很长时间。这些特点决定了这类服务的治理模式的特殊性，我们在后面就会看到。此外，由于这些服务是城市日常运转维护的必需品，因此这类资本不像前两类资本那样容易受到金融和财政危机的影响。

考虑到城市资本在巴西国内私人企业的中心地位，还有一点需要说明。这里有必要考虑历史上巴西经济的建构过程和结构，自 1930 年以来，国家和私人外企都起了很大的作用，它们的作用在 20 世纪 70 年代有了更为明显的增强。它们活跃在基础设施产品/半成品的制造，以及最先进的变电业（Lessa and Dain，1982）。巴西的资本主要集中在银行业——其在 20 世纪 90 年代开始大面积私有化，以及建筑业——是目前巴西跨国公司集中的行业之一，在各级联邦都是如此。因此，地方精英与建筑业和开发业的公司有密切的联系。即使在今天，相当一部分市长是建筑公司或城市开发公司的所有者或共同所有人。这为全国各地的城市规划政策的出台和土地监管的建立增加了很多困难，不仅市级联邦如此，各级联邦都面临类似的问题。如果考虑到巴西金融市场历史上一向不健全、土地往往又是地方精英的重要资产等事实，这些困难将变得更为突出。因此，如果该问题确实在政府关注范围之内，那么土地监管是巴西城市政策面临的最大挑战（Maricato，2011）。

社会结构的另一端是民众。20世纪70、80年代圣保罗的社会运动势头强劲，是推动军事政府向民主转型的重要力量（Sader，1988）。在20世纪80年代，圣保罗市出现了一些重要的社会运动和协会，主要是健康、公共卫生和住房方面的。自20世纪90年代，这些运动强迫政府增加社会服务的提供，同时，运动也产生了扩散效应，将地方政府的政策议程转向了分配政策。这一点在市郊的基础设施公共政策的发展以及贫民区的改造升级上鲜明地体现出来（Watson，1992；Marques and Bichir，2003）。圣保罗市及区域周边城市的大型自建房项目肯定是在住房社会运动的影响下，或者在它的压力下建立的。这个事例表明，地方公共政策的发展经历创造出来新的政策选择和一个大的政策共同体，参加住房社会运动的有关专家对此也起了推动作用（Lopes，2012）。一批技术人员和政治家在卢拉第一次执政期间建立了城市部（Ministry of Cities），自那时以来，联邦层面实施了一些新的社会政策，住房社会运动培育出的政策领域的新变化就是突出的代表；而住房社会运动也有利于我们理解城市部创始人员的初衷。

自20世纪90年代以来，城市社会运动变得更加异质化，这部分由于在民主制度下出现了社会参与和政治参与的其他渠道，比如非政府组织和对公共政策制定的直接参与。最近也出现了基于身份认同的社会文化运动的扩张，不仅有非裔巴西人的运动，也有市郊的以地下文学和说唱为主题的运动。在圣保罗，能够将社会运动直接转化为政治行动的唯一主题是住房问题，特别是以中心区租房为主题的社会运动，这项运动旨在减少市中心的空房（Tatabiga，2011）。这项社会运动很重要，因为在过去十年，市政府在中心地区缓慢地推动一项翻新工程，许多关于空间的政治纠纷因此产生（Souza，2011）。

同时，政策领域的民主改革促进了政策过程的政治参与，政治参与主要通过政策委员会和公民大会实现。根据一些学者的研究（Gurza Lavalle, Castello and Bichir, 2008），社会组织的作用也已经发生了变化，从"以主动策略为核心"变为"以被动策略为核心"。新出现的政治参与渠道在过去十年得到极大扩张。在 20 世纪 90 年代，政策委员会这一形式在地方政府间传播，在卡多佐时期，开始出现在联邦政府层面，现在联邦政府开始在各地方政府推广这一形式。另一方面，近年来，一些政策方面的国民大会发展起来，国民大会和政策委员会相比，可以让更多的人参与政策过程，极大促进政治参与的发展。

政治参与的扩张以及选举政治的回归使针对穷人的社会服务大幅增加。在 20 世纪 90 年代之前，投资市郊和减少社会不公是为了反对左翼和右—左翼政府的议题，但是现在，所有政府都表示愿意面对这些问题（即使只是在口头上）。贫民区改造升级也是这样，首先由左翼政府提议，最后扩展到所有政府。我相信这是选举政治下左翼和社会运动取得部分胜利的结果，它们引导政府的议程偏向加强再分配。

整体来看，在最近的民主巴西，社会组织、公共政策的决策和实施的变化改变了公民社会发挥的作用（Acharya, Gurza Lavalle and Houtzager, 2004）。

三、城市公共政策与城市治理

在巴西，上面提到的各个行动者之间存在大量互动。事实上，对许多学者来说，巴西国家的一个重要特征就是国家与私人部门的相互渗透。这一特征会导致一个专门联结国家和私人部门的"官僚集团（bureaucratic rings）"（Cardoso, 1970）的出现，也会导致国家的私人化和分裂（Grau and Belluzzo, 1995），或产生高度私人化的、受益群体设定不当的社会政策（Draibe, 1989）。这些现象出现的根源是国家与主导阶级之间的关系（Cardoso, 1970），这二者的关系通过"利益相关者小圈子"进行利益协调。利益相关者团体代替了在其他国家起类似作用的"中间团体"，比如政党、商会和志愿组织。因此,巴西的利益协调机制既不同于欧洲的统合主义模式,也不同于美国的游说模式,而是将一个私人联系紧密的小圈子与国家的代理人联结起来。因此,政治冲突、结盟和妥协的主要场所既不是立法机构,也不是正式的政治参与制度。

但是,以上研究的利益协调利用的是破碎的、本地化的、为实现使"国家私人化"(privatization of State)的目标而刻意建立的关系纽带。在马奎斯(Marques,2000和2003)中,我提出了一个更具有持续性的社会学意义上的关系纽带,利用在政策团体内逐渐建立起来的个人之间的关系网络将国家与非国家行为者连结起来。这能够解释腐败的出现,但前提是存在一个相对稳定的"关联性国家架构"(relational fabric of the State)[8](Marques,2011)。

关联性国家架构中的关系网络与政策领域研究的关系网络有所不同(Laumann and Knoke,1987),它也许只是更大社会关系网络的一部分,能够将国家之内和之外的组织用不同类型的关系连结起来。国家架构将影响国家内部的政治冲突,因为政治行动者占据的位置附带权力资源,政治行动者会动用这种资源。而且,在国家向社会、市场的渗透过程中,国家架构起中介和调解作用,在每种政策领域中起作用的方式不同。因此,政治冲突、政治联盟和政治谈判主要发生在国家机构和政策共同体内(以及它们的关系网络中)。我将在下一部分具体解释。

那么,圣保罗的城市公共政策和政府治理是如何进行的呢?对此完整的分析将包括对政策和政策制定部门的详细讨论,这将偏离本文主旨,因此不予讨论。下面将讨论治理模式。需要强调的是,不同模式之间有时互相影响,互相冲突,互相促进。根据马奎斯(Marques,2012),圣保罗市的三大治理模式包括:(1)一般意义上的社会政策;(2)警察和暴力控制;(3)基础设施,公共服务,大型城市工程和土地监管政策。本文着重分析最后一个,它与城市开发和建设有直接关系;另外两个模式请参照马奎斯(Marques,2012)。

考虑到参与者、制度和不同的历史遗产,最后一个模式还可以进一步细分为几个子类别。因此，下面的讨论将从四个子类别展开：大型基础设施建设；城市公共服务；大型城市建设工程（有时会突破有关监管规定）；建筑监管和建筑批准的日常执行情况。已有的研究表明，在相对封闭的政策过程中，技术人员/官僚和政治家以及私人公司沿着私人网络、制度网络进行互动，这其中有腐败现象（通常与竞选和党政有关）和其他非法现象，但是它们并没有成为主导的游戏规则。政府官员向公众负责的程度很低，公民或社会服务的受益人的政治参与很少，甚至不参与（Marques, 2012）。法律的约束作用很小，政治谈判和冲突的主要场所是国家机构和政策共同体。但是每个子类别都有各自的特点。子类别有以下四个：

1. 大型公共基础设施的有关公共政策和国有公司

这个类别在之前已经讨论过了。这种类别中，公共政策主要在大型国有企业中制定和执行，外界的干预程度很低，政策过程的隔离性高。决策和执行是在技术人员内部进行的，而技术人员通常主要集中在国有企业中。政策变化也是技术人员内部的变化导致的，比如代际更替（Watson, 1992）。虽然由于制度和政治因素，有时候选举出来的政客难以控制技术人员（Marques, 2003），但是还是有可能因为技术人员群体和执行者之间联系的变化而导致政策变化（Marques, 2000）。立法机构和集体游说的作用非常小，因为绝大多数决策不需要立法机构的批准。外界影响政策过程的主要途径是私人公司利用社会关系网络创造和维护的渠道影响政府官员。私人公司的利益在于成功承包以及承包的价格，因此，他们关注影响竞标结果的政策以及竞标过程中的价格和其他条件。当政府官员选定某个公司作为承包商，并用来交换该公司对该党派的竞选支持时，腐败就会出现；当然有些时候，是政府官员个人得到承包公司的好处。不过不能认为决策大部分是由腐败决定的。事实上，决策过程整体上是技术性的，尽管受到政党和承包商两方利益的影响。这种模式并不是城市政策独有的，大型基础设施建设的某些方面（公共卫生、地铁、电力、城际列车、港口、坝内式水电站厂房）也符合这种模式。

在某种意义上，这种治理模式是从军事政府沿袭下来的。政策决策在技术人员中作出、且决策过程封闭，有关系的私人力量对政府官员施加影响，对官员行为没有制度约束，所有这些因素导致政策部门的扩张。这个模式在民主阶段也延续了下来，尤其是在政策部门及与之联系密切的国有公司尤其常见。20世纪90年代一些领域的政策部门进行了私有化，特别是电信和能源，从而减少了受这种模式影响的政策部门。如果我们的假设是正确的，若在私有化完成的部门进行测试，测试结果应该显示私有化可能已经培育了新的治理模式：在这种新模式下，官员作用减小，私人企业有更大的自由度。

我之前已经提到过，我将这种利益协调模式叫做"国家渗透"（state permeability）（Marques，2011），一个与国家关联性框架紧密联系的概念，马奎斯（Marques，2000和2003）对此进行了详细研究。第一个关于国家渗透的研究分析了里约热内卢（Rio de Janeiro）大都市区水和公共卫生基础设施政策，是由一家国有公司——CEDAE——在1975—1996年间执行的。该公司成立于1975年，当时巴西两州合并为一个州（Rio de Janeiro州和Guanabara州），随后出现了机构的合并（三家公司合并为一家新的公司）。第二项研究分析道路基础设施政策，包括铺路、新道路开通、路沿、排水沟、辅助排水、桥、高架桥和隧道等内容，这些由圣保罗市长在1975—2000年施行。因此，这些政策是在非常不同的背景下形成的，无论是政策过程还是与外界的隔离程度，职业标准还是资金，都有所不同。这些政策在政治上也有所不同。里约热内卢的案例中，政治上两大政治力量持续相互竞争，出现权力更迭；圣保罗市的例子中，有一个稳定的政治力量一直进行主导统治。

这些调查表明国家的关联性框架与组织间的关系网络相重叠。这些网络中包括技术人员、国家或官僚、对政策有需求的公民、承包商、被选举出来的官员、处在特定位置的官僚等等。这些网络是有惯性的，持续不断地从内部建构国家，即使政府换届也能持续作用。因此国家的关联性框架是持续性的，不断塑造着政治联盟、政治反抗，使得行动者之间的权力分配不平等化。

关联性框架仍然受相关行动者的选择的影响,因为关联性框架是在政策过程中被建立和破坏的。在现实中,关联性框架的改变可能是政府政治战略的结果,此时政府往往面临着网络中的部分行动者反对政府政策的情况(Marques,2003)。此外,个人之间的关系有时并不一定强化现有制度,而是破坏现有制度,这与通常的情况相反。比如,在里约热内卢的例子中,制度性合并表明网络之间的渗透对新组织建立的重要意义(Marques,2000)。

关联性架构的结构决定了政治竞争是在掌握不同性质权力的团体间进行的,这些团体间会进行权力交换。关联性架构中的"位置"带有一种特殊的权力资源——位置权力(positional power),由于架构中的各个位置都处在关系网络内,因此这种权力本质上来自于架构中的关系网络。位于关系网络之外的普通官员(特别是被选举出来的)拥有的是普通的制度性权力(institutional power)。政策决策过程需要动员关系网络,因此普通官员(特别是选举出来的)与政策共同体(与关联性架构之间存在关系网络)中的个体达成联盟,用普通的制度性权力(来自于政府职位)交换位置权力(来自关系网络中的位置),以达到影响决策过程的目的。

关系网络也决定了公私关系的结构,解释了国家渗透的原因。这是因为国家内外的个人、组织和公司是通过有意的、无意的私人纽带联系的。因此,和之前讨论过的公私互动方式,如国家私人化(privatization of State)或官僚集团(bureaucratic rings)相比,国家渗透更具有惯性和扩张性。在这个意义上,私人公司的运作主要依靠动员位置权力(positional power),用位置权力交换经济利益,腐败由此滋生。然而,和上面的部分一样,政治选择仍然很重要,占据政府职位的行动者采取什么样的战略影响渗透性发生的方式。

2. 城市服务

模式的第二个子类别是诸如公共交通和垃圾集中的城市服务。在20世纪80年代之前,服务是由公共机构直接提供的,但是现在大多数由政府外包的私人公司提供。决定由谁担任承包商是行政环节，因此，由国家机构直接作决定，立法机构不予干涉。尽管这种模式与前一个模式类似，但也有不同点。第一个重要不同是关于国家机构本身的。上一个模式中，公共政策是由国有企业制定的，而在这里，它们是由隔离程度更低的机构制定和执行的。这些机构往往没有它们自己的预算或收入，依靠不太稳定的、在不同机构间流动的官僚，因此不能形成强烈的集体认同感，而且与外界隔离程度低。第二个不同是关于私人承包商的。在这种模式中，国家是唯一的买家，市场仍然具有买主寡头垄断的特征。但是在上一个模式中，私人承包商在特定的时间和地点提供服务（在特定时间内建设基础设施），在这种模式下，承包商在某一段时间某一片区域内提供服务。在上一种模式中，国家机关需要具备检查和批准产品的能力，而在这种模式下，国家还需要具备一项更为复杂的能力——监管。

在前两类治理模式中，公司都希望赢得合同，并影响价格和服务质量。但是在第一种模式下，质量的评定是技术性的；在第二种模式下，质量的评定与服务使用者直接相关，也就是和城市的居民相关，所以这种模式在政治上有更大的重要性。在第二种模式下，关键因素是政策资金安排和支付承包商佣金这两者之间的关系。此外，为第一种模式融资意味着"投资"，为第二种模式融资意味着投入管理城市的"执行成本"。因此，在金融危机中，第一种治理模式的资本会贬值，第二种则不会。

政策共同体中的关系网络同样将承包商、官僚和政治家连在一起，但是这里的政策共同体的力量不如第一种模式中的强大，因此，更容易受外部力量影响。在这种模式中，由于隔离程度低，政策发生大幅度变化的可能性也更大。这可能是积极因素，因为公共政策能更好回应选民的偏好。另一方面，这种模式中，决策更容易受私人利益的影响。因此，较上一种模式，腐败在这种模式中更常见。

3. 大型城市建设工程（经常需要城市监管的特批）

第三类模式主要指大型城市建设工程和装备的相关决策和实施，包括城市改造升级，大型地标性建筑的修建，这往往需要土地使用和城市立法方面的特批。决策主要由地方政府完成，决策过程相对封闭，地方政府官员负责协调。所依赖的网络中包括本地政客、建筑公司、大型开发商和顶层市级官员。这种模式经常受到国外发展观的影响，也会有国际行为者参与到工程当中，因此这是唯一一个受到国外观念、国外利益和国外工程影响的模式。

这个模式中既有非决策（non-decisions）（Bachrach & Baratz, 1963 定义），又有决策。至少在圣保罗市，主要的土地使用法、区域立法在社会团体和其他一些行为体的压力下通过了，比如城市核心规划（Master Plans），以及有关土地使用和区域的法律。法律批准的过程是开放的，充满冲突的（Lowi, 1963），2002 年版城市核心规划（第一个版本是 1972 年地方立法机构通过的）和土地使用法的批准过程都是如此。在这两部法律通过的过程中，开发业和一些来自于富裕社区、持有"别在我家后院"观点的协会设法减少规划中左翼政府使用的分配性政策工具的影响（Bernardini, 2012）。无论结果如何，批准过程本身是开放的，参与程度较高。这些法律虽然已经通过，现实中的参考性一直很低。

当大型工程兴建的时候，监管规定会破例进行调整，以便工程进行。一种实现方式是所谓的城市行动法令（Urban Operations），它允许政府在特定地区放宽标准，以兴建大型工程。为了提高法令的可操作性，市政府将超过法定限额的建筑指标卖给开发商，最大化地占用可用土地。尽管需要地方立法机构的批准，以规定法令的具体内容，但批准过程是封闭的。由主要的市级官员、市政官和开发商参与工程决策，普通官员负责实施决定。与其他国家不同的是，在巴西，这些批准的决策过程是在地方立法机构之外进行的；地方立法机构仅在形式上通过已经决定好的政策。公民和有组织的公民社会无法参与决策，导致腐败滋生。地方政客和市政官参加这一过程，但是由于政治制度是基于联盟的总统制，因此过程受到政党利益的影响和限制。另一方面，建筑公司、开发商和政党之间的关系需要进一步研究。城市的未来取决于这些工程，诸如特殊规划区、改变土地价值、交通和基础设施以及工作区的分布等都是这些工程的内容（Bonduki, 2010）。

这类模式揭示的一个事实是,在巴西,土地并没有被真正管理,至少没有被积极规划。事实上,大多数巴西地方政府一方面希望避免由土地政策的再分配特征引发的政治冲突,另一方面,却不断从开发商那里获利(Maricato,2011)。因此,尽管巴西公共政策方面的政治参与近年来不断增加这是[(Marques,2012)讨论的一种治理模式],但是重大的地方发展战略的决策仍然局限在政府内部,仍然被20世纪70、80年代重要的经济力量所影响。这种影响是非制度化的,主要通过社会网络(与国家可渗透性有关)进行暗中运作。

圣保罗市在20世纪80、90年代的大型公共建设项目的决策都是这样进行的。这些工程价值合计约在42亿美元,使商业中心的范围扩张到了城市的东南方向[从法利亚利马(Faria Lima)区到波利尼(Berrini)/皮涅罗斯(Marginal Pinheiros)区],这也是城市行动令批准的内容之一。对于城市行动令制度的详细探讨,可以参考邦都基(Bonduki,2010)。

圣保罗市近两年最重要的建设工程是大部分中心区的改造升级。对市中心重建的观点有两种(Shimbo,2011)。州政府自20世纪90年代以来受巴西社会民主党(PSDB)的控制,希望以建立标志性文化建筑物为手段改造市中心,这些建筑物主要包括三座博物馆、一座音乐厅和一个公园,但是这个计划没有成功(Souza,2011)。在劳工党任期内(2001—2004),在泛美开发银行资金的支持下,一项与前面设想非常不同的工程开工了,理念是市中心需要住宅,保证在白天和黑夜都有人流。但是等到2005年,巴西社会民主党竞选成功,这项工程就被重新规划了。新规划的工程仅仅局限在一小块试点地区,在鲁兹(Luz)火车站附近,那里之前是色情人员、吸毒人员和流浪者聚集的地区。2004年,这项名为"Nova Luz"的工程在公众瞩目下开工,由于其明显的改造升级性质遭到了社会运动的强烈反对。这个计划希望吸引私人开发商到来,驱逐之前住在该地区的穷人和边缘人口。最终,尽管这些人口确实被驱逐走了,但是没能将私人开发商吸引过来(Souza,2011)。2012年,圣保罗市开始尝试一项新的计划,这个计划下更大决心吸引私人公司前来,而且需要更大的资金支持。不过,劳工党赢得竞选后,这个计划就被中止,目前该项目正在重新计划。

4. 建筑监管和建设批准的执行

最后一个治理类别是最简单的,主要内容是分区、建筑标准和建设批准方面的城市监管执行。分区和建筑监管是由市级法律规定的,经过本地立法机构批准,由市政府官员和机构执行。对于监管政策来说,为了获得政策的通过而组成的政治同盟并不稳定,因为联盟必须建立在共同利益基础上而不是互投赞成票的基础上(Lowi,1964)。尽管监管政策是一个一般性的规则,像罗伊(Lowi,1964)说得那样,但是违反监管政策、制造特例无疑是针对具体情况的,而且有潜在的利益可图。因此,在批准监管政策时会有重要的谈判过程,但是在执行现行监管政策时,却存在更改其中个别规定以便利某个开发商或建筑公司行动的情况。这大多是街道级政府官员所为,这种情况也包括决策和非决策。

在这种模式下,监管政策的变动往往意味着建筑商和开发商对相关官员的游说和行贿,以获得对自己有利的法规解释;或者游说、行贿市政官,寻求政策中某几条的更改,这些精确的修改能够为特定利益提供方便。在另一些情况下,在街道级别官员的授权下,建筑商干脆直接违反建筑监管规定。地方市政官是与选举密切相关的,但街道官员的行为不一定对选举的资金安排产生影响(Kuschnir,2000 和 Lopez,2004)。

1998 年,圣保罗市发生的"黑手党检查员"丑闻就与违反监管规定的治理有关。涉及腐败的机构和官员包括城市地区的政府管理部门、街道级别的检查员、街边商贩和商店主(Chaia 和 Chaia,2000)。这起丑闻是在控制该地区政府管理部门的市政官的授意下发生的。几个政府官员和三个市政官因参与这起丑闻而被法院判定有罪。在丑闻期间,建筑的监管规定得到最大化的关注和传播,媒体和司法系统的监督作用使违反规定的行为大幅度减少。

但是违反规定的行为并没有完全消失,而且涉及的贪污金额巨大。去年,市政厅主任由于非法批准项目被警方拘留,他接受了一家购物中心的行贿,并因此保证该中心的申请项目得以批准。

四、总结而非结论

由于这篇文章讨论了在巴西和拉美使用的、用来分析公共政策的治理概念，在这里不太可能提出一个完整的结论，因此本部分仅对文章进行总结。

拉美研究吸收了关于治理的各种各样的理解。不过，对治理的最主要理解有两个：国家有效性，它可以通过国家改革实现；参与公共政策的制定过程，它是地方民主、协商民主的体现。尽管这两类研究都认为这两类治理概念彼此对立，但它们仍然有共同点：它们都是规范意义上的理解，都将治理与好的、有效的、民主的和横向关系网络的政府联系起来，无论这些要素是怎样被定义的。

我同意治理是一个在研究地区政府和国家行为时非常有用的概念，但前提是重新定义治理。概念必须同时包括政府的好行为和坏行为，同时要将制度、行动者以及将行动者联结在一起的网络考虑进来；正式的和非正式的关系，正当的和违法的关系也要吸纳进来。此外，在不同的政策领域可能同时存在不同的治理模式（甚至是在不同级别的地区存在相同的治理模式）。只有将影响制度产出的政治过程和制度设计的所有可能性考虑在内，才有可能进行比较，帮助我们理解政策和政治之间的关系。

在梳理治理有关文献的基础上，我提出了治理的定义：治理是指在政策制定过程中，一系列国家和非国家行动者通过正式的和非正式的纽带相互联系，这一过程是嵌入在特定的制度背景中的。根据这个定义，我讨论了巴西城市政策的四种具体治理模式。这些模式是关于以下领域的：（1）大型基础设施建设；（2）城市公共服务；（3）大型工程；（4）土地使用和建筑监管规定的日常执行。这些模式是共存的，各有特点：它们有不同的行动者，其政策过程与外界的隔离程度不同，政府负责的程度不同（腐败现象多少不同），社会参与程度不同，且有各自的制度设计。挖掘圣保罗市这些模式的相同点和不同点，以及不同模式中行动者结构和制度结构产生的不同影响有助于我们理解巴西国家的作用和行为。

【参考文献】

[1] 罗茨（Rhodes, 1996）认为，在国际相关文献中，治理有六种用法：国家最小化，联合治理，新型公共管理，良好治理，社会—控制系统和自我组织的关系网络。

[2] 最流行的治理用法是在商业管理中，关注联合治理——这也是罗茨（Rhodes, 1996）的第二种用法。这种用法在本文中不作为重点，但是在国家改革研究关于公共选择形成基础的讨论中，这种用法很重要。

[3] 治理这一概念也指国际系统中不依靠政府的协调，但是具体来讲也有不同的理解。在某些情况下它关注如何在由独立民族国家组成的混乱国际系统中和在新成员加入的情况下创造秩序，以及不同类型的新角色。治理概念是与国际霸权概念相联系的，与帝国的思想相冲突，比如，胡瑞尔（Hurrel, 2005）认为，这种无政府的治理不指政府作用的减少，而是指缺少一个国际政府。

[4] 对于这次讨论的理论基础，请参见布雷塞尔、威廉和索拉（Bresser, Wilhem & Sola, 1999）作品中的相关章节。

[5] "governance" 通常翻译为"治理"，"governability" 通常翻译成"治理能力"。根据文义，并结合两词的英文解释进行了文中的翻译。——译者注

[6] 需要注意的是，存在质疑改革的声音，即使在讨论内部（inside the debate）。比如，斯平克（Spink, 1999）（改革部总理编写的一本书中的一章，《国家改革和新型公共管理》）写道："应该指出，对历史上公共管理改革的更详细审视应当对现存的乐观主义和当前活动（activities）的进程提出质疑。"（p.142）相似地，胡阿（Rua, 2002）将注意力放在改革方案中理论不自洽的方面。但是，讨论的整体基调是强烈的期望，甚至是对改革过程成功的庆贺。明显地，这种乐观主义也被外界学者所批评，比如安德鲁斯和柯兹敏（Andrews and Kouzmin, 1998）和利尔（Leal, 2012），他们认为改革方案与第三波新自由主义下的"公共管理特征"有密切关系，尽管这在不同的国家得到了不同的反映（Perreault and Martin, 2005）。

[7] 指政策过程中，议会、官僚和利益集团三者之间的游说、妥协、利益交换等关

系。——译者注

〔8〕 "relational fabric of the state",这里译作"关联性国家架构",是作者之前研究提出的概念。具体指,由制度性的和私人的关系构造的网络能够从内部塑造国家组织,从而将这些组织置于更宏大的政治环境中,这种相互联系的模式叫做国家架构。关联性国家架构比其他研究中的关系网络具有更大的稳定性。它能够影响政治进程,影响公共政策。作者后面将对此进行详细讨论。具体请参见 Eduardo Marques: "State Institutions, Power, and Social Networks in Brazilian Urban Policies", in *Latin American Research Review*, Volume 47, No. 2, 2012, pp. 27 – 50。——译者注

(本文作者全名为"Eduardo Cesar Leão Marques",于1993年在里约热内卢联邦大学获得城市/区域规划专业的硕士学位,1998年在坎皮纳斯州立大学获得社会科学博士学位;译者为中国人民大学国际关系学院博士研究生)

Abstract

Public policies are produced by connections between several actors, within institutional environments and crossing organizational boundaries, but the detailed analysis of the environments in which politics occur are relatively rare in Brazil. I believe the concept of governance might help to bridge the gap. This concept of governance, however, has different meanings and has been circulated in Latin America with quite confusing and cacophonic meanings. In this article I intend to build an analytical definition of governance departing from both local debates and the recent international literature which can be of use to study urban policies in Brazil, going beyond government but specifying the elements under investigation.

The article starts by discussing critically the uses of the concept of governance in Latin America and especially in Brazil, highlighting some of the most important problems of the existing analyses, to forge an alternative operational definition. Then I discuss the most relevant political actors present in Brazilian urban policies, to latter use these elements to discuss the governance of policies of the production of the built environment.

Keywords

Governance; Urban Policies; Government; Political Actors; Brazil

城市"问题社区"社会治理的不同视角及其变迁

李秉勤

摘　要：本文回顾从对建设环境和对人的治理两个视角出发的"问题社区"社会治理，提出这两个视角来源于不同的治理理念。但是，随着时间的推移，基于两个视角的实践均发生了重要的变化：人与环境的互动和"问题社区"内的居民的自主性变得更加重要。二者也因此有了更多的关联。本文的讨论基于世界多个国家的实践，并指出在"问题社区"的治理中，发达国家和发展中国家越来越多地相互影响和渗透。

关键词：社会治理　"问题社区"　建设环境　人

近年来，各国城市安全受到多方面因素的挑战，城市社会治理问题变得日益突出（Kearns and Parkes，2003）[1]。这在发达国家的城市也不例外。例如：在英国的首都伦敦，市政府面临着来自几个方面的挑战。第一，世界经济萧条为这个严重依赖金融业投资的城市带来了恐慌。市政府希望能够一如既往地吸引外来投资者。除了提供必要的服务和政策扶植以外，伦敦作为一个安全、和谐、宜居的城市变得非常重要（Raco & Street，2012）[2]。第二，持续的经济增长却导致了越来越严重的两极分化。富人愈发富有，穷人愈发贫困的不平等状况在金融危机袭击之前就已经在学术界引起讨论。2007年的次贷危机使得社会对这个现象的关注明朗化，并激起社会愤怒。席卷世界的"占领华尔街运动"虽然最终没有能够影响到伦敦的金融和经济秩序，但是却把1%和99%的对立关系更加鲜明地树立起来（Gillham等，2013）[3]。这个讨论一直延续到危机之后的今天。第三，由于债务负担的影响，可供政府支配的资金被大幅度削减。地方政府作为社会服务的主要提供者愈发受到约束，贫困社区受到的打击非常大，一些社区政府不得不寻求政府投资以外的融资渠道（Sullivan，2012）[4]。第四，多年的多元文化政策并没有帮助确立更多的社会认同，反而在"9·11"之后暴露出宗教极端势力影响（Hussain & Bagguley，2012）[5]。这又进一步加剧了社会底层对精英群体的不认同。多种长期隐患在2011年夏天集中爆发，出现了严重的社会暴乱。虽然这场暴乱在事后受到了政府的严厉谴责并且相关犯罪人员也得到了法律制裁，但是直至今日，仍然有很多学者在不断地分析那场暴乱发生的多方原因，以便从中获得对社会管理和治理的启示。伦敦只是西方国家这些年"问题社区"治理受到挑战的一个比较突出的例子。在世界很多其他城市，如巴黎、芝加哥、底特律、亚特兰大等地也或多或少地面临着各种各样的挑战。各国政府也在不断地探索应对策略。在发展中国家，城市化和快速增长的影响，对原本就比较脆弱的城市治理带来更大的压力。面对农村对城市的贫困输出，日益膨胀的人口、腐败的影响和社会矛盾，各国政府不得不疲于应付。

在这个大的背景下，政策领域也发生了不少变化。从过去全面铺开的消除贫困，发展到针对重点社区和人群的局部策略。从实践上看，针对"问题社区"的干预政策从19世纪中叶就有了。而20世纪70年代晚期以来的社区干预可以视为寻求社区平衡发展的新纪元（Cole & Goodchild，2000）[6]。

在学术界，有针对性地进行"问题社区"的研究在近年来发展也比较快，融合社会和公共政策、经济学、城市规划、犯罪学和心理学等多个领域。相比之下，以社会问题为出发点的研究，关注点是问题本身，虽然也有可能把研究范围界定为社区。以"问题社区"为出发点的研究，需要对整个社区有更为综合的评价，从而提出不太一样的研究问题。例如：是否社区所面临问题集中到一定程度，造成了该社区的经济及社会的长期衰落，甚至形成难以扭转的局面？是否因为"问题社区"的存在而对外部社会造成了不良的影响？是否某社区存在名声很差，居民受到丑化的问题？是否需要对社区进行综合、全面的干预才有可能改善？从"问题社区"视角考虑问题，有助于更好地解剖社区问题的方方面面，关注问题之间的联系，多管齐下地解决疑难的社会问题。当然，和其他政策研究视角一样，"问题社区"的研究视角也有一定的缺陷。

本文意在回顾关于"问题社区"治理的思路变化。本文的论点是：发达国家和发展中国家过去的实践头绪和做法繁多，但是有一点变得越来越明确，"问题社区"的治理不是政府单方面的事，城市的规划者需要越来越多地关注"人"的因素，由小而大、由内向外地解决"问题社区"所面临的困境。

"问题社区"的界定和改善的需求

所谓的"问题社区"（problematic neighbourhoods）简单地说是人们眼中的差区（bad neighbourhoods）。对于"问题社区"的界定有几个关键的角度。首先，"问题社区"所涉及的问题是些什么样的问题；其次，这些问题是关于谁的问题；最后，是什么人来界定这些问题。

"问题社区"所面临的问题多种多样：人口贫困、失业；邻里关系恶劣、社会服务缺失；住房条件差、基础设施不完备、缺乏维护；犯罪率高；生活方式不具有可持续性；居民没有安全感、归属感等。有些社区的问题可以从外观上观察到，例如：莫尼斯（Innes，2004）等人就提出"问题社区"中可以常常看到被破坏的汽车、破碎的玻璃、青少年团伙的涂鸦等。[7]有些社区的问题却是无法从外表观察到的，例如：低收入、长期失业、社会排斥等。当然，低收入群体集中的社区即使少有犯罪，也有可能会存在住房条件、或者基础设施和相关服务相对较差的现象。例如：在美国社区的社会服务是和纳税人的纳税能力有关的，因此低收入群体集中的社区的垃圾处理和路面清扫、路灯维修等都有可能与纳税人较为富有的社区有显著差别。

谈到"问题社区",人们往往想到贫民窟、低收入群体聚集的社区。实际上,任何社区都有可能面临这样或者那样的问题。不过,一个社区是否是"问题社区"很大程度上和外界对它的看法是有关系的。即,虽然对于社区问题的认识可以是来自于社区内部,即社区成员对社区的不满,但是"问题社区"与非"问题社区"的界限,往往在于来自外部的认识。例如:一个富有的社区,虽然居民不一定对其社区服务很满意,但是外面人可能会觉得它没有什么问题,所以它也不会成为"问题社区"。相比之下,穷人所在的社区往往被外界视为是有问题的。这种认识有的时候是基于正在发生的问题,比如:居高不下的犯罪;有的时候则是基于刻板印象,比如:很多城市的中产阶层居民很少和贫民区的居民来往,甚至并不知道那里的生活是什么样,但是他们完全可以凭借印象说出该城市中应该回避的去处。这个印象的形成或者是基于媒体报道、个别事件,或者是口口相传。其中难免带有偏见和丑化(De Decker,2002)[8]。

从"问题社区"的居民的角度看,则有几种不同的情况。彼尔门蒂尔(Permentier et al.,2002)[9]建立了"退出、声音和忠诚度"的分析框架对"问题社区"居民的行为作出了分析。他们提出,居民的三种基本反应是:离开该社区;试图通过社区参与改善社区,或者不再和社区内的邻居进行交往。搬离社区的结果是,"问题社区"会愈发难以吸引到能够对重树社区形象有利的人群,而对社区没有认同感的群体会增多,从而使得社区公共事务和空间的状态进一步恶化。来自"问题社区"内部的声音有可能对改善社区有好处。例如,一些贫困社区的改变正是由于内部的居民厌倦了社区的现状,决定采取集体行动来挽救社区形象。而当一个社区中越来越多的人决定不再与社区内的其他居民交往的话,社区的认同感也会大打折扣,调动社区居民改变现状的积极性也会变得很困难。

由此看来,"问题社区"的问题形成同时来源于内部和外部。当一个社区被外界视为"问题社区"的时候,有可能居住其中的居民并没有同样的感受。而有的社区确实存在很严重的问题,却没有受到外界关注,从而没有被冠以"问题社区"的名号,而它们也是实实在在的"问题社区"。"问题社区"是否能够得到改善要看内力与外力如何结合。

没有人去解决的时候,就会酝酿和催生出各种社会矛盾。最为直接的后果就是出现社会排斥和躲避、不断地通过公共舆论空间强化刻板印象。或者设立障碍,让"问题社区"的人难以进入其他社区,例如:为小区安置门卫和护墙(Wyly,2002)[10]。此外,市场中还会出现住宅中介有意地引导某些群体不进入某些社区,例如:有些美国的住房中介不对有色人种介绍白人区代售的住房(Galster & Godfrey,2005)[11]。这种做法使得不同种族之间通过住房销售的屏蔽作用被人为地隔离(Van Eijk,2012)[12]。这些做法尽管政治不正确,但却是市场对政府和社会对"问题社区"现象不作为的反应。可惜,这种反应只能强化排斥和隔离,求得暂时的平静,却不能根本性地解决。这种做法一旦被公众发现,就引起大范围的社会不满和族群之间的矛盾。

"问题社区"治理的政策变迁

既然"问题社区"往往是被外界视为有问题,则会产生对社区治理的外部需求。关于外部对"问题社区"的治理主要有几个方面。实施和参与治理的行为体,这里面包括外界社会对"问题社区"的看法和反应、政府和非政府组织对"问题社区"的治理。世界各国对"问题社区"的反应和认识是一个不断发展和变化的过程。从过去强调政府管理,到城市邻里社区的改善和强调社会整合及鼓励多方利益相关者的参与(Power et al.,2010,pp.59-102)[13]。在这个认识变化的过程中,政策制定者对"问题社区"的治理模式也发生了不断的转化。随着时间的推移,自内向外的治理需求越来越多地受到重视。此外,一个很有意思的现象是,和其他的政策领域不太一样,在"问题社区"的治理实践中,发达国家和发展中国家的思路是相互渗透的,而不是单向地从发达国家流向发展中国家。

以住房和居住环境为核心的社区治理

社区治理最早的概念是从改造住房出发，有两种主要的做法：清除贫民窟和贫民窟改造。

清除贫民窟

对待"问题社区"最直接的手段就是把过于集中的社会问题从所在地消除。清除贫民窟（slum clearance）能够使得贫困变得不那么集中（Crump，2002）[14]，或者通过拆迁实现对本地区犯罪的控制（Braithwaithe，2013；Yelling，2012）[15]。这种做法假定贫困高度集中或者犯罪率高的社区已经无法打破社区社会问题的僵局，通过拆迁将人口分散配置会改善当地的贫困和治安状况。这种对"问题社区"的治理方式在维多利亚时期的英国就已经开始了（Sutcliffe，1980）[16]。在上个世纪的六七十年代英国的贫民窟清除运动进一步扩大，当时针对的是住房条件差的社区。老房社区因为住房年久失修或者是缺乏必要的卫生设施而被统统拆除，代之以高层的政府建设公共住宅，使得高层建筑成为英国现代化进程的标志（Lee & Murie，1999）[17]。利用拆除贫民窟来消除社区问题的做法在美国亚特兰大和芝加哥等地也都曾经用过。在2010年以前，亚特兰大拆除了所有犯罪率高、失业率高的公共住房社区，并把居民搬迁到其他社区。例如：博文家园（Bowen Homes）是建于20世纪60年代的公共住房社区。在2007年下半年这里就有168起暴力犯罪，其中5起谋杀案。在2008年，当地政府决定拆除这些住房，913户居民不得不搬出。该社区的拆迁标志着亚特兰大成为美国第一个彻底消除大规模高密度居民住宅区的城市（Oakley et al.，2010）[18]。

大规模拆迁的好处是，被拆除的社区经过重建，往往被改造成多个社会阶层混合的居民区，使得该社区不再被外界丑化，迁入新区的原来的居民往往会觉得不那么被社会所排斥。但是，近年来，越来越多的学者也对这种做法提出批评，认为分散"问题社区"的居民并不等于实质性地减少了贫困或者犯罪，而是把社会问题转移到其他地方。这种做法对于急于改变犯罪治理业绩的政客确实有好处（Goetz，2000）[19]，但是却没有真正地解决犯罪的根源。相反，这种大规模拆迁项目之后的安居问题很难得到很好的解决：并不是所有的人都能够得到重新安置；即使被重新安置的住户住房条件和环境有所改善，居民满意度却不一定有相应的提高。这是因为居民对社区的满意度不一定是建立在住房条件本身。他们的生活和所能够享受的社会服务，都有可能受到了负面影响（Cooper et al.，2012）[20]。而且拆迁和安置过程中并没有和居民有很好的沟通，导致居民处于别无选择的状态（Oakley et al.，2008）[21]。另外，把整个社区连根拔起重建的做法需要有很强的资金实力，政策制定者往往只关注拆迁和重建的过程，却忽略了动迁的难度，把建筑和规划视为纸面作业，而不是作为一个需要多方参与的社会问题处理的过程。结果是，虽然拆迁得到了主流社会的支持，但是迁出户的心声在这个过程中得不到反映。一个比较典型的例子是：法国巴黎在20世纪90年代拆除了一些北非移民集中居住的社区，并把它们迁往郊区。在当时被视为大大缓解了城市治理的压力，也得到了外界对这类治理措施的支持。但是，这些拆迁导致了原本已经安居的社区变得混乱起来，老的社区问题没有得到解决，反而出现了新的边缘化社区问题，而且动迁安置周期长，积累的矛盾迟迟得不到解决。2005年最终爆发了大规模的暴乱（Villette & Hardill，2007）[22]。

贫民窟改造

贫民窟改造（slum upgrading）是在20世纪70年代和80年代得到了世界银行推崇。这个做法是在约翰·F. 特纳（John F. Turner）的"居民自助"的思路启示下发展起来的。特纳认为政府的角色应该是越小越好，在贫民窟的治理过程中应当仅仅着眼于提供基本的环境改善和公共服务。贫民窟的住户无论是居住在正式住房还是临时搭建的住房里则应该有更多的机会慢慢地改善他们的居住条件。他的理论是基于智利城市利马在20

世纪 60 年代的实践（Turner，1965）[23]。他认为这些做法对新兴经济体的发展非常有利。因为城市的发展就是有机的，居民自主建房和改善住房才是"有机"的发展模式，而不是要事事依赖政府来解决。他认为如果家庭没有能力承受租金，或者支付不起房贷，给一个贫困家庭提供两三居室、装备齐全的住房并不一定能对这个家庭有好处（Turner，1976）[24]。例如，在印度的大城市里，很多小手工业者和艺人住在城市的贫民区里，虽然他们没有住进外表光鲜的高楼大厦，但是他们的贫民窟住房空间安排更具有灵活性，成为他们从事家庭手工业的重要空间（Sambasivan et al.，2009）[25]。这种影响在非正式就业所占比重较大的城市中显得尤为突出。此外，对于贫困户来说，住在低矮院落式住房里更易于邻里之间的交往，更有助于社区参与和互助。贫民窟改造成楼房以后，这些优势会随之消失，并不一定有益于解决社区中存在的问题。而且，值得注意的是，从长远看，高层建筑的维护成本相对较高（Kapos，2005）[26]。所以在没有出现高层建筑贫民窟化的国家，如以色列、奥地利等国，高层建筑的主要居住者的经济条件也相对较好，反而穷人多住在相对低矮建筑中。当然，这不是说中高收入者都住在高层建筑，也有中高收入者居住在低层建筑，但是低收入者往往不大量集中在高层建筑里。整个社会对高层建筑居民的看法也没有英美等国那样比较负面（Churchman & Ginsberg，1984）[27]。一旦由低矮住房形成的平面贫民窟变成了高楼构成的立体贫民窟，所面临的问题就会更加严重，解决的成本也会很高（Roy & Roy，2010）[28]。

　　特纳的思路与形成于发达国家实践的政府强力干预的做法形成了鲜明的对比，并且迎合了世界银行希望通过援助来实现自助的发展理念。这个做法在很多发展中国家得到推广和实践，并一度得到了好评。贫民窟改造的主要做法就是通过政府和国际组织提供场地和服务，来鼓励社区居民主动参与住房的改造（World Bank，1974）[29]。

　　但是，进一步的评估又认为这个做法仍然是存在很多缺陷。比如印尼的雅加达，印度的加尔各答，菲律宾的马尼拉等地早先得到的好评又受到质疑。而且随着东亚地区贫民窟拆迁和重建的加速，仿佛放在较长时期来看，早先选择贫民窟改造而不是拆迁的城市由于贫民窟规模不断地扩大，日后要拆迁改造的阻力也是越来越大，要彻底改造变得越来越棘手。

可是，特纳的"政府最小化"的思路无法解决贫民窟改造中需要面临的一些问题，如：土地所有权不明晰、行政管理不能一味迁就而是需要软硬兼施的问题（Werlin，1999）[30]。拉美的产权经济学家赫尔南多·德·索托（Hernando de Soto，2003）进一步厘清产权问题。他认为，西方国家之所以能够发展，而其他地方没有，主要原因就在于产权是否清晰。发展中国家的人，特别是居住在贫民窟里的穷人，并不是没有资产，但是因为产权不明晰，无法获得与财产相关的融资能力和财产变现能力。一方面，他们不清楚自己的住房是否有一天会被拆除，所以就没有积极性去对自己的住房进行投资和改善，从而不会真正积极地参与世界银行所提倡的自主式住房改造。另一方面，他们中的很多人如果开始做自己的小生意，就有可能摆脱困境，但是他们缺少必要的资金支持。中产阶级往往可以通过住房或者土地等财产抵押获得贷款。而穷人虽然有房子住，却没有财产的质押权，使他们的资产无法得到利用，失去了宝贵的融资机会。再一方面，因为产权不够明晰，居住在自建房里的居民很难把它们的住房在市场上转让和出售，因此要搬出贫民窟往往需要放弃很多过去的积累，很多人因此而被困。[31]赫尔南多·德·索托的主张得到拉美国家的积极响应，从90年代以来就开始积极地进行贫民窟产权改革。他的主张蔓延到了非洲国家。各国在实践中又有了更多的创新。例如：有的非洲国家如利比里亚在战后的土地赋权改革过程中，要求妇女有权平等地享受土地登记权，这样有助于改善妇女在家庭中的地位，等等。

即使如此，产权改革并不是一帆风顺，甚至受到了很多批评。伍德拉夫（Woodruff，2001）强调，虽然拉美国家的非正式住房主要由穷人居住，授予他们产权有可能让穷人受益，但是，赫尔南多·德·索托没有提这些人盖房的土地实际上是通过侵占他人土地而得到的。穷人之所以能够有地方建设临时建筑恰恰是因为这些国家的私有产权没有得到保护和执行，为贫民窟居民的产权正名就相当于对前期非法占地的认可或者大赦。

那么，是否今后其他的人也可以期望在侵占了别人财产的时候也获得这样的大赦？此外，也没有证据表明穷人获得了住房所有权之后就会积极抵押贷款，通过借钱投资来改善收入。[32]吉尔伯特（Gilbert，2002）也提出，在拉美国家，即使没有明晰的产权，穷人也照样有很多非正规借款的渠道，穷人如果想卖房的话也不是不可以卖。相反，即使是有了产权，穷人如果没有别的地方住，也不可能把房子卖掉，因此在很多地方即使进行了产权改革，住房的二级市场也并不活跃。此外，正式的金融机构并不会因为贫民窟的穷人拥有了住房就会对他们另眼相待，变得乐于给他们贷款了。[33]还有学者提出，德·索托因为没有产权而影响对财产的投资的说法和很多非法占地者的行为正好相反。为了能够取得所占土地的合法化，占地者往往是尽可能地在被拆迁之前扩大自己的占地面积或者对所占土地进行更多的投资，目的是为了造成土地占有的既成事实，增加拆迁的难度。恰恰是不够清晰的产权，让原本弱势的群体有了更多的机会（Smart，2003）[34]，相反产权明晰之后，通过任意搭建解决住房的机会也少了很多。因此，产权改革并不是解决贫困问题的关键。

利用对建筑和社区规划的改造来影响人的行为

利用建筑和社区规划来影响人的行为是来源于环境决定论的视角。这在城市规划领域的这一讨论由来已久。通过城市规划来控制人口流动、交通，和物资的流通来协调人们作为城市里面的居住者、工作者和消费者的关系，合理布局城市，使得城市居民的生产和生活的空间分布变得更加合理和有效率。对于建筑设计和规划在"问题社区"治理方面的社会影响，讨论得较多的是在福利制度建立的早期，通过住房的发展对公共健康和生活方式的影响。通过社区规划改善社会治安的思路则是在20世纪60—70年代以后。简·雅各布斯（Jane Jacobs）在《美国大城市的生与死》一书中就非常生动地描述了城市环境与人的生活及安全感之间的密切联系（1961）[35]。特别是80年代以来，多起来自于城市贫民区的暴乱事件引起公众关注。有关方面的研究随之迅速发展起来。其思想主旨是，规划设计不应该是纸上谈兵，而是要密切关注人的生活习惯和使用设施的习惯。

一个比较典型的案例是伦敦多次暴乱的发生地，布罗德沃特农场（Broadwater Farm）。这个小区建于20世纪60年代。当时的设计是底楼都建成停车场，居民住宅从二楼开始，楼与楼之间有悬空走道连接。从进入社区的那一刻起，行人就不用在地面一层行走，而是通过空中走道进入各个相连的居民楼。60年代，这样的设计成了现代化的标志。但是，这个设计有几个很大的问题。第一，空中走道阻碍行人，使其无法直接进入社区公共活动场所，加大了公共活动空间与居民的隔离感。第二，因为是高密度住宅，空中走道不能太窄，而且各种线路设施在空中通过。从地面向上看小区，基本上看不到大片天空：蜘蛛网一样的道路和线路使得街区上空光线暗淡。据当地居民说，当年走在这里，如同置身于工业厂房。第三，小区进入口没有明确的标志，外面的人随时能进来，进来就可以和居民一样通过走道进入楼群。有的人家的门就在走道旁边，基本上开门就是走道。陌生人有可能随时闯入。住在这里的居民缺乏安全感。第四，这种悬空走道迷宫一样的设计给警察执法造成了非常大的困难。警察在地面上看到罪犯在某个方位，不是直接追过去，而是要先找到附近的楼梯口，上楼还需要找对了方向，沿着正确的道路才能到达预定地点。犯罪分子很容易从警察的视野中消失。这为警察执法带来很大的困难。结果，原本是英国现代化大规模公共住房的模范小区，没想到几年之内就变成人人想要逃离之地。

在1985年之前，地方政府已经意识到这个居民区在设计和规划上的毛病，已经开始筹建改造。1986年发生了暴乱。警察和犯罪分子在小区里发生冲突。杀人犯逃离，警察手足无措，却在搜查的时候导致一名妇女心脏病发作死亡。小区居民愤怒，和警方对峙。这个事情之后，地方政府进一步确认，小区的规划使得执法变得几乎不可能。暴乱之后的小区改造主要针对这些设计上的问题。第一，走道全部拆除，半封闭的底楼全部打通，视线通畅。人站在小区的很多地方，都可以看到小区对面的情况。第二，各种挂在空中的电缆和供暖设施都重新改道，让在小区行走的人能尽量多地看到蓝天。第三，给所有的楼层配备门房和摄像头。外来者进出需要经过受访者同意。小区四周的门房都面对小区入口，便于管理人员观察四周发生的情况。第四，底层的停车场安装了很多摄像头。一是为了增加断案的技术支持，二是起到警示作用，从而有效地减少犯罪。第五，小区里面增加了很多适于集体活动的社区设施。让青少年在闲暇时间不至于在街上无所事事。第六，把灰色的房子外面涂上彩色。每个楼的颜色不一样，有助于迷路的人辨别方向，同时也改变了小区的环境气氛。这些变化的直接影响是，小区的居民觉得自己是这个社区、这个楼层的一分子，增加了归属感，也就有了关心这里的动力。[36] 上述改观辅之以多种多样的社区参与活动，使得这个小区多年来成为伦敦犯罪率最低的社区之一。

但是，在2011年的暴乱中，布罗德沃特农场又一次成了关注的焦点。不过，需要注意的是，这一次暴乱的起因是警方误杀贩毒嫌疑人。加上保守党上台，大力削减社区经费，青少年活动中心在学校假期被关闭。本地居民原本就心存不满，出了这个事情，青少年借机上街串联打砸抢。虽然犯罪行为确实不能纵容，但是，事件的发生也说明社区公共设施表面上看似可有可无，而且一有经费困难首先成为政府削减的目标，然而在"问题社区"里，公共设施却有着举足轻重的作用，能直接影响到社区的治安。处理不当就会使社区内的问题溢出到社区以外，甚至扩大到全社会。

除了发达国家的"问题社区"，发展中国家近年来也有越来越多的通过设计来改变贫困社区的实践。哥伦比亚的麦德林、巴西的库里提巴等地都通过有创意的公共设施建设把原本被排斥在外的穷人融入到城市社区的生活中来。例如建设便捷、环保的公共交通，建设公共活动空间供给贫困群体免费享用。另外，通过城市设计，让原本需要大力执法才能消除的不良行为自动消失。例如，在麦德林，行人习惯随便穿越马路，而不是到有人行道的地方才过。城市设计就把过去道路中间的隔离障碍栏杆改成三角形，并配上彩色的图画。这样既美观了城市，又让穿越马路变得非常困难，自然而然就减少了乱穿马路的行为。这些人性化的设计，一方面改变了穷人的困境，另一方面也相对低成本地改变了人们的行为，减少了执法者和贫困群体的矛盾，提高了他们对城市的认同感。

综合上述三个类型的社会治理，不难看出，它们虽然都是来自于供方，但是随着对住房与人的行为关系的认识增加，供方的治理策略从整体铲除贫民居住区逐步转向局部改进和适应，从大而全的建设转向更加细致、深入人心的调整。

以人为核心的社区治理

英国伦敦县政府住房委员会（London County Council Housing Committee）主席 H. 巴恩斯（H. Barnes）在 1926 年曾经说过一句非常有争议性的话："是贫民窟造就了贫民，还是贫民造就了贫民窟？如果把一个人从一间脏乱的房子里搬到两间房子里，是否那房子就能变得干净了？"（Barnes，1926）[37]虽然他这话引起很大的争议，但是反映了很多人对于"问题社区"问题根源的认识："问题社区"中需要关注的是人的问题，而不是建筑的问题。基于这个假定，产生了很多城市社区治理的手段。

体面公民的培养——社会控制的理念

西方国家对"问题社区"中的"人"的治理来源已久。哈罗（Harloe，2008）谈到：在住房领域，19 世纪的社会改革者们表面上是在关注住房和公共卫生问题，实际上他们关注的是更根本性的"社会问题"，也就是"危险的阶层"的问题。[38]尼伊桑默（Niethanmmer，1981）也提出，在欧洲社会住房体系发展初期的辩论是"通过实验来寻求形成一种社会控制的新范式"[39]。在 19 世纪的欧洲，中产阶级并不试图掩盖稳固自己的经济地位和化解社会矛盾的目的。对贫民区居民的行为控制就是其中很重要的组成部分。

"一战"以后，中产阶级希望底层市民能够改善生活条件，同时也希望工人阶级的生活方式能够有所改变，成为"体面的"、"受尊重"的人。

这个思想贯穿了"一战"后通过住房来实现社会控制的方方面面。当时新建的社会住房体系带有系统的社会控制设想。在英国，社会住房的房客需要遵守一系列的规定，比如：家是从事休闲娱乐的场所，不能从事生产性的活动，房主不能在花园里种菜，小区里不能行驶汽车。公房的房主不能在户外悬挂食品，门窗要有多高的树篱遮挡，等等（Constaine，1981）[40]。在荷兰的城市规划中，如"Woonscholen"，住户需要学习如何正确地使用住房，表现不够体面的人要得到额外的指导。在荷兰、法国、奥地利，社会住房在很长一段时间内都配有住房检查员或者入户访问员。他们的作用界定得不是很清楚，包括收取租金、发放社会救助金，同时也检查房产的使用和保护情况（Premus et al., 1999）。早期，这些国家城市政府选择社会住房居民的标准和城市的政治色彩相适应，主要是工会成员或者社会主义者，有的还是共产党员。在荷兰，则有根据宗教或者社会政治的特点划分居住区的习俗。在工会、学校、邻里中心，文化组织和住房领域里都能够看到这些群体。结果是同一条街上的居民在意识形态上比较接近。这种分隔一直到20世纪70年代还存在，就是在当今的荷兰还能看到（Harloe，2008）[41]。这样的约定或者规定从根本上还是为了减少社会的差异性，通过增加认同感维持社会和谐。

但是，处于社会控制考虑的公共住房提供有很大的缺陷。哈罗（Harloe，1995）认为这个历史时期的社会住房不是对"客观的住房需求"的反应，而是住房提供者对他们认可的住房需要作出的有选择的反应。[42] 结果是，在满足外界对这些社区的期望时，往往忽视了这些社区居民的实际需要。

混合社区

所谓的混合社区（mixed community）就是把经济条件相对好一些的居民和较差的居民迁入到同一个社区范围内。混合社区的理念是建立在一个简单的假定之上：居住地影响人生机会（where you live affects your life chance）。这个影响有几个方面：（1）相比租房的房客，买房者更关心自己住房和社区环境的维护（Ball, 2013; Stern, 2011）[43]。而低收入群体聚集的社区之所以住房和社区环境不如中产层社区，恰恰是因为缺少买房户那样的对社区事务的积极态度。（2）低收入群体的社会资本相对较少，不能像中产阶层一样调动同样多的社会资源来改善自己的人生机会（Gitttell 和 Vidal, 1998）[44]。（3）低收入群体聚集的社区往往名声很差，即使他们和其他群体享受着同样的社会服务，也有可能在就业、购物、贷款、社交等私人市场领域受到排斥。比较明显的例子是一些商家通过邮政编码所在的位置来决定某个用户是否能够得到信用消费的资格（Dennis *et al.*, 2007）[45]，银行也会通过居住地点来确定客户是否能够得到所需的贷款或信用卡（Palmer *et al.*, 2004; Moore, 2000）[46]，还有一些雇主利用邮政编码来筛选雇员（Nunn *et al.*, 2010; Vinson, 1999）[47]。

混合型社区不仅降低了贫困群体的密度，也有助于低收入群体和中等收入群体的社会交往，从而使中等收入群体的生活方式渗透到贫困群体中，让后者受到好的影响。此外，建立混合型社区可以减少群体之间的隔离，有助于改善不同社会群体之间因为彼此并不了解而相互排斥甚至仇视的现象。同时，混合社区有助于贫困群体获得更多的社会资本，通过和中等收入群体的社会交往改善自己的生存机会。混合社区的形成有几种方式：（1）自然形成的混合社区是较高收入群体通过市场交易自动迁入而形成的、和原住民的自然混合。（2）由政府主导，或者通过住房拥有形式的转换（如：公房出售给个人）或者通过政策吸引，把较高收入群体和较低收入群体混合。（3）在"问题社区"拆迁之后把社区重新建成高中低档住房混合存在的社区。其最终结果就是社区出现了局部的高档化（gentrification）。

混合社区较早的形式是对公共住房根据人种进行分配。英国过去黑人移民聚居区治安较差，社会问题突出。为了化解社会矛盾，增进社会融合，政府在分房的时候实行种族配比。配比的原理是利用分房打散移民的聚居地，降低移民的能见度。例如：在伯明翰曾经有黑人和白人比例不得超过1/6的政策。但是这个做法受到了公众舆论的批评，认为这样做丑化了贫民窟和被分散的群体。而且由于种族歧视的存在，黑人只能住在各个地方最差的住房里。相反，如果他们集中居住在同一个社区里，至少有一些人有机会住进条件较好的住房。此外，这样的配比破坏了居民的社会网络。结果，被分散的居民还是会想方设法地重新聚集到一起，使得政策执行效果也并不好（Henderson & Kam, 1984）[48]。

在美国也有过"搬家带来机会"（Moving to opportunity）的试验项目。在一些贫困社区里面随机选取一些贫困家庭，请他们搬进更为富裕的社区。克林（Kling et al., 2005, 2007）谈到，被抽到的群体被分为三组。一组拿到住房券，要求他们搬到更为富裕的社区，并给予他们专业化的服务，帮助他们找房子。另一组拿到了住房券，没有人提供专业服务，并且可以自主决定往哪里搬家。第三组是控制组，没有住房券也没有任何帮助。结果是，从长期看（十年左右的期间），这三组人的住房结果并没有显著的统计差异。一、二组的劳动就业状况和控制组相比也没有得到什么改善。子女教育状况倒是有所差别。女孩子搬到较为富裕的区以后学习状况有些许改善。但是男孩子成绩却恶化了，犯罪也有所提高。[49]

20世纪90年代和21世纪初，混合社区在英国得到了布莱尔政府的推崇，并付诸实践（Cheshire, 2012）[50]。但是最后的执行结果却不是特别好。首先地方政府还是更乐于用拆迁来解决问题。政府虽然有希望加快推动的意愿，但是地方上的工作人员担心如果使劲推动的话就变成了强制性的高档化。而且还有相当不少的居民觉得如果自己的社区搬进富人来，对这个地方没有好处，所以就索性投票反对地方政府建设新住宅（Bridge et al., 2012）[51]。

社区参与和自治

社区参与和自治是城市治理的重要手段，但是其影响也是非常复杂的。如果从较为功利的角度看，社区参与也是对人的治理，通过个人的参与培养公民意识，并能够减少管理和被管理者之间的矛盾。事实上，社区参与的效果远远超过了治理的范畴。世界银行对参与的作用总结如下[52]：

（1）授能——弱势群体能够通过参与更为平等地分享权力和提高政治意识；

（2）提高受益群体的能力——受益者能够共同管理和分担责任，这样有可能提高可持续性；

（3）成本共担——受益群体提供劳动力或资本（自助或共同承担）；

（4）有效性——因为设计和实施都更好，目标实现的程度也更高；

（5）效率——促进协议达成，合作与受益人和执行机构之间的互动，从而减少拖延和更好地使用项目服务并降低成本；

（6）NGO作为大的资金供给方和金融机构与单个社区之间的直接联络渠道。

从"问题社区"的治理来看，参与确实是一个让弱势群体融入社会、化解矛盾的重要途径。一个比较明显的例子是，青少年涂鸦多年来在西方国家的大城市里被视为一个非常严重的社会问题。涂鸦出现得越多的地方，社会问题也显得越严重。涂鸦者和政府往往是针锋相对。90年代末，伦敦市每年用于清楚涂鸦的开支达到4000万英镑。涂鸦俨然成为一个严重的社会问题，在媒体上被大肆批判。而西班牙巴塞罗那的政府则采取了另外的手段。他们请街头涂鸦爱好者专门把城市的许多角落用涂鸦装扮起来，奖励画得好的，甚至花钱聘请出名的艺人。事实上，街头涂鸦不仅减少了管理涂鸦的成本，反而成为巴塞罗那吸引游客的重要人文景观。这种做法对于政府来说就是提供了一个开放、光明正大的公共空间，通过参与把"反社会"的人与社会主流之间的矛盾化解掉，而不是像过去那样通过政府主导的直接干预和社会控制来实现（Mommaas，2004）[53]。现在，在世界各地的大城市，如伦敦、巴黎、墨尔本、柏林等地，都能看到很多街头涂鸦。这些作品让原本冷酷的城市面孔变得多姿多彩起来，也在一定程度上带动社会主流群体接受街头涂鸦作为一种艺术形式存在。这是邀请问题的制造者直接参与某个具体事务的例子。

社区参与在"问题社区"本身的管理中也能起到很大的作用。例如：社区事务和决策请社区居民来参与。中产阶级社区中由业主委员会来决定社区事务的情况并不少见。但是在公房社区中，让租户也有权利参与社区议事则尚未普及。至今在伦敦还只是少数公房社区真正邀请居民参与。近年来，在伦敦的一些公房社区开始实行合作制，即每个居民占有一份合作股份和相关的投票权。这个股份还通过各种鼓励参与和消费的手段渗透到社区服务中去。例如，青少年能够通过青少年合作社来监督和管理社区的青少年服务和教育设施，如图书馆等。这样，贫困社区的居民成为社区的管理者，甚至在有些民怨较强的社区如朗伯斯（Lambeth），提出让居民合作委员会自己来从事社区管理。

社区合作治理制度最早出现在伦敦的威斯敏斯特社区。1992年保守党管辖的威斯敏斯特区政府试图通过公房私有化挤出公房居民，从而赢得更多的保守选民的选票。这个做法遭到曝光后，公房社区居民强力反对。保守党议员雪莉·波特（Shirley Porter）因此下台。居民趁机和地方议员谈判，最终获得了社区自治权。居民成立了合作社，选举社区董事，从社会上聘请专业人员来管理和提供服务。政府成为社区管理的委托方。这恐怕也是较早的在公共住房领域中政府与社区组织的合作案例。相关社区至今仍然运作良好，社区关系融洽，住房维护状况、资金运营状况和居民满意度远远超过由政府来直接管理的社区（Jones，2012）[54]。不过，从那次丑闻以后，只有几个社区实现了类似的合作治理制度。英国政府很快通过法律使得社区合作管理的模式很难取代地方政府。说明在当年，政府依然是把社区自治视为一种挑战政府权威的力量。近年来，随着英国保守党大社会政策的贯彻和政府经费的削减，居民合作公房运作模式又重新回到人们的视野中来。这一次，政府是社区自治的授能者，推动着多样化的自治模式发展起来。

当然，这样的社区管理是否适用于所有的社区也受到了质疑。有人提出，合作制能够成功的社区往往是规模较小、社会同质性较高的群体。而大规模的多文化移民群体聚集的地区就很难形成这种社区参与的凝合力。社区参与有多种层面，实践中很多参与模式是浅层次的参与，并不能真正解决问题。此外，很多社区层面的问题并不能在社区范围内解决，如果没有很好地和外界联络和沟通的渠道,参与的作用则变得非常有效。因此,社区参与和政府并不应该是简单的替代关系,而是需要获得来自于政府的大力支持(UN-Habitat,2007)[55]。

上述以人为核心的治理从本质上是对需方的关注。从对"人的问题"的处理角度看,我们也能看到"问题社区"的治理理念在发生着根本性的转化,从过去的供方为主单方面依靠政府来改造人,到现在出现了越来越多的自下而上的自主管理创新。

小 结

综合上述针对建设环境和人的管理两方面的回顾,不难看出,"问题社区"的治理更加倾向于由内向外的自主型治理。这样的治理模式的好处是,减少因为对"问题社区"的丑化而带来的社会排斥。同时也有助于调动社区居民的积极性,增加他们改善社区形象的动力,并最终提高社会认同感。

两个治理的视角虽然并不同源,但是随着不断的演化,对住房和外在环境的治理开始关注人与环境的互动,而对人的治理也开始关注社区居民自己的需求。从这个意义上看,二者之间通过"人"的因素联系起来,并有殊途同归的效果。

但是,值得提出的是,在这个日趋人性化治理的大趋势下,也存在着对内外、上下多个层面分别能够发挥什么样作用的不断碰撞和反思,核心是如何把握好政府、外部社会和"问题社区"成员之间的关系,实质性地解决"问题社区"所面临的问题。

【注释】

[1] Kearns, A., & Parkes, A., "Living in and Leaving Poor Neighbourhood Conditions in England", in *Housing Studies*, Vol. 18, No. 6, 2003, pp. 827-851.

[2] Raco, M., & Street, E., "Resilience Planning, Economic Change and the Politics of

Post-recession Development in London and Hong Kong", in *Urban Studies*, Vol. 49, No. 5, 2012, pp. 1065 – 1087.

[3] Gillham, P. F., Edwards, B., & Noakes, J. A., "Strategic Incapacitation and the Policing of Occupy Wall Street Protests in New York City, 2011", in *Policing and Society*, Vol. 23, No. 1, 2013, pp. 81 – 102.

[4] Sullivan, H., "A Big Society Needs an Active State", in *Policy & Politics*, Vol. 40, No. 1, 2012, pp. 145 – 148.

[5] Hussain, Y., & Bagguley, P., "Securitized Citizens: Islamophobia, Racism and the 7/7 London Bombings", in *The Sociological Review*, Vol. 60, No. 4, 2012, pp. 715 – 734.

[6] Cole, I., & Goodchild, B., "Social Mix and the 'Balanced Community' in British Housing Policy – A Tale of Two Epochs", *in Geo Journal*, Vol. 51, No. 4, 2000, pp. 351 – 360.

[7] Innes, M., "Signal Crimes and Signal Disorders: Notes on Deviance as Communicative Action 1", in *The British Journal of Sociology*, Vol. 55, No. 3, 2004, pp. 335 – 355.

[8] De Decker, P., Hubeau, B., Nieuwinckel, S., Geurts, V., & Pannecoucke, I., "Good News from Bad Neighbourhoods. On the Contradiction between the Institutional Discourse and the Inhabitants' Satisfaction in Social Rental Housing", in ENHR Conference "Housing Cultures: Convergence and Divergence", Vienna, July 2002, pp. 1 – 5.

[9] Permentier, M., van Ham, M., & Bolt, G., "Behavioural Responses to Neighbourhood Reputations", in *Journal of Housing and the Built Environment*, Vol. 22, No. 2, 2007, pp. 199 – 213.

[10] Wyly, E. K., "Mortgaged Metropolis: Evolving Urban Geographies of Residential Lending", in *Urban Geography*, Vol. 23, No. 1, 2002, pp. 3 – 30; Yelling, J. A., *Slums and Slum Clearance in Victorian London*, Routledge, 2012.

[11] Galster, G., & Godfrey, E., "By Words and Deeds—Racial Steering by Real Estate Agents in the U. S. in 2000", in *Journal of American Planning Association*, Vol. 71, No. 3, 2005, pp. 251 – 268.

[12] van Eijk, G., "Good Neighbours in Bad Neighbourhoods: Narratives of Dissociation and Practices of Neighbouring in a 'Problem' Place", in *Urban Studies*, Vol. 49,

No. 14, 2012, pp. 3009 – 3026.

[13] Power, A., Plöger, J., & Winkler, A. (Eds.), "Ch. 4. Neighbourhood Interventions: Can Small Scale Mark a Difference in Big Cities?", *Phoenix Cities: The Fall and Rise of Great Industrial Cities*, Policy Press, 2010, pp. 59 – 102.

[14] Crump, J., "Deconcentration by Demolition: Public Housing, Poverty, and Urban Policy", in *Environment and Planning D*, Vol. 20, No. 5, 2002, pp. 581 – 596.

[15] Braithwaite, J., *Inequality, Crime and Public Policy (Routledge Revivals)*, Routledge, 2013.

[16] Sutcliffe, A. (Ed.), *The Rise of Modern Urban Planning 1800 – 1914 (Vol. 1)*, London: Mansell, 1980.

[17] Lee, P., & Murie, A., "Spatial and Social Divisions within British Cities: Beyond Residualisation", in *Housing Studies*, Vol. 14, No. 5, 1999, pp. 625 – 640.

[18] Oakley, D., Ruel, E., Reid, L., & Restructuring, N., "It's a Trade Off: The Objective and Subjective Realities of Public Housing Relocation in Atlanta", in Conference on Neighbourhood Restructuring and Resident Relocation: Context, Choice and Consequences, Delft University of Technology, Delft, the Netherlands, November 2010, pp. 4 – 5.

[19] Goetz, E. G., "The Politics of Poverty Deconcentration and Housing Demolition", in *Journal of Urban Affairs*, Vol. 22, No. 2, 2000, pp. 157 – 173.

[20] Cooper, H. L., Wodarski, S., Cummings, J., Hunter-Jones, J., Karnes, C., Ross, Z., Bonney, L. E., "Public Housing Relocations in Atlanta, Georgia, and Declines in Spatial Access to Safety Net Primary Care", in *Health & Place*, Vol. 18, No. 6, 2012, pp. 1255 – 1260.

[21] Oakley, D., Ruel, E., & Wilson, G. E., "A Choice with No Options: Atlanta Public Housing Residents' Lived Experiences in the Face of Relocation", *Atlanta, GA: Partnership for Urban Health Research*, Georgia State University, 2008.

[22] Villette, S. M., & Hardill, I., "Spatial Peripheries, Social Peripheries: Reflections on the 'Suburbs' of Paris", in *International Journal of Sociology and Social Policy*, Vol. 27, Nos. 1/2, 2007, pp. 52 – 64.

[23] Turner, J. F., *Lima's Barriadas and Corralones: Suburbs Versus Slums*, 1965.

［24］ Turner, J. F. C., *Housing by People: Towards Autonomy in Building Environment*, Marion Boyars, London, 1976.

［25］ Sambasivan, N., Rangaswamy, N., Cutrell, E., & Nardi, B., "Ubicomp4D: Infrastructure and Interaction for International Development—The Case of Urban Indian Slums", in Proceedings of the 11th International Conference on Ubiquitous Computing, ACM, September 2009, pp. 155 – 164.

［26］ Kapos, S., "Go Green 'Greening' Has New Meaning for Energy-aware Developers", in *Journal of Property Management*, Vol. 70, No. 5, 2005, p. 34.

［27］ Churchman, A., & Ginsberg, Y., "The Image and Experience of High Rise Housing in Israel", in *Journal of Environmental Psychology*, Vol. 4, No. 1, 1984, pp. 27 – 41.

［28］ Roy, A., & Roy, M., "Reengineering an Urban Slum: A Case Study of Dharavi, India", in *International Journal of Sustainable Society*, Vol. 2, No. 4, 2010, pp. 420 – 437.

［29］ World Bank, *Sites and Service Projects*, Washington D. C., 1974.

［30］ Werlin, H., "The Slum Upgrading Myth", in *Urban Studies*, Vol. 36, No. 9, 1999, pp. 1523 – 1534.

［31］ De Soto, H., *Mystery of Capital: Why Capitalism Triumphs in the West and Fails Everywhere Else*, Basic books, 2003.

［32］ Woodruff, C., "Review of de Soto's *The Mystery of Capital*", 2001.

［33］ Gilbert, A., "On the Mystery of Capital and the Myths of Hernando de Soto: What Difference Does Legal Title Make?", in *International Development Planning Review*, Vol. 24, No. 1, 2002, pp. 1 – 19.

［34］ Smart, A., "Sharp Edges, Fuzzy Categories and Transborder Networks: Managing and Housing New Arrivals in Hong Kong", in *Ethnic and Racial Studies*, Vol. 26, No. 2, 2003, pp. 218 – 233.

［35］ Jacobs, J., *The Death and Life of Great American Cities*, Random House LLC., 1961.

［36］ 这个案例的相关信息来源于本文作者在2011年进行的小区调研采访。

［37］ Barnes, H., "The Slum Problem", in *Journal of the Town Planning Institute*, Vol. 13, 1926, pp. 143 – 150.

[38] Harloe, M., *The People's Home: Social Rented Housing in Europe and America*, John Wiley & Sons, 2008.

[39] Niethammer, L., "Some Elements of the Housing Reform Debate in Nineteenth Century Europe. Or, on the Making of a New Paradigm of Social Control", *Modern Industrial Cities: History, Policy and Survival*, Sage, Beverly Hills, 1981, pp. 129–164.

[40] Constantine, S., "Amateur Gardening and Popular Recreation in the 19th and 20th Centuries", in *Journal of Social History*, 1981, pp. 387–406.

[41] Harloe, M., *The People's Home: Social Rented Housing in Europe and America*, John Wiley & Sons, 2008.

[42] Harloe, M., "Social Housing and the 'Social Question': Housing Reform Before 1914", *The People's Home?: Social Rented Housing in Europe & America*, 1995, pp. 15–74.

[43] Ball, M., *Housing Policy and Economic Power: The Political Economy of Owner Occupation*, Routledge, 2013. Stern, S. M., "Reassessing the Citizen Virtues of Homeownership", in *Columbia Law Review*, 2011, pp. 890–938.

[44] Gittell, R., & Vidal, A., *Community Organizing: Building Social Capital as a Development Strategy*, Sage, 1998.

[45] Dennis, C., Jayawardhena, C., Wright, L. T., & King, T., "A Commentary on Social and Experiential (e-) Retailing and (e-) Shopping Deserts", in *International Journal of Retail & Distribution Management*, Vol. 35, No. 6, 2007, pp. 443–456.

[46] Palmer, C., Ziersch, A., Arthurson, K., & Baum, F., "Challenging the Stigma of Public Housing: Preliminary Findings from a Qualitative Study in South Australia", in *Urban Policy and Research*, Vol. 22, No. 4, 2004, pp. 411–426; Moore, R., "Access to Banking Services and Credit for UK Ethnic Minorities, Refugees and Asylum Seekers", in *Radical Statistics*, Vol. 75, 2000, pp. 16–24.

[47] Nunn, Alex, Bickerstaffe, Tim, Hogarth, Terence, Bosworth, Derek L., Green, Anne E., and Owen, David (David W.), *Postcode Selection? Employers' Use of Area and Address-based Information Shortcuts in Recruitment Decisions*, Norwich: Department for Work and Pensions, 2010; Vinson, T., *Unequal in Life: The Distribution of Social Disadvantage in Victoria and New South Wales*, 1999.

[48] Henderson, J., & Karn, V., "Race, Class and the Allocation of Public Housing in Britain", in *Urban Studies*, Vol. 21, No. 2, 1984, pp. 115 – 128.

[49] Kling, J. R., Liebman, J. B., & Katz, L. F., "Experimental Analysis of Neighborhood Effects", in *Econometrica*, Vol. 75, No. 1, 2007, pp. 83 – 119; Kling, J. R., Ludwig, J., & Katz, L. F., "Neighborhood Effects on Crime for Female and Male Youth: Evidence from a Randomized Housing Voucher Experiment", in *The Quarterly Journal of Economics*, Feb. 2005, pp. 87 – 130.

[50] Cheshire, P., "Are Mixed Community Policies Evidence Based? A Review of the Research on Neighbourhood Effects", in *Neighbourhood Effects Research: New Perspectives*, Springer Netherlands, 2012, pp. 267 – 294.

[51] Bridge, G., Butler, T., & Lees, L. (Eds.), *Mixed Communities: Gentrification by Stealth?*, Policy Press, 2012.

[52] Warren, A. and Wicklin, V., "The World Bank's Experience with Local Participation and Partnerships Lessons from an OECD Evaluation", OECD Conference on Evaluation and Development: The Partnership Dimension, 2001, http://www.worldbank.org/html/oed/partnershipconference/images/warren-wicklin.pdf.

[53] Mommaas, H., "Cultural Clusters and the Post-industrial City: Towards the Remapping of Urban Cultural Policy", in *Urban Studies*, Vol. 41, No. 3, 2004, pp. 507 – 532.

[54] Jones, G. W., "Elected Mayors Cannot Deliver a Localist Revival", in *British Politics and Policy at LSE*, 2012.

[55] UN-Habitat, *State of the World's Cities 2006 – 2007*, 2007, http://sustainabledevelopment.un.org/content/documents/11292101_ alt.pdf.

(本文作者为澳大利亚国立大学克劳福德公共政策学院副教授)

Abstract

This article examines two important paths of the governance of "problematic neighbourhoods": the path centred on improvement in the built environment, and the people centred path. The author argues that though coming from different origins, the practices following these two paths have changed over-time. More attention has been devoted to the interaction between people and the built environment, and the roles of residents in the neighbourhoods concerned. As a result, the two paths are increasingly linked these days. The discussion in this paper is based on the experience of multiple countries in the world. The author points out that in the context of dealing problematic neighbourhoods, developed countries and developing countries have learnt from each other.

Keywords

Social Governance; "Problematic Neighbourhoods"; the Built Environment; the People

全球地方互动与艺术区治理：
以 798 厂和宋庄为例

张 玥

摘 要：作为一种独特的城市文化空间，艺术区的形成不仅与经济全球化及国际艺术品市场的发展密切相关，更深受政治行为体之间复杂动态关系的影响。本文探讨了 798 厂和宋庄这两个北京市主要艺术区的发展演变及治理模式。文章指出，中国城市空间的治理已经由传统的集权式转变为多元利益背景下的竞争共享模式。艺术区的治理呈现分散性、协商性和实验性的特点，其中主要的治理决策是不同利益主体之间妥协的结果。与早期自发形成的艺术家村落相比，由政府规划和管理的艺术区为艺术家提供了更为稳定的艺术创作空间，艺术区机制也可起到推动城市经济增长和推广城市品牌形象的作用。然而，我们也应注意这一治理模式为艺术区今后发展所带来的不确定性以及艺术区的过度商业化对当代艺术的负面影响。

关键词：艺术区 文化创意产业 城市治理 政治碎片化 全球化

2014 年 6 月，北京市政府出台了《北京市文化创意产业提升规划（2014—2020 年）》，规划提出，到 2020 年，构建起富有首都特色的"3 + 3 + X"[1]的文化创意产业体系，推动首都建设成为中国最具活力的文化创意名城、在世界上具有重大影响力的著名文化中心，文化创意产业增加值占 GDP 比重达到 15% 以上。这一规划出台明确了下一阶段首都建设的重点，无疑将对北京的产业结构调整和空间发展产生深远影响。

事实上，早在此规划出台前的近十年里，北京市已经开始了文化创意产业发展的实践，特别引人注目的是艺术区的建立和发展。回顾主要艺术区的发展有助于我们了解已经取得的成绩和尚存在的问题，从而更好地推动艺术区未来的发展。基于此目的，本文对798厂和宋庄这两个北京市主要艺术区的发展历程和治理模式进行了探讨。

笔者认为，城市艺术区的发展不仅深受全球化经济的影响，更受城市空间治理模式的制约。本文显示，中国城市空间的治理模式已经由传统的集权式转变为多元利益背景下的竞争共享模式。艺术区的治理模式呈现分散性、协商性和实验性的特点，其中主要的治理决策是不同利益主体之间妥协的结果。与自发形成的艺术家村落相比，由政府规划和管理的艺术区为艺术家提供了更为稳定的空间来从事艺术创作，艺术区机制也可起到推动城市经济增长和推广城市品牌形象的目的。同时，我们应注意这一治理模式为艺术区发展带来的不确定性及过度商业性的危害。

艺术区：谁来治理？如何治理？

在世界城市漫长的发展史中，艺术区是别具特色的空间文化现象。从19世纪80年代巴黎的蒙帕纳斯，到20世纪20年代伦敦的切尔西，再到60年代纽约的苏活区，许多城市都有着把老旧过时的中心城区或边缘地带转换成艺术区的经历，同时发展出很多专门针对艺术区的研究。

当前有关艺术区的文献主要关注两个方面。第一是关注以艺术为先导的城市绅士化（gentrification），探讨艺术家是如何来到正在没落的城市中心，如何发起城区绅士化，以及后来资本是如何流入这些城区，将其文化特色商品化并逐渐驱离艺术家（Zukin, 1989; Cole, 1987; Ley, 1996; Ley, 2003; Smith, 1996）。这些研究捕捉和反映了在某些城市发生的关键变化。然而，当艺术创作从城市核心区转移到边缘地带，这些地方的绅士化是不太可能成为社会和空间转型的主要形式。正如同史密斯指出，"绅士化"是一个旧词新义，因为它原本的概念已被弱化，以迎合新的城市更新方式

(Smith, 2002)。

其次，现有文献重点关注在全球化背景下艺术区如何成为一种促进城市发展和地方行销的文化战略。这些研究基于创意阶层的概念，显示一些地方通过推进诸如酒吧、餐厅、俱乐部、咖啡馆、画廊和设计公司等"美学经济"以及艺术家们特立独行的生活方式而为所在的城市带来经济效益（Florida, 2002; Lloyd, 2006; Currid, 2007）。虽然这种创意发展策略的可行性受到其他理论家的质疑（Malanga, 2004; Peck, 2005），有限的文献资料确实凸显了全球化对中国城市景观的影响。这些资料认为文化区域是发展后工业经济并增强城市形象的一种战略（Currier, 2008; Zhou and Breitung, 2007; Sun, 2010）。

上述文献的一个共通主题是，它们都强调市场力量在塑造艺术区发展过程中的影响以及城市如何把创意空间作为促进经济发展的策略，简言之，是从经济关系出发的视角。现有研究的问题是，它在很大程度上忽视了政府主体及行政管理机制在文化空间塑造中的作用，从而难以对艺术区的治理作出深入的分析或提供相应的策略。

尽管全球化背景下的文化消费为城市景观转型提供了可能性和外部激励，这些转型具体如何发生仍然取决于当地的条件，特别是政府的作用。举例来说，萨维奇和坎特在比较研究北美和欧洲十个城市的发展模式后认为："城市政策不可被简单理解为全球化的结果，这些政策是由特定的机制、态度、条件和权力关系在特定的城市空间中交汇形成的。"（Savitch and Kantor, 2004）运用同样的观点，怀特解释了法国和日本政府如何强有力地介入并缓和了经济全球化对巴黎和东京的影响（White, 1998）。

中国政府在城市转型中扮演着至关重要的角色。大量的研究在不同程度证实了中国政府通过政策指导和跨领域投资导向，强劲而持续地介入地方经济的重新建构（Walder, 1995; Zhang, 2001; Chen ed., 2009）。在考察政府的行为时，值得注意的一点是，"政府"并不是一个单细胞的实体，而是由各种具有不同利益和需求的机构、机关和个体所组成的多元的组织。这种情况促使学者们创造了一个新的词汇——"碎片化的威权体制"(fragmented authoritarianism)——用以描述在中央集权的体制下政府部门之间权力关系的多元性(Lieberthal and Lampton eds., 1992; Lieberthal and Oksenberg, 1988)。

中国当代艺术产生于 20 世纪 70 年代末 80 年代初,伴随着中国的改革开放而出现。北京的第一个当代艺术家群落出现在圆明园,是一个非官方、半地下的艺术家聚居区,即"圆明园画家村"。出于维护社会治安和城市改造的考虑,这个画家村于 1995 年被政府解散。之后,很多艺术家来到了 798 厂或宋庄。这两个地区慢慢发展为规模可观的艺术家聚居区,在此背景下,北京市政府将这两个地区命名为"文化创意产业集聚区"。接下来,本文将对这两个艺术区的形成、演变及治理过程加以分析。

798 厂

艺术区的形成

位于北京市朝阳区东北部的 798 厂是 718 联合厂的最大分厂,后者也被称为"华北无线电联合器材厂"。工厂大楼建于 20 世纪 50 年代,由中国和苏联合资,并由东德建筑师设计。这曾经是一个重要而具有保密性的国有企业,因为它的主要职能是为中国军队生产先进的技术设备(Huang, 2008)。随着中国在 70 年代晚期启动经济改革和北京在 90 年代实施去工业化的战略,798 厂像其他很多国有企业一样开始衰落。2000 年,798 厂从一个国家级的国有企业降级为市级企业,改名为北京七星集团,从事高科技电子工业(Huang, 2008)。到了 2001 年,七星集团不得不关闭好几家下属工厂,2 万名工人里大约有 15000 名被裁员(Currier, 2008)。为了给工人提供养老金,七星集团开始出租闲置的厂房以获得额外的收入。

自从圆明园"画家村"被解散后,一些艺术家便搬到了 798 厂,他们看重的主要是这里宽敞的空间和低廉的租金。同时,包豪斯风格的厂房在社会主义工业化时代的种种遗迹的点缀下形成了独特的空间,在这样的空间里展出当代艺术作品别有一番风格。短短一两年内，798厂里的艺术画廊和艺术家工作室的数量迅速增加，并吸引了媒体和国际社会的关注（Currier，2008）。然而，艺术空间的增长和艺术家群体的壮大并没有给这些旧厂房的继续存在提供保证。把闲置厂房租给艺术家的同时，七星集团制定了计划夷平老旧厂房并建立一个高科技园区，从而提高企业效益。

尽管艺术社区在蓬勃发展，为了赚取更多的收益，七星集团还是计划夷平老厂房并建立一个高科技园区。面对艺术空间被拆除的威胁，以798厂为基地的艺术家们发起了一项运动来保护老工厂。他们的倡议得到了中央政府和北京市政府的支持。经过一段时间的讨论与斡旋，最终，政府决定保留该区域。这一决定的背景是2008年北京奥运会。一方面，奥运为中国向国际社会展示自己的实力与信心提供了一个绝佳的机会，而艺术空间是展示中国文化发展的重要窗口。另一方面，北京在这一背景下迅速崛起为一个全球性都市（global city），艺术空间可以为其"全球化指数"加分。2006年，798厂被北京市政府命名为文化创意产业集聚区。

艺术区的治理

与市政府如何提高北京的国际形象的考量不同，七星集团作为一个企业更为关心的则是经济收益问题。因此可以这样说，市政府保留798厂并将它发展为一个艺术区的决定与七星集团拆除工厂并在此基础上打造一个高科技园区的初衷是不一致的。虽然在798厂的未来走向上存在分歧，七星集团最终服从了北京市政府的决议，开始与朝阳区政府配合对艺术区实行管理。特别值得注意的是，由于七星集团是市级国有企业，而朝阳区则是北京市的一个区，作为较低的行政层级的区政府并不能完全控制七星集团。复杂的行政结构以及内在的利益冲突导致产生了一个有争议的艺术区治理模式。两个主要的治理机构于2006年创立，一个是联合管理办公室，另一个是土地租赁办公室。下文将分别解释这两个机构是如何运作的。

联合管理办公室负责监督艺术区的日常活动。除了为租户提供基本的服务，它的主要职责是确保在艺术区里的活动都符合政府的主流意识形态。该机构掌控有关艺术区发展的关键决策，例如某一展览是否可以在艺术区里举行或者某一艺术家或机构是否能够迁入艺术区。在北京市委宣传部的监督之下，联合管理办公室的成员来自朝阳区委宣传部和七星集团。另外，朝阳区公安分局和酒仙桥街道委员会均配合该办公室工作。

至于联合办公室的领导层，七星集团的副总裁是办公室主任，朝阳区委宣传部副部长担任办公室副主任。这样的安排使朝阳区和七星集团达到互相制衡的局面。一方面，鉴于宣传部主管政治思想，该部门的副部长有着优越的政治地位；另一方面，作为办公室主任的七星集团副总裁则处于较高的行政层级。其结果是一个相互交织的权力关系，其中七星集团副总裁具有决策权，但其决定必须符合区委宣传部所控管的"正确的政治方向"。这样的安排体现了市政府和国有企业之间既妥协又协作的关系。

联合管理办公室在成立之后迅速展开行动。它的一个主要行动就是取消了"大山子国际艺术节"，这是第一个也是唯一一个由798厂艺术家们举办的独立艺术节，在被取消前已举办了三届。随后，该办公室推出了"798艺术节"，并将其命名为艺术区的官方艺术，从而实现了对艺术区内各种资源的整合。该行动显示，尽管朝阳区政府和七星集团之间存在着不同利益，但它们已经达成共识并通过共同合作来治理艺术区。

土地租赁办公室主要负责和租户的沟通协商以及处理相关土地出租的问题。虽然联合管理办公室的成员主要来自朝阳区和七星集团，但土地租赁办公室则是完全在七星集团的单一管理之下。七星集团副总裁不仅是联合管理办公室的主任，同时也是土地租赁办公室主任。该办公室有权自行决定土地出租的价格。与联合管理办公室相似，土地租赁办公室也是市政府和七星集团之间协商的产物。七星集团对市政府的让步就是放弃了建设高科技园区的规划，而市政府给予其相应的回报就是让七星集团拥有土地承租的自由裁量权。市政府并未明确规定多少比例的工厂土地应直接用于艺术创作与展示，也没有设定土地租赁的价格标准，因而，七星集团对这些问题有最终解释权。从另一个角度而言，七星集团在土地使用和租赁问题上的高度自主权为艺术区日后的发展带来了不确定性。

为了尽量减少未能兴建高科技园区的损失，土地租赁办公室试图尽可能从出租厂房中获得更多的收益。首先，租赁价格被显著提高了。价格五年内涨了七倍，从 2001 年的每天每平方米 0.65 元人民币涨到 2006 年的每天每平方米 5 元人民币。许多艺术家因为付不起房租而不得不迁出该艺术区。其次，七星集团将许多厂房从艺术画廊转型成形形色色的商业活动空间，用来举办公司开业庆典、产品广告和行销活动、时装走秀及电影首映会。举办这些活动使土地租赁办公室增加了收入，但也导致了艺术空间的萎缩。

艺术区的转型

在联合管理办公室和土地租赁办公室的治理下，798 厂艺术区经历了很大的变化。截至 2008 年底，28 公顷的厂房已经有 15 公顷变成了形形色色的文化空间。虽然有许多的普通艺术家离开该地区，但也有一些国际知名的艺术机构迁入，包括尤伦斯基金会和佩斯画廊。它们的加入把 798 厂变成为一个更加全球化的空间。同时，798 厂也从当初的艺术空间转变为集各种商业活动、娱乐、旅游等功能为一体的地方。在三年之中，游客人数增加了三倍，从 2005 年的 45 万人增加到 2007 年的 150 万人。2008 年奥运会期间，每天有 1 万人到访（Sun, 2010）。为满足游客的需要，各种设施如餐厅、咖啡厅、酒吧和商店都在此地蓬勃发展。这些辅助设施几乎已经占据了艺术区一半的空间，从而进一步将 798 工厂变成了一个旅游区。

宋 庄

艺术区的形成

宋庄镇位于北京东郊的通州区，紧邻河北省和天津市。虽然过去宋庄的主要生产活动是农业，镇政府最近计划发展艺术和创意产业。在镇政府推出此项计划之前，一些艺术家已经入驻宋庄的小堡村十年了。小堡曾经是宋庄镇最穷的村落，因为它的土质不适合农业生产。在 90 年代初，由于小堡村价格低廉的可用空间以及与北京城区较近的距离，许多艺术家便从"圆明园画家村"搬到了小堡。镇政府认为这些艺术家是社会不安定的潜在根源，然而，以村党支部书记为首的村委会决定允许艺术家迁入小堡，因为他们想通过土地出售或出租来增加村民的收入。在村委会的保护之下，艺术社区迅速在小堡村发展起来同时也明显增加了地方财政收入。到2004年，农业不再是小堡的主要产业，大部分的村民只需要待在家里就可以藉由土地租赁获取收益。

受到小堡村通过艺术增加收入的启发，镇政府不再认为艺术区对公众安全是一种威胁，反而认为这是促进经济成长的手段，因此镇政府决定将蓬勃发展的艺术社区纳入它的发展规划之中。宋庄镇政府在2004年提出"文化兴镇"的战略并制定了2004—2020年的行动计划。在2005年，镇政府将该镇南面14.6平方公里的区域（包括小堡村在内）划定为发展文化创意产业的基地。镇政府的目标是将艺术区的范围从小堡扩展到邻近地区，最终创造中国最大的艺术区。

艺术区的治理

为了开发艺术区，当地政府所采取的第一步行动是改变土地所有权。在1949年以后，中国有两种类型的土地所有权：在城市地区的公有土地所有权和在农村地区的集体土地所有权。镇政府只管理公有的城市土地；而村民集体拥有的农村土地，通常由村委会作出有关土地的关键决策（Ho, 2000; Ho, 2008）。为了使村民集体所有的土地符合重建要求，镇政府接管了他们的土地，因此土地所有权也由集体所有变成公有。随着土地所有权的变化，村民也离开了他们原来的住所，搬迁到在该地区内的新建高层公寓。总计有12个村的17995名村民受到发展计划的影响。在这些地方被清空之后，艺术工作室和画廊陆续建立用以举办艺术活动。同时，各类创意产业，包括动画和电影制作，都在此艺术区蓬勃发展。

值得注意的是，与其他村庄不同，小堡一直保持着集体土地所有权，从而使村委会对该村未来的发展具有自由裁量权。镇政府对小堡的土地所有权的妥协，主要是来自于该村在文化产业发展方面的显著地位，这使得村委会在与镇政府谈判中居于有利地位。小堡的土地所有权争论体现了宋庄镇和小堡村之间不同的利益。然而，这种分歧并不妨碍两方为文化产业发展这一共同目标进行合作。

虽然小堡村委会保持着其对土地的自主权，但它仍然采取了类似其他村庄的发展方式。小堡的村民都搬迁到11层高的公寓楼里，他们原来的房子被重新装修变成艺术工作室，并出租给艺术家。新的画廊和文化机构也建在小堡村的其余空地上。此外，正如下文将要提到的，小堡的党支部书记是镇政府所属的开发公司的负责人，负责整个艺术区的土地租赁及重建。这项安排不仅说明小堡在宋庄的经济发展中的重要地位，同时也显示了镇政府与村委会之间的合作关系。

主要负责艺术区发展的政府机构是"宋庄文化创意产业管理委员会"，由镇政府于2008年建立。该委员会的主任是宋庄镇党委副书记。这一安排显示了党在文化生产过程中的主导作用。

然而，作为政府机构，该管委会不允许参加诸如土地租赁及房地产开发等商业活动。因此，在2009年，成立了一家镇政府所属的公司，名为"宋庄文化创意产业发展公司"。该公司的董事长既是管委会的主任，同时也是宋庄镇的党委副书记。而该公司的经理则是小堡村的党支部书记。换句话说，虽然它是一个合法注册的独立公司，但该公司的主要管理者是政府官员。这一做法被称为"一套人马，两块牌子"。它允许政府官员戴上一个市场参与者的"面具"，这样他们可以合法地获得居民的土地并租赁给私人开发商。作为一项广泛应用于中国城市发展的策略，它显示了国家对土地、资源和市场机会的垄断。

除了实施新的土地使用计划，镇政府还建立了各种制度来管理艺术家群体。2005年，在镇政府的领导下建立了一个名为"宋庄艺术促进会"的非政府组织。该协会主要功能是为艺术家提供服务，同时帮助镇政府管理规划艺术家的活动。与其他民间组织的情况类似，该协会的主要负责人员是政府官员。协会的会长是管委会副主任及开发公司的三位副经理之一，同时也是宋庄镇党委副书记。而该协会的副主任是小堡村的民兵连长。一些知名的艺术家被邀请作为该协会的成员。该协会的主要职责之一是举办一年一度的宋庄艺术节。该艺术节创办于2005年，由镇政府赞助，推广艺术区品牌化并促进艺术品的销售。

艺术区的转型

在镇政府的大力推广之下，宋庄艺术区正在迅速成长。截至2008年底，宋庄已有超过3000名艺术家，其中有将近900名艺术家住在小堡村。在艺术家的数量不断增加的同时，镇政府和小堡村也正在为艺术家建造新的艺术画廊和工作室。艺术区的租金也显著提到了，使得大约50%—60%的艺术家无法在此地待超过两年。在小堡的6000多名居住者中，包括艺术家在内，大部分是外来人口；外来人口是当地村民人口的五倍之多。外来劳动力在餐馆、超市、艺术材料商店以及其他各种相关服务行业工作。至今，小堡村已成为宋庄镇最富裕的村庄。

结　语

一个坐落在旧工厂厂房，另一个位于城市边缘地带的农村土地上，798厂和宋庄艺术区有着类似的成长过程。它们都始于由艺术家所自发建立的艺术群落，后来经由政府管理，成为官方认可的艺术区。相较于早期的"圆明园画家村"，798厂和宋庄艺术区是政府管理的艺术空间，艺术家的主体性在这样的空间里不可避免地受到一定程度的制约。然而，这些艺术区为艺术家提供了稳定且合法的空间来从事艺术创作，从长远角度而言有利于当代艺术的持续、健康发展。同时，艺术区机制也可起到推动城市经济增长和推广城市品牌形象的作用，可谓一举多得。

国家在艺术区的建立和治理上扮演着重要的角色。尽管存在利益冲突和行政权力碎片化，不同政府机构仍然能够通过协商和妥协来解决分歧。在798厂和宋庄这两个案例之中，当地机构都支持由高层管理者所提出的文化创意产业发展计划。因此，它们被给予高度的自主权来实施这一计划。这个治理过程体现了中国政府在调节自身管理机制和推动社会经济发展方面的能力。

作为被政府力量重新塑造并管理的文化空间，798厂和宋庄面临着过度开发和景观真实性丧失的困境。同时，当地管理机构所采用的不同发展策略也使得这两个地区面临的具体问题不尽相同。就798厂来说，七星集团试图通过土地租赁使经济效益最大化，促进了文化空间的迅速商业化。该艺术区不仅是艺术创作和展览之地，同时也是商业和娱乐活动的聚集地。这种做法的潜在问题在于艺术区很有可能会发展成一个主题公园，而艺术家会逐渐被商业利益边缘化。就宋庄而言，镇政府的目标是将艺术生产从小堡村扩展到周边区域，这种做法导致城市化和农村土地的商业性开发。把村民搬迁到其他地区，把他们的土地重新开发以发展文化创意产业，这种一刀切式的发展极有可能破坏艺术家和村民之间的自发形成的共生关系。虽然村民在上交他们的土地时，可以从当地政府获得一次性补偿，但很难获得工作机会或社会福利。因此，这种以艺术区开发为主导的城市化引起了我们对这一部分农村人口未来的担忧。

许多城市的艺术区都经历了相似的转型，即从草根的、自然形成的艺术家聚居地到租金昂贵、租户多元的热门景点。对此，我们需要回答的问题是：这些变化是怎样发生的？其影响如何？怎样实现对艺术空间的有效管理？中国艺术区的案例不仅表明了政府在资源利用和空间发展过程中的核心作用，也显示了不同政府机构之间的利益分化与协作。在全球化时代，政府的主体性地位及其对全球化力量的调节作用值得我们进一步关注。同时，我们应对政府主体间的动态关系有更为清晰的认识，从而改善和优化对艺术区和城市空间的治理。

【注释】

[1] "3+3+X"的文化创意产业体系，即以文化艺术、广播影视、新闻出版为代表的三大传统行业；以广告会展、艺术品交易、设计服务为代表的三大优势行业；

以文化金融融合、文化科技融合、文化与其他领域融合的融合业态。

【参考文献】

〔1〕 黄锐:《北京798:再创造的"工厂"》,四川美术出版社2008年版。

〔2〕 Chen, X., *Shanghai Rising: State Power and Local Transformations in a Global Megacity*, Minneapolis: University of Minnesota Press, 2009.

〔3〕 Cole, D., "Artists and Urban Redevelopment", in *The Geographical Review*, Vol. 77, No. 4, 1987, pp. 391–407.

〔4〕 Currid, E., *The Warhol Economy: How Fashion, Art and Music Drive New York City*, Princeton: Princeton University Press, 2007.

〔5〕 Currier, J., "Art and Power in the New China: An Exploration of Beijing's 798 District and Its Implication for Contemporary Urbanism", in *Town Planning Review*, Vol. 79, Nos. 2–3, 2008, pp. 237–265.

〔6〕 Florida, R., *The Rise of the Creative Class*, New York: Basic Books, 2002.

〔7〕 Ho, P., "Contesting Rural Spaces: Land Disputes, Customary Tenure and the State", in *Chinese Society: Change, Conflict and Resistance*, E. J. Perry and M. Selden (ed.), New York: Routledge, 2000, pp. 101–122.

〔8〕 Ho, P., "Land Markets, Property and Disputes in China", in *The Political Economy of Rural Livelihoods in Transition Economies: Land, Peasants and Rural Poverty in Transition*, Max Spoor (ed.), London: Routledge, 2010, pp. 200–224.

〔9〕 Ley, D., *The New Middle Class and the Remaking of the Central City*, Oxford: Oxford University Press, 1996.

〔10〕 Ley, D., "Artists, Aestheticism and the Field of Gentrification", in *Urban Studies*, Vol. 40, No. 12, 2003, pp. 2527–2544.

〔11〕 Lieberthal, K. G. and Lampton, D. M., *Bureaucracy, Politics, and Decision Making in Post-Mao China*, Los Angeles and Oxford: University of California Press, 1992.

〔12〕 Lieberthal, K. G. and Oksenberg, M., *Policy Making in China: Leaders, Structures, and Processes*, Princeton, N. J.: Princeton University Press, 1988.

〔13〕 Lloyd, R., *Neo-Bohemia: Art and Commerce in the Postindustrial City*, New York:

Routledge, 2006.

［14］ Malanga, S., "The Curse of the Creative Class", in *City Journal*, Winter 2004, pp. 36 – 45.

［15］ Peck, J., "Struggling with the Creative Class", in *International Journal of Urban and Regional Research*, Vol. 29, 2005, pp. 740 – 770.

［16］ Savitch, H. V. and Kantor, P., *Cities in the International Marketplace: The Political Economy of Urban Development in North America and Western Europe*, Princeton: Princeton University Press, 2004, p. 348.

［17］ Smith, N., *The New Urban Frontier: Gentrification and the Revanchist City*, New York: Routledge, 1996.

［18］ Smith, N., "New Globalism, New Urbanism: Gentrification as Global Urban Strategy", in *Antipode*, Vol. 34, 2002, pp. 428 – 450.

［19］ Sun, M., "The Production of Art Districts and Urban Transformation in Beijing", Ph. D. dissertation, The University of Illinois at Chicago, 2010.

［20］ Walder, A., "Local Government as Industrial Firms: An Organizational Analysis of China's Transitional Economy", in *American Journal of Sociology*, Vol. 101, No. 2, 1995, pp. 263 – 301.

［21］ White, J. W., "Old Wine, Cracked Bottle? Tokyo, Paris, and the Global City Hypothesis", in *Urban Affairs Review*, Vol. 33, No. 4, 1998, pp. 51 – 477.

［22］ Zhang, L., *Strangers in the City: Reconfigurations of Space, Power, and Social Networks within China's Floating Population*, Stanford: Stanford University Press, 2001.

［23］ Zhou, S. and Breitung, W., "The 798 Art District in Beijing, China: Production and Reproduction of Culture in a Global City", in *Geographische Rundschau International Edition*, Vol. 3, No. 4, 2007, pp. 56 – 62.

［24］ Zukin, S., *Loft Living: Culture and Capital in Urban Change*, New Brunswick, New Jersey: Rutgers University Press, 1989.

（本文作者为普林斯顿大学政治学博士，现任伊利诺伊大学芝加哥分校政治学系副教授）

Abstract

While art districts are often considered as engines of economic growth and gentrification, it is unclear from the exiting literature that how the cultural space is governed. This article fills the gap by discussing the formation and governance of two art districts in Beijing: Factory 798 and Songzhuang. It argues that, the creation of art districts is not only the function of global cultural economy, but a result of the complex interest and power dynamics between various political actors. Under the cap of the one party state, political actors have divergent interests and the political power is highly fragmented. This situation generates a pattern of contested and shared control in the art districts, where the mode of governance is decentralized, negotiated, and improvised. Despite the economic and cultural benefits offered by the art districts, the governance model leaves much uncertainty for the future of art districts and art communities in China.

Keywords

Art District; Creative Cultural Industry; Urban Governance; Political Fragmentation; Globalization

从灾害管理到灾害治理：
中国城市社区减灾防灾救灾体系研究[*]

褚松燕　宋雄伟　于现忠

摘　要：本文立足整体性治理理论，通过访谈和实地调研考察了中国城市社区减灾防灾救灾体系构建情况，认为尽管我国城市以社区为基本单元的减灾救灾体系已经初步确立，但还存在着以"行政动员"为主要运作模式、社会力量参与城市减灾救灾的制度保障缺位、政府与社会有效合作机制缺乏、社区间横向资源共享机制不健全等问题，由此提出了由减灾机构牵头统合以社区为平台的城市减灾防灾救灾的系统联动体系、疏通社会组织参与渠道、建立城市减灾防灾救灾信息和资源共享的机制等政策建议。

关键词：城市社区　灾害治理　参与　共享机制

21世纪以来，我国城市化进程日益加速，国家统计局2014年1月20日发布的统计数据显示，到2013年年底，我国城镇人口占总人口比重为53.73%，但2013年中国"人户分离人口"达到了2.89亿人，其中流动人口为2.45亿人，"户籍城镇化率"仅为35.7%左右。[1]这种人户分离的现象加大了城市社会管理的难度，对于城市减灾防灾救灾风险的评估、资源的储备、制度的设计与执行等形成了复杂的挑战。而随着我国政治经济

---

[*] 本研究是国家减灾委办公室、民政部国家减灾中心2012年防灾减灾政策理论研究课题"城市减灾救灾防灾的系统联动体系研究"（课题编号：ZCLLYJKT201207）的主要成果。

的转型，自然灾害、技术风险和社会矛盾的多元化与凸显化也昭示着我国已经进入了乌尔里希·贝克所说的"全球性的风险社会"。如何有效地构建城市减灾防灾救灾系统，以政府与公众的合力来提高社会抵御各种风险的能力，降低灾害带来的损失，已经成为当前社会管理的一大热点问题。

国内外的实践证明，城市减灾防灾救灾不能单靠政府一己之力，需要多元主体协调共同应对，特别是公众个人的组织化参与。这就包括各种社会自组织形态，也就是群众自治组织和相关的社会组织。对于每个个人来说，其工作单位和其生活所在的社区、社会组织都具有重要性，而20世纪90年代中期以来，伴随着加速的城市化进程，人们从单位人向社会人的过渡使社区的重要性日益凸显出来。在应急管理重心不断下移的大趋势下，社区处于减灾防灾救灾的第一线，其减灾防灾救灾能力的强弱直接决定着城市中政府和公众是否能够快速、有效、妥善地抵御风险和处置灾害。作为一支重要的社会力量，作为连接政府和市民的桥梁，社区是国家防灾救灾政策的受益和执行机构，在强化居民防灾意识，增强城市社会防灾救灾能力方面具有重要作用。社区的应急能力不仅包括如物资、人力等硬件，还包括灾前、灾时、灾后的人与人、人与组织、组织与组织之间关系管理等软件。因此，社区层面是我国减灾防灾救灾体系建设强化的重要方向，理应成为城市减灾防灾救灾工作的基本节点，以完善人、财、物、信息等各种资源整合基础上的整体性减灾防灾救灾体系。也正是基于社区的基础性战略性作用，国家减灾委员会、民政部于2005年启动了"社区减灾平安行"活动，开始创建"减灾示范社区"。国家减灾委员会于2010年发布了《全国综合减灾示范社区标准》，标准具体包括：减灾工作组织、灾害风险评估、灾害应急救助预案、减灾宣传教育与培训、减灾防灾基础设施、居民减灾意识与避灾自救技能、社区减灾动员与减灾参与、管理考核制度等十项标准。据民政部公示，截至2010年5月全国共建875个减灾示范社区。2011年11月26日，国务院办公厅下发了《关于印发国家综合防灾减灾规划（2011—2015年）的通知》（国办发〔2011〕55号），要求"创建5000个'全国综合减灾示范社区'，每个城乡基层社区至少有 1 名灾害信息员。防灾减灾体制机制进一步完善，各省、自治区、直辖市以及多灾易灾的市（地）、县（市、区）建立防灾减灾综合协调机制"。到 2013 年年底，5405 个社区被授予"全国综合减灾示范社区"[2]，意味着提前完成国家综合防灾减灾规划的目标。

社区既是连接政府和社区公众的桥梁，更是社区公众彼此形成共同体的纽带，也是社会公众横向联系以增强整体社会资本的平台。相关社会组织在减灾防灾救灾中的宣传教育、志愿参与等方面也发挥着日益重要的作用，目前，在民政登记的相关社会组织和在社会组织管理试点地区的备案社会组织在社区层面的参与也越来越多，社会力量正在形成对政府减灾防灾救灾的有益补充。但是，我们也应该看到，尽管在总体上，我国已基本建立了减灾防灾救灾的完整体系，但社会公众、社会组织等力量参与不够，社会自治组织作用发挥不充分等问题仍然存在，这也造成了总体上政府与社会协同联动的不足。基于此，本研究在分析国外相关经验和实地调研的基础上，基于整体性治理（或协同治理）理论形成了本报告，以推动实现城市以社区为节点的减灾救灾防灾的系统联动。

一、理论依据

自 1989 年世界银行首次使用之后，"治理"概念已经被广泛运用于政府管理研究中以区别于原来与之交叉使用的管理或统治（government）。治理理论强调各种公共或私人的个人和机构对公共事务的管理，以及管理中对诸多方式的综合运用，由此将政府的角色定位于公共事务管理多主体中的一个，并将公共事务的管理打上了鲜明的社会参与烙印。在治理格局中，政府需要与企业、社会组织等主体一起形成相互依存的网络体系来进行协作，使公共事务得到良好的解决。但是，多主体对公共事务的处理并不必然带来好的效果，因此，治理的多中心状态就有了目标约束，即善治，包括：合法性、透明性、责任性、法治、回应、有效、稳定等七大要素[3]。

整体性理念其实很早就有，在政府中对协调和整合的强烈愿望远非新鲜事，政府机构之间的合作、协调或整合，一直被政府看做是所要追求的目标。早在1854年，英国的《诺斯科特屈威廉报告》就提供了政府部门间跨功能协调的理论基础；"一战"后1918年的《哈丁委员会报告》就提出了以功能性组织原则来重新合并政府职能的重要观点：协调应在各个方面成为政治议案的重要事务。20世纪80年代兴起的新公共管理运动也产生了诸如碎片化等无法克服的问题，因此，90年代初，与治理理念相关联，整体型政府理论（又称协同政府理论）再度在西方国家获得重视，其目的主要是为打破政府官僚主义所导致的部门林立的局面，主要强调的是政府各部门应当和市场、社会力量在分工明确的基础上协作，提供令公众满意的服务。也就是说，在强调政府责任的基础上，政府应当在不取消部门边界的前提下整合相互独立的各种组织，通过跨部门合作以实现政府所追求的共同目标。

1990年，英国的安德鲁·邓塞尔（Andrew Dunsire）提出了整体性治理（holistic governance）概念，受此影响，1997年上台的英国首相布莱尔在当选一个月后就率先提出了以"协同政府"来克服传统行政的官僚化、部门主义，以及新公共管理运动所造成的"碎片化"问题。1999年，英国工党政府颁布《政府现代化白皮书》，详细地制定和规划了如何推动和实践整体性政府的改革方案。之后，英国整体性政府的改革，迅速波及澳大利亚、新西兰、美国、加拿大等国家的中央或地方政府层级。

本研究所提出的整体性治理超越了政府层面而包括政府层面、社会层面、政府与社会层面的协同，其内涵主要包括：

（1）治理主体的多元性。在现代多元化的社会背景下，单中心治理模式由多中心治理代替。除了政府之外，社会组织、企业、公民个人等行为者都可以参与公共事务治理。首先，治理主体之间的法律地位平等。这就保证了政府、市场力量和公民社会组织能够在同一个平台上交流，不存在政府随意运用特权发布命令、强制相对方服从的情况；其次，处理公共事务的机会平等。政府应当而且能够为市场主体、公民社会组织提供平等的参与机会，使各利益群体和个人能够自由表达其意愿，共同管理社会公共事务。

（2）自组织的协调性。整体性治理中的各主体和系统彼此相互依赖且关系复杂，存在着较大的时间—空间跨度，在特定时间—空间中有着利害关系的交集或共同参加某些项目的意愿，自组织是特别适宜的协调方式。在一定的条件下，政府系统内的协同、社会力量之间的协同往往都要由系统内部自身组织起来，并通过各种形式的信息反馈和谈判达成共识，并为实现这一共识进行正面的协调，用跨越部门边界的合作型方法、技术、机制来确保公共事务的治理对环境的变化保持灵活的适应性，从而补充市场交换和政府自上而下调控之不足，实现政府与市场、社会力量各种资源之间的协同增效。

（3）以公共利益为最基本的价值追求。整体性治理在理念上强调政府整体效果的最优、社会整体效果的最优，从而实现公共利益整体的优化。这就意味着在公共利益的判断、落实上，政府需要克服部门利益的烟囱效应，社会力量需要强化社区与社会组织之间的横向合作，政府与社会力量之间需要有共识促成机制，以此来确保公共利益这一整体价值追求。

在城市减灾防灾救灾领域中，整体性治理的主要框架是：

（1）整体性治理首先是要更新减灾防灾的"问题意识"，在理念上认识到任何一个单方面的部门、政策和措施都不能完全解决某一社会问题。解决问题和实现优质的公共服务，都需要采取多主体、多方位、多角度整体合作的方式来进行。灾害的治理是全社会的公共事务而非政府的独有责任，因此，在减灾、防灾、备灾、救灾乃至灾后重建等灾害管理的全过程都需要政府、企业、社会、个人的协同，以整体之力来应对。

（2）整体性治理需要进一步明确政府的职能、理清政府的权力配置作用。其中既包括中央政府与地方政府，各级政府部门之间的职权，又包括同一行政区域内政府、企业和社区、社会组织、个人之间的权责与资源分配框架。对于城市来说，则需要在明确政府的权威中心和信息、资源协调中心的职能基础上，探索企业、社区、社会组织和个人在减灾防灾救灾体系中的参与接口。

（3）整体性治理需要构建"整体式"的信息共享体系。只有强化信息共享，不同政府部门间、政府与社会组织和社区、政府与企业的协同合作才有基础。特别是灾害治理中以"人"为中心来构建各种信息的共享系统，才有可能做到减灾防灾的资源与服务的优化。

（4）整体式治理需要进一步激发社会的活力，建立与之相对应的整体性社会，使企业、社区、社会组织和公民参与到减灾救灾防灾当中。政府制定减灾防灾规划的同时，也需要企业、社区、社会组织都有相应的角色认知和配合规划，以便使公民个人在减灾备灾中发挥作用。因此，需要以社会需求为导向，由政府推动，鼓励各种社会组织和社会公众参与其中，形成以政府为主导，各种社会主体共同参与的减灾救灾防灾格局。

（5）整体性政府注重成立跨部门组织的协调平台。平台是减灾救灾防灾的必备机制，既涉及相关的政策制定和规划领域，也存在于执行领域之中。形成制度化的跨部门组织有利于整合资源、提升效率、降低协调成本，更好地解决减灾防灾救灾中复杂的公共需求。

因此，整体性治理应用于减灾救灾当中，就是要在理念上把灾害管理转变为灾害治理，在实践中以政府的居中主导来充分发挥社会的作用，在城市中特别是需要强调公众的组织化形式——社区和社会组织的作用。

二、我国城市减灾防灾救灾的现状

（一）城市社区减灾救灾呈现出逐步由行政型向自治型转变的迹象

行政型社区是改革开放初期实行的计划经济体制的产物。在改革开放初期，城市的管理主要是"单位制"模式，即政府在社区资源的配置过程中发挥着主导作用。随着"单位人"向"社会人"的转化，社区和社会组织的作用也日益受到政府的重视，但是，社会组织囿于双重管理体制而具有浓重的行政化色彩，居委会作为城市居民的自治组织，经常被置于政府的管理和控制之下，而街道办事处作为政府的派出机构，直接领导居委会的各项工作。在行政型减灾社区中，街道办事处扮演着社区减灾的领导者与推动者的角色，从社区减灾规划、社区减灾资源配置，到社区减灾宣传、教育与培训，街道办事处承担了大部分工作。其他工作，街道办事处则以工作任务的形式下发社区居委会，因此，社区居委会是街道办事处减灾工作的执行者。行政型减灾社区的减灾工作主要是由基层政府领导，依靠社区居委会发挥社区领导作用，社区内的一些老党员、退休人员配合社区居委会来落实街道办事处布置的任务。

自治型社区则是由居民为中心组织成为主体，同时联合社区内其他组织进行共同治理，符合城市中"单位人"向"社会人"转化的大趋势。同时，自治型社区依法履行其群众自治组织的功能，能够有效连接政府、社会与公民，成为社区发展的主要趋势。当前我国城市社区减灾救灾的参与主体已经呈现多元化的趋势，根据本研究着重调研的五个社区[4]的情况来看，我国城市中的社区有成为自治型社区的潜力。根据《中华人民共和国城市居民委员会组织法》，"机关、团体、部队、企业事业组织，不参加所在地的居民委员会，但是应当支持所在地的居民委员会的工作"。在笔者调研的城市社区中，社区层面的减灾主体除街道办事处、居委会外，居民、社区驻地企业、事业单位、社会团体、物业中心、业主委员会及其他利益相关者等个人与组织的参与性也日益表现出来，并形成联系或紧密或松散的网状结构，在减灾的不同阶段中发挥作用。例如，北京市东城区鼓楼苑社区尝试运用"参与式治理"的工作理念，充分发挥社区居民的聪明才智及参与治理的积极性，把维护居民合法权益和社区利益紧密联系在一起，满足居民需求，解决社区问题，促进社区发展，引领居民自治。山东省济南市舜园社区由社区居委会工作人员、党员、社区党员义工、社区巡逻队人员等有关人员组建志愿者队伍，参加减灾宣传教育，遇有突发公共事件及时上报，做好减灾应急储备、紧急救援和群众转移安置等工作，并结合社区实际情况，开展相关减灾活动。北京市东城区民安社区则坚持集思广益、深挖潜力、资源共享，不断增进社区企事业

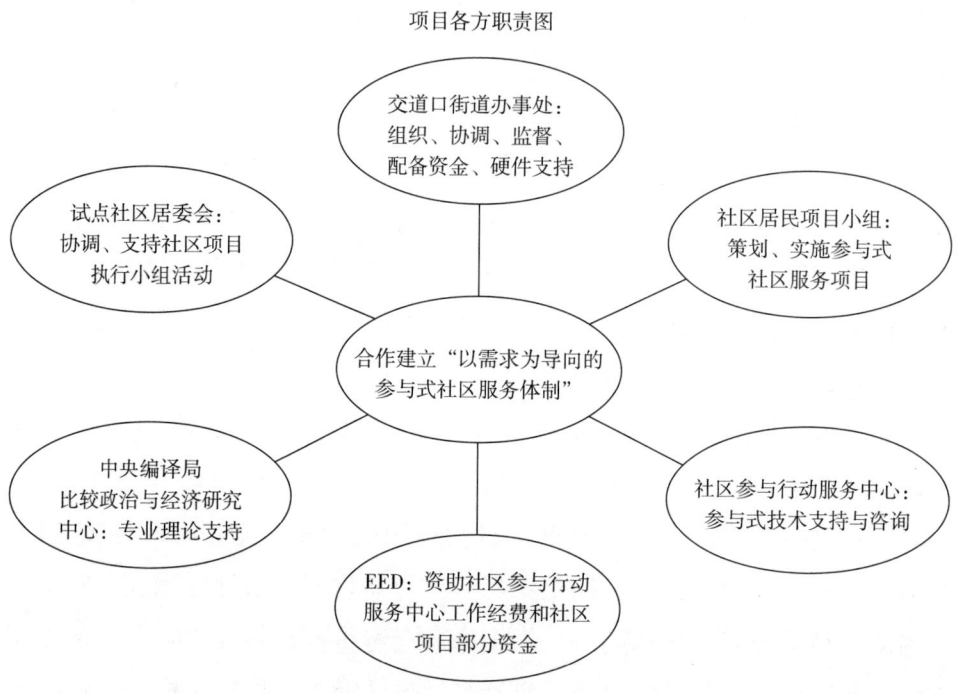

图一　北京市鼓楼苑社区的参与式治理

单位、非公企业等单位的联合协防、互防、共防。山东省济南市槐荫街道青年公园社区则以社区内的学校、宾馆、广场等设施为载体，积极开展各项活动。

（二）城市社区减灾救灾初步形成了相对完整的应对预案

减灾防灾救灾工作是一项非常复杂的系统工程。从过程上说，包括灾害监测、预测、预报、防灾、备灾、抗灾救灾、灾后重建等诸多环节，从资源投入上看，包括资金、技术、信息、物力、交通运输、人力等各种资源，分别由不同的部门支配和管理。只有建立综合性的减灾防灾预案，才能有的放矢地协调各个环节的运行，高效调配分布于各部门和各单位的减灾资源。因此，按照政府减灾救灾的要求，城市中各社区都制定了简繁不等的预案，在预案中明确社会救灾应急的组织指挥体系，并对应急准备、预警预报与信息管理、应急响应、灾后救助与恢复重建等内容都作出了分类分工。例如，青年公园社区创建了"安全社区创建委员会"（图2）。

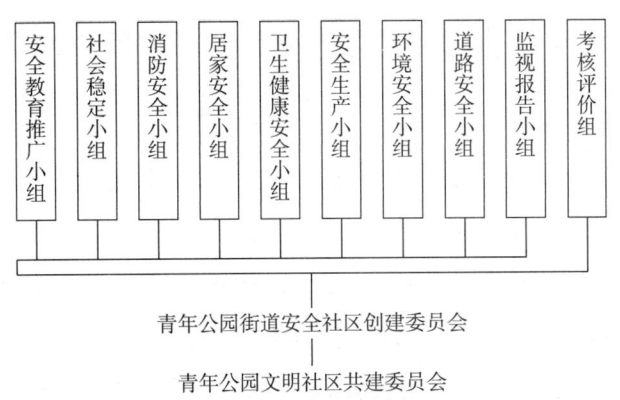

图2 青年公园社区创建安全社区组织机构图

山东省济源市舜园社区建立社区减灾领导小组，组长由居委会主任担任，成员由社区居委会工作人员及楼组长组成。领导小组下设减灾协调机构，主任由社区居委会主任兼任，领导小组设有六支救援队：（1）党员应急救灾队。由社区党员组成，主要职责是在发生突发性公共事件时，奔赴重灾区、重险段进行抢险救灾，帮助转移灾民和重要物资。（2）医疗应急救援队。由社区卫生院负责组建，主要职责是在灾害发生后救助受伤居民，医治伤病员，对受灾群众进行体检和灾区防疫工作。（3）社区巡查救援队。负责人为社区居民委员主任，成员由居民楼组长、居民骨干组成，主要职责是对社区公共减灾设施（消防器材、逃生设备等）进行检查维护，定期向居民家庭发放减灾消防宣传资料和防护用品，入户对居民家庭安全隐患进行检查和提示，为孤寡老人、残疾人等行动不便者提供救助服务。（4）社区党员义工救援。负责人由社区党总支确定，由社区党员组成义工队伍，主要职责是在灾害发生时救助受伤居民，把伤病员转移至安全地带或送附近医院救治。（5）社区抢险救援队。负责人为社区主管民政工作的人员，主要职责是根据灾情情况奔赴重灾区进行抢险救灾，灾后协助尽快发动群众，恢复生产，重建家园。（6）治安消防应急救援队。由社区居委会负责人负责，由社区巡逻队员和党员义工组成一支治安消防应急救援队。主要职责是负责灾区治安管理、交通管制和安全保卫,打击各种违法犯罪活动,维护社区稳定。

(三) 城市中初步形成了宣传教育的灾害预防体系

加强我国防灾减灾宣传教育,主要是让公众树立相应的防灾减灾意识,降低灾害发生的风险。我国目前很少有人参加过系统正规的防灾减灾教育。在2008年汶川地震后,问卷调查显示有80%左右的被调查者没有接受过防灾教育。[5]国内外的经验说明,在对本区域内常见灾害的分布和发生率进行分析的基础上,有针对性地对区域内居民进行防灾减灾教育和演练,是可以降低甚至避免伤害和损失的。因此,加强社区防灾、减灾、避灾、救灾演练,提高社区居民防灾减灾的意识,增强全体居民的素质,夯实社区防灾减灾工作基础,有助于最大程度减少灾害损失。笔者调研发现,目前城市中较为重视减灾防灾方面的宣传教育,形式各异,各有特色,不少社区利用生动的宣传形式将减灾防灾的知识、技能融入居民的日常生活、工作之中,收到了良好效果。其中,最为常见的是社区利用现有公共活动场所或设施(图书馆、学校、宣传栏、橱窗、安全提示牌等),设置防灾减灾专栏、张贴有关宣传材料、设置安全提示牌,印制分发社区各类防灾减灾宣传材料等,开展日常性的居民防灾减灾宣传教育。北京、上海等大城市则利用网络、手机短信等技术手段经常普及防灾减灾知识和避灾自救技能。一些社区还定期邀请有关专家、专业人员(社区安全教育讲师团)或志愿者,对社区工作人员和居民、外来务工人员等进行防灾减灾培训和相关演练,使社区工作人员和居民掌握防灾减灾自救互救基本方法与技能。

(四) 以社区为基础的减灾防灾救灾的资源共享机制和社会力量参与机制初步建立

城市具有很强的聚集性和流动性,尤其需要城市中各种资源特别是人力资源跨越部门和地域的整合。从近年社区减灾的实践来看,社区居委会工作人员、物业中心、社区卫生服务中心、以老党员和居民代表为骨干的社区志愿者协会、驻区企业等构成了社区减灾防灾队伍的主体。社区日益成为城市政府减灾防灾工作下沉的平台和社会力量参与其中的网络。例如济南市槐荫区的社区人力资源共享的范围已经远远超出社区范围，其社区专家讲师团就由山东省委党校的专家教授和其他学校的教师组成。一些社区也盘活社会资源来更好地为居民服务，例如，槐荫社区成立"为民服务中心"，承担社区内的残疾人、孤寡老人、低保户等弱势群体修补房屋等灾害隐患解决的费用，其他居民也可以以成本价享受"为民服务中心"的外包服务，及时备灾防灾。

不少城市社区通过"参与式治理，项目化运作"的探索来调动社区居民解决社区潜在的灾害隐患问题，例如北京市鼓楼苑社区针对空间狭小安全隐患多这一老旧平方社区的特点，将社区的消防工作作为切入点，确定了"社区消防安全行动"项目，组建成立了"实施评审小组"、"项目宣传小组"、"清理易燃物小组"、"环境整治小组"四个小组。在宣传策划阶段，社区居委会工作人员和居民代表一起出主意、想办法、制作宣传画，改变了以往白纸黑字生冷的宣传形式，注重图文并茂，针对不同群体将亲切、婉转的语言运用于宣传画中，例如："孩子，请把杂物移走，我要晒太阳"，"爷爷，请把杂物处理掉，我要跳皮筋"等使社区居民倍感亲切和温馨，达到了极好的宣传效果。在项目的实施过程中，居民在社区中找到了发挥自身才能的载体，更多的居民感受到居民间的互助和自主带来的快感和信心，增强了社区的凝聚力。

三、城市减灾防灾救灾系统联动中存在的问题

（一）城市减灾防灾救灾仍以"行政动员"为主要运作模式

城市减灾防灾救灾体系是整个公共管理体系的构成部分。由于路径依赖和既有的政府运作特点，我国以全能主义为理念、以行政动员为手段、

以"条条、块块"为依托的传统公共管理体系并没有太大改变,政府同级部门之间的协调、社会自治组织之间的协调主要靠更高级别的政府来推动。第一,政府各部门之间因职能划分、级别相平和条块分割而各自独立,彼此之间的联动协同主要依靠上级政府来推动,常态的联动协同机制并不健全,由此既影响到减灾防灾中的相互协调,又影响到救灾中协调的效率和效果。第二,由于政府对行政效率的强调和社会组织、社区组织力量的相对弱小,面对各种灾害,城市政府也仍然习惯于将政府内的行政运作扩展到社会领域,将社区作为行政运作的神经末梢,通过社区来动员居民参与到减灾防灾当中,社会组织则通常不被政府纳入减灾防灾和救灾考虑的预案与实践当中。第三,社会力量的有效参与能力不足。一方面,社区之间缺乏横向的合作,而是依靠街道来协调。行政动员在灾害发生之后的救灾初期能够发挥巨大的号召力,但在防灾备灾中则收效甚微,一位社区居委会主任直言不讳地将居民对动员式的减灾救灾宣传漠视描述为"审美疲劳"。另一方面,社区组织与社会组织之间也联系薄弱,使社会力量处于分散和沉睡状态。调研中发现,北京的鼓楼苑社区和民安社区与社会组织交往较为密切,参与互动较强,但即便如此,社会力量通过社区组织和社会组织来进行整合的情况也并不容乐观。

(二)社会力量参与城市减灾救灾的制度保障缺位

当前,我国社会力量全过程参与减灾救灾的制度配套严重不足,欠缺操作性,不利于调动社会参与的积极性、有效性,难以使社会公众凝聚长期性、日常性的防灾减灾共识。例如,《突发事件应对法》规定了公民、法人参与突发事件应对的义务,也规定了突发事件发生地的居委会应当按照当地政府的决定、命令,进行宣传动员,组织群众自救和互救,协助维护社会秩序。但是,面对灾害,公民、法人何时、如何尽义务,社会组织如何协助政府救灾、维护秩序,并没有相应的具体制度性规定和连接机制。此外,社会力量参与城市社区减灾救灾的长效鼓励制度体系不够健全。如对社会力量的减灾救灾物资、技术配备、技能培训等方面的购买服务、委托管理等机制尚未建立，社会公众作为志愿者参与防灾减灾救灾的相关保险措施匮乏等。

（三）城市减灾救灾框架中政府与社会有效合作机制缺乏

政府与社会有效合作，才能支撑起有效的城市减灾防灾救灾体系。而合作就需要在信息、资源和行动方面进行共享性协调。目前，城市减灾防灾救灾框架的动员性特点使得政府与社会合作的基础要素不够坚实。一是，政府与社会力量之间的信息共享机制尚未建立，使得社会组织和群众自治组织对灾害的了解难以同步，这既不利于减灾宣传、模拟演练和预案的科学化，也影响灾害发生后政府与社会力量在信息通报和救援等方面的协同配合。二是，减灾救灾中政府与社会组织、社会公众之间的协调行动机制尚未建立，造成"各自反应，各自行动"的局面，社会力量与政府之间难以进行有效配合。例如，北京市2012年7月21日的大雨造成首都机场大量旅客滞留，一些市民自发组成了"双闪车队"免费接送这些旅客。从21日晚上12时30分到22日凌晨5时30分，至少有200辆私家车参与了本次救援活动，接送旅客达500人次。[6]但是，由于社会力量与政府之间缺乏协调行动机制，高速路上收费站仍在一车一杆地收费，增大了排成长龙的车辆熄火的概率。三是，许多企业与单位本位意识较强，并不愿与利益关联度不大的所在地社区进行合作减灾。社区内企业与单位参与社区减灾，不仅是社区、政府或是党组织的责任，也是社区内企事业单位自身发展的需要。目前，由于社区辖区内单位与企业属于"属地化管理"，但社区作为自治组织，对其没有足够的约束力，社区党支部作为基层党组与辖区单位合作进行"党建"工作，以此建立减灾的合作联系，往往不具有签订协约的较高效益。

（四）社区减灾防灾救灾建设相对滞后，社区间横向资源共享机制尚未健全，在灾害中的自救互救能力不足

社区是连接政府和公众生活区域的场所，也是日常捐助的神经末梢。

但是，我国目前社区建设从组织到行为都相对滞后，难以满足减灾救灾的要求。例如，在汶川地震灾区，无论城市社区还是农村社区，均在灾难中处于一种比较混乱的状态，这一方面和社区居民没有能力应对不可预见的大灾难有关，另一方面也反映出当前我国社区组织在自身建设和社区管理方面的相对滞后，特别是社区工作人员与社区居民之间的利益纽带脆弱，难以支撑日常性的社区减灾防灾行动。总体上看，社区工作人员队伍小，社区事务繁杂琐碎，单靠社区工作人员队伍难以在减灾救灾意识、专业知识等方面专业化。目前减灾防灾救灾只是社区委员会的工作任务，还没有成为社区建设的一项重要内容。另外，社区与社区之间的横向联系非常少，往往是通过街道来协调和建立联系，而现实中社区与社区无论是地理边界还是居民之间都是连接在一起的，横向联系的缺乏使得社区与社区之间在减灾防灾救灾的信息和资源共享以及行动协调上存在滞后效应。

四、推进我国城市减灾防灾救灾系统联动体系建设的政策思考

城市减灾防灾救灾是一个系统工程。相对于传统社会的邻里守护相望的熟人社会，城市是个陌生人的社会，且日常生活和公用设施都与工业化和市场紧密相连，一方面保障性较强，但另一方面由于长期不遇灾害，城市中政府和居民对灾害的重视程度和应对意识就难免不足。从政府、社会两个方面以及政府与社会之间的联动方面来构建城市减灾防灾救灾的体系就尤为重要和迫切。

（一）以减灾机构牵头，统合城市减灾防灾救灾的系统联动体系

在遇到灾害时，尽管政府可能不是反应最迅速的，但却应该是在反应时最系统、协调救灾资源最为权威的。因此，无论是从政府内部在减灾防

灾救灾中的协调角度，还是从政府与社会力量配合的角度，首先都需要政府内部形成一个减灾防灾救灾联动体系的统合点。在现有体系内，我们在国家层面已经有了减灾委这一减灾机构，办公室设在民政部，用以协调和统筹减灾防灾救灾事务。目前绝大多数省级行政层面也都成立了减灾委，但一些大城市还没有成立减灾机构，减灾防灾工作只是按照部门来分设。而设有减灾机构的地方，人员配备还严重不足，难以有效发挥城市政府的减灾防灾作用。因此，建议没有设立减灾防灾机构的大城市尽快设立减灾防灾机构来协调政府内部各部门在相关事务上的合作，而设有减灾机构的地方，还需要在行政编制和事业编制紧张的情况下保障减灾人员工作。在社区层面充分发挥居民的作用，例如在居民中发掘热心公益和志愿服务的人士予以培训，使之成为社区层面的信息员，掌握城市和本社区灾害情况，并能够熟练报灾。另外，还需要注意的是城市与城市之间在减灾防灾救灾中的相互协助机制建设，即需要在毗邻城市之间加强减灾机构之间的信息沟通和行动协调性。

（二）构建以社区为节点的城市减灾救灾网络，形成政府与社会合力的平台

城市中普遍常见的一般灾害为火灾、水灾和传染疾病，地震、泥石流等灾害并非所有城市共有的灾害。城市中地域的相对固定性和人口的聚居性、流动性使得组织间网络大量出现，既为城市减灾防灾救灾提供了良好的民间社会资本支持，同时也为城市减灾防灾救灾的整合能力构成了挑战。城市应当以社区为减灾防灾救灾网络的基本节点，政府在资源配置方面需要大幅向城市社区倾斜，使社区成为覆盖社会公众的信息、资源和行动平台。因此，社区作为减灾防灾救灾的第一响应者，应该加强其平台建设。在城市地区，目前减灾社区内部的组织网络构成主要包括社区居委会、社区内企业、单位、物业中心、消防机构、社区志愿者协会、社区卫生服务中心等。建在社区外部的组织网络则需要着重考虑社区之间、社区与社会组织之间、基层政府与社区之间减灾救灾网络的接口，形成政府与

社会的合力，从而形成社区与居民之间、社区与社会组织之间、社区与社区之间、社区与政府之间层层拓展而又相互链接的减灾防灾救灾网。

第一，以社区为基本单元，通过互联网、短信平台等通信技术与广播、电视等传统媒体和固定宣传栏相配合，提高城市减灾防灾救灾信息传播的效率，做到社会公众全覆盖。利用社区减灾救灾网络，形成网络状信息扩散的状态，使社会公众形成常态化的减灾防灾救灾意识，为排出灾害隐患、堵塞灾害漏洞提供即时信息支持。

第二，以社区为基本单元，实现社区减灾救灾资源共享。社区居委会或物业中心的减灾资源是有限的。城市减灾救灾资源主要包括减灾队伍、减灾物资、减灾设备等，在工作场所之外，应以社区为基本单元来进行配置。因此，推动居民、社区居委会、驻区单位、社会组织等组织间形成高密度的社会网络，提升减灾资源的共享程度，发生灾害时，不仅能降低应对灾害的成本，也能提高整个社会的减灾救灾效率。

第三，鼓励社区开展协作式减灾活动，签订社区减灾合作协议。我国是关系型社会，不同组织间关系的建立除工作需要外，还是个人"私交"的需要。但成熟、长久的合作需要以协议表达出来的共识，建议通过政策引导、直接资助、购买服务等方式鼓励社区与有关的社会组织、驻区单位等签订减灾合作协议，从人力、物资、知识技能、演练等方面保持良好的合作关系。

第四，建立减灾救灾中政府与社会力量之间的全过程协调行动机制。特别是在减灾救灾指挥部应设社会沟通组，负责与社会组织的沟通，在信息共享的基础上协同行动。在日常的防灾减灾中，政府与社会组织应协力进行减灾救灾宣传、演练；在应急救灾时能够立即启动政府与社会力量之间的协调行动，避免资源调配和行动混乱。

（三）强化城市社区"以民为本"的减灾救灾意识，加强备灾

减灾救灾从目标上是为了人民，从途径上仍然要依靠人民。

第一，将社区作为防灾减灾的前沿，寓减灾救灾宣传于生活和工作

中。社区是城市社会公民个人行动和国家（政府）行动的最佳结合点，离开社区的载体作用，任何宏大的政策指南与宣传都会因无法真正通过社区与居民对接而显得苍白无力。所以，减灾救灾宣传应贴近社区实际，特别是与居民群众紧密关联的环节，建议按照年龄结构和性别结构吸收社区居民参与社区灾害诊断和基线调查，分析和拟定出社区减灾防灾救灾的重点，用生动活泼的多种形式而非单纯印发宣传品来搞参与性宣传，加深居民减灾防灾救灾知识技能的印象。

第二，政府制定社区居民减灾防灾救灾培训指引，通过与科研机构、实践部门、社会组织的合作在社区层面有计划地对城市居民进行减灾防灾救灾培训。以社区学校、市民夜校、科普学校、社区科普文化长廊和社区广场等阵地为依托，根据不同群体、不同场所、不同季节的特点，制定出不同的培训重点和培训方案，对社区居民进行全覆盖。

第三，以社区为单元加强城市防灾备灾演练。调研发现，目前不少社区已经制定了灾害应急预案，但是，由于城市特别是大城市中往往长期不遇灾，减灾防灾在社区工作中并不占据重要位置，所以，灾害应急预案基本上都是挂在墙上、装在文件夹中，并未转化为实际操练。因此，强烈建议在城市中以社区为单元加强市民防灾备灾演练，使市民养成应急准备的习惯。

第四，充分发挥社区志愿者的作用，促进社区居民之间的相互关怀，特别是对行动不便的老年人、"空巢老人"、残疾人等可以考虑定期入户问候，及时掌握有关信息。例如北京市民安社区成立了由党员、居民、志愿者等组成的"社区询候员"队伍，对社区行动不便的老人、空巢老人、采集人等每天早晚两问候，实现安全干预全覆盖。

（四）疏通社会组织参与渠道，建立城市减灾防灾救灾资源共享的机制

目前我国社区工作经费的来源主要有两条途径：财政拨款与社区自筹收入。经费不足，不仅是所调研的社区面临的主要问题，也是我国大多数

社区面临的主要问题。而驻区企业、单位的生产效益较高,因此提高减灾资源的共享程度是减灾社区建设的现实需要。

第一,提高减灾人力资源共享程度。城市减灾救灾队伍包括指挥、消防、医务等专业人员,鉴于目前我国财政限制无法为每个社区配备足够的相应人力,建议政府通过政策引导,将社区作为减灾备灾防灾救灾的基础单元,实现社区居民与专业机构、社会组织及其他组织在减灾人力资源方面的共享。

第二,提高减灾救灾物资共享程度。减灾救灾是一项涉及多因素、多方面的系统工程,其中,物资是减灾救灾工作的物质基础。在处理突发事件过程中,资源的需求能否得到满足是影响减灾救灾成败的关键因素之一。社区的减灾物资,具体种类包括防护用品、交通运输、照明设备、器材工具、临时食宿、生命救助、通讯广播、动力燃料、污染清理等类型。由于减灾物资的配备,不仅由当地实际人口、经济发展规模决定,还与组织的物资购买、储备能力、重视程度相关。因此,建议以社区为基础单元,由政府配备基本物资和社会组织、其他机构配备其他物资的方式,来确保减灾救灾物资的共享。另外,建议尽快疏通社会组织参与城市减灾救灾的渠道,例如对于具有法人地位的社会组织建立操作性强的社会组织的公益资格认证制度,鼓励和引导社会组织与社区紧密联合,有序参与减灾救灾。对于社会公众的松散组合,特别是通过互联网建立起来的减灾救灾防灾群体,也需要通过如志愿者协会之类的组织来联系,使社会公众的主动性得以发挥。

(五)统一政府与社会组织之间的信息出入口,实现信息共享

城市防灾减灾救灾中,迫切需要解决造成信息资源浪费、信息孤岛问题。应依据整体性治理的思路,以信息共享为整合目标,按照标准化、相关性、价值性、动态性的整合原则,打破区域、部门间的界限,从横向、纵向、防灾减灾全过程进行信息整合,形成一套较完善的信息整合体系。通过信息整合提升防灾减灾信息利用的整体效能,应有效地发挥信息资源

在防灾减灾中的作用。可考虑由减灾委办公室牵头对政府系统的减灾救灾信息进行整合，由红十字会和其他社会公益组织组成减灾救灾社会组织信息中心，办公室设在红十字会，负责整合社会组织关于物资、志愿人员、宣传战略与计划等方面的信息。明确规定两个办公室信息及时通报和沟通制度，从而形成覆盖减灾救灾各环节的全面信息网络平台，以利于信息和资源调配。

（六）完善长效管理机制，使救灾志愿者成为规范化、专业化、高效化的队伍

目前，不少城市社区中的志愿者队伍以退休人员中的积极分子和老党员为主体，年轻人参与严重不足。社区中的年轻人往往对社区认同不够，对社区公共事务漠然视之，其核心问题在于社区居民和社区自治组织之间的利益关联度较差。减灾救灾防灾是一个将社区居民凝聚起来的利益结合点，应当以社区为平台，以社区居民为主体，完善招募、培训、保障、反馈、评估、奖惩等的长效管理机制，来建立城市减灾救灾防灾志愿者队伍。

第一，完善城市减灾救灾志愿者分类登记注册制度，减灾的宣传教育等工作可以由年龄较大的居民志愿者来做，他们熟悉邻里关系，有丰富的人生阅历和威望等优势。而救灾志愿者不同于常态下的志愿者，需要从性别、年龄、工作生活地点、专业专长、品德素质等方面进行限制性的筛选。就街道社区而言，为了保证其队员在时间、行动上服从统一的安排调配，并使这支队伍具有可挖掘的潜力，使其在辖区内具有更深层次的示范引领的效果，除了上述提到的几个条件外，还应当特别注重从以下人群中动员宣传，吸纳其为志愿者。一是驻区单位的领导、职工，服务网点的经营者。街道社区与驻区单位、服务网点共驻共建，资源共享，可以加大其对志愿者队伍的支持力度，这既可以保证其职工有正常的培训、活动、参与救灾的时间，又可以在政策方面最大限度地确保职工的利益不受到损害，还能够在必要时争取到驻区单位在物力、财力、场地等方面的支持。

二是居民和驻区单位中具备专业特长的人员。例如工程技术人员、院校教师、医疗机构的医护人员等。三是一些以促进社区建设、邻里关系为宗旨的社会组织成员，如民间爱心社团的负责人、社会志愿者团队的成员等，他们在灾前宣传、灾中救援、灾后重建等方面起到以一带多的作用。在注册登记方面，申请加入减灾救灾志愿者，应填写社区减灾救灾志愿者登记表，经批准备案后，发给救灾志愿者证书，即成为救灾志愿者。要为每一位志愿者建立档案信息，档案中记录有每一位志愿者的基本情况，包括特长、参与培训、服务的过程，评估与反馈等信息。这样做是为了便于了解、掌握每一位志愿者的参与过程，更是为了方便救援指挥机构统一安排调配志愿者参与到任务中来，做到人尽其用。

第二，加强完善志愿者培训演练机制。除了进行志愿服务理念、团队意识的培训之外，减灾救灾志愿者的培训应当更加注重专业技能、安全防范和应急演练的实际操作，如抢险救援、运输通讯、医疗卫生、心理疏导、后勤保障等。在实际工作中，根据志愿者培训中的表现、专业技能的掌握程度以及反馈评估的结果确定不同的等级，以便在处置灾害时能够有效地进行组织和协调。

第三，完善志愿者保障机制。一是人身安全保障。与常态下志愿服务的志愿者相比，减灾救灾志愿者应当有较高要求的安全保障。应为志愿者提供人身意外伤害保险和其他相应的安全保障。二是资金保障。我国建立的以政府牵头的减灾救灾性质的志愿者队伍，除了通过慈善组织募集的捐款外，更需要有长期稳定的政府拨款，对救灾志愿者队伍在志愿者培训、救灾物资购置、激励奖励等方面予以充足的资金保障。三是政策法律保障。对志愿者劳动成果的尊重和志愿者权益的保障需要有政策和制度方面的支持，比如组织管理、税收政策、捐赠政策以及对志愿者本人及活动的社会认可等，需要在政策制度方面逐步建立。地方和相关部门制定的志愿者服务条例和志愿者制度对志愿者从事服务时的安全、个人信息等均应提供相应的保护，并对志愿者的义务与权利进行说明。[7]

结 论

作为一个灾害频发的大国，中国和其他国家一样注重政府与社会之间的合作，特别是在汶川地震后，中国的政府和社会公众都认识到构建政府与社会减灾防灾救灾联动体系的重要性。在城市中，社区作为减灾防灾救灾体系基本单元已经得到强调，中央政府不仅制定了国家规划，而且提出了综合减灾示范社区的标准，这有力地推动了城市减灾防灾救灾体系的建立。但是，无论是从理念还是从实践上看，从政府行政强势主导的灾害管理模式走向社区主动反应的灾害治理模式还有很长的路要走。尤其是在快速城镇化进程中，社会保障等相关配套政策和机制出台的缓慢性使社区层面的减灾防灾救灾仍然由行政动员而非社区居民主动行动来完成。从政府角度看，社会组织参与城市灾害治理的制度安排还不到位，政府与社会之间的合作机制在既有的减灾防灾救灾框架中还仍然匮乏；从社区角度看，社会的横向信息与资源共享机制的匮乏导致社区自助和互助的能力仍然较低。但办法总比困难多，基于社区的城市减灾防灾救灾体系还需要适应城镇化的步伐，回应城市居民的需求。社区作为减灾防灾救灾的前线和政府与社会合作的平台，一方面，既有的减灾防灾救灾文件需要广泛宣传和演练实践，另一方面，横向和纵向的信息、资源共享机制和能力还需要大幅度提升。唯其如此，城市的减灾防灾救灾才能实现政府与社会的联动，多元主体相互配合的灾害治理才能收获良好的经济和社会效果。

【注释】

[1] 人民网：《统计局：2013 年中国城镇化率为 53.7%》，2014 年 1 月 20 日，http://house.people.com.cn/n/2014/0120/c164220-24172141.html（最后检索日期：2014 年 5 月 10 日）。

[2] 数据由民政部网站历年公布的数据相加得来。民政部网站：http://www.mca.

gov.cn/。

〔3〕俞可平:《治理和善治分析的比较优势》,载《中国行政管理》,2001年第9期。

〔4〕这五个社区中的四个是全国综合减灾示范社区,分别是北京市东城区的鼓楼苑社区、民安社区,山东省济南市的青年公园社区、舜园社区。山东省莱芜市的戴花园社区是争取全国综合减灾示范社区的社区。

〔5〕方国联:《我国的自然灾害与防灾减灾教育思考》,载《内江师范学院学报》,2010年第5期,第97页。

〔6〕《北京暴雨夜,有望京的"双闪车队",也有租车司机提价数倍,"借雨发财"》,载《新京报》,2012年7月23日,第A12—A13版。

〔7〕《石家庄市长安区:社区救灾志愿者队伍建设初探》,见河北政府网:http://www.hebei.gov.cn/article/20120703/2214091.htm(最后检索日期:2012年8月10日)。

(褚松燕:国家行政学院政治学教研部教授,博士生导师;宋雄伟:国家行政学院政治学教研部讲师;于现忠:山东省莱芜市委党校副教授。)

Abstract

This paper examines the existed urban community disaster relief system in China based on in-depth interviews and on-the-spot investigation to five urban communities, among which four are regarded as models of disaster relief communities by the Ministry of Civil Affairs of China. It's found that the present urban community disaster relief system in China has been roughly shaped yet far from completed. Administrative mobilization is still the main operation model with social force's participation lack of institutional channel, effective cooperation between the government and the community still is absent, and the horizontal resources sharing mechanism has not yet been connected between communities. From the perspective of collaborative governance, the building of urban community disaster relief system should change mind from disaster management to disaster governance to build a kind of urban disaster relief with the government and community playing different yet complementary role to each other, which means that the government and communities share information and resources, and make the volunteers more professional by the support of the government and social force etc.

Keywords

Urban Community; Disaster Governance; Participation; Sharing Mechanism

■ 治理理论 | Governance Theory

论治理理论的哲学基础*

翁士洪

摘 要：治理理论在社会科学领域中已经广泛运用、有广泛影响。国内外学界关于治理理论的研究虽已相当普遍，但对这一理论的科学哲学基础的研究非常罕见。本文从本体论、认识论和方法论角度分析了治理理论及其新发展（整体性治理）的哲学基础，具有高度的原创性和理论深度。

关键词：治理理论 整体性治理 本体论 认识论 方法论

治理理论在社会科学领域中已经广泛运用、有广泛影响。当前，国内外学界关于治理理论的研究已经相当普遍。自从 1989 年世界银行首次使用"治理危机"（governance crisis）一词以来，"治理"被广泛运用于政府管理研究中，治理理论已经是在经济学、政治学、社会学及法学等社会科学领域均有广泛运用的、有广泛影响的理论视角。但是对治理理论的哲学基础的研究非常罕见，现有英文文献中，只有罗西瑙（Rosenau，1999：287 – 301）写过一篇论文讨论这一理论三个哲学基础中的一个，即本体论，并且说得也有些模糊，所以仍有很大的研究空间。本文从本体论、认识论和方法论角度分析了治理理论及其新发展（整体性治理）的哲学基础，具有重要的理论意义。

---

* 基金项目：本文系国家社会科学基金项目"网络参与与地方政府治理创新研究"（项目批准号10BZZ029，主持人：顾丽梅）的阶段性成果。作者感谢德国柏林自由大学曼努埃拉·斯平德勒（Manuela Spindler）教授对本论文的指导！

一、治理理论的核心内容

在词源上,"治理"(governance)一词来源于古希腊文(kybenan)与拉丁文(kybernets),其原意分别指掌舵(to steer)和引导或操纵(pilot or helmsman)[希腊词根派生于和"控制论"(cybernetics)相同的词根]。治理的过程是一个组织或社会自我掌舵的过程,而且这种沟通和控制是这一进程的核心(Rosell et al., 1999: 21)。今天,治理已经成为多数人的共识,这种解决社会、经济和政治问题的制度性前提和战略是发展合作的绝对核心。治理的概念本身就很混杂,不过通常而言,主要有两个方面的含义: 20世纪末的经验表现和一种理论或概念(Pierre, 2000: 54-90)。治理理论的主要创始人罗西瑙(Rosenau, 1992; 2001: 5)将其定义为一种由共同的目标所支持的一系列活动,这个目标未必出自合法的以及正式规定的职责,而且它也不一定需要强制力量克服挑战而使别人服从。所以治理就是这样一种规则体系:它依赖主体间重要性的程度不亚于对正式颁布的宪法和宪章的依赖。治理主体并非仅仅指向政府,也可能不要靠政府的权威予以强制实施,即无政府的治理(Rosenau, 1992: 3)。简言之,治理指的是公共权威为实现公共利益而进行的管理活动和管理过程(俞可平,2012)。

治理理论集中探讨权威空间(sphere of authority, SOAs)(Rosenau, 1992: 3)的所有行为体如何讨论某个具体的问题领域(an explicit issue)或者平等地提供公共或集体物品(commons or collective goods)。下面将从理论假设、核心问题和治理的行为体、单位及类型等方面重点讨论。

(一)理论假设

首先,治理理论主张在没有政府的治理状态下,公共物品或问题可以通过权威空间(SOAs)中的跨界组织来有效地提供或解决。现在这些功能的一部分并非由政府所首创(Czempiel and Rosenau, 1992; Mayntz,

2002)。其次，它主张治理是一种依赖于作为正式批准的宪法和章程的跨学科的方法的制度体系。治理在执行系统存续所必需的功能时总是有效的（Rosenau，1992：4-5）。再次，国家或政府不是政治中的首要行为体，相反更多地强调非政府组织特别是跨界组织，以及反政府的关系体等行为体。这是一个没有政府的治理（Czempiel and Rosenau，1992）。虽然新制度主义也一样假设各种平等的行动主体可以通过合作与相互依赖的方式来提供公共物品，但不同的是，新制度主义还是强调国家或政府是首要行为体。比如基欧汉（Keohane，1986：194）的新制度主义有四个基本假设：国家是世界政治的首要行为体、理性人假设、反对主张寻求权力的实践总是基于国家利益、影响国家行为的权力资源的价值取决于国家的目标。

（二）核心问题

治理理论的核心问题是：如何界定全球范围的治理？如何运作？当前全球秩序取决于治理的性质与广泛性吗？根据这些核心问题，治理理论提出了如下建议与解决方法，即通过跨界行为体的目标，通过多层治理结构与过程，并通过有关的掌舵机制，各种平等的主体以合作与相互依赖的方式来提供公共物品。正式与非正式制度共同组成权威空间，遵守规则是确定存在的权威空间的关键（Rosenau，2004：32）。新制度主义比如基欧汉（Keohane，1986：199）的全球治理核心问题也是相似的：在没有超大协调权力和国家的无政府状态下，如何建立起秩序来？国家间合作的条件是什么？众多国家为何及如何建立起国际制度？

（三）跨界行为体

当今，在全球治理的范畴下，一个趋势是传统的制度分析越来越为公共与跨界行为体之间的网络分析所取代，下表列出了各种非政府行为体参与治理的形式，它们直接参与权威的规则制定或者提供公共服务。这与新制度主义主张是相同的。

表1 跨国行为体的治理形式

```
                                              通过政府的治理
                      公共决策中私人行为体的参与
                      （如私人行为体作为国家代表团成员）
                      公共与私人行为体的共同管制
                      公共与私人行为体的联合决策
                      （如私人行为体作为国家代表团成员）
官僚制阴影中的代表团自律
                      公共行为体的参与（如自愿协议）
         私人管制的公共采纳
         公共行为体的结果控制
         （如社会伙伴集体协议的普遍性影响）
私人自律
         无公共参与（如私人机制）
没有政府的全球治理
```

资料来源：Carlsnaes, W., Risse-Kappen, T., & Simmons, B. A., *Handbook of International Relations*, London; Thousand Oaks, Calif.: SAGE Publications, 2002. Also see 2nd edition, London; Thousand Oaks, Calif.: SAGE, 2012。

当前研究文献集中在非政府行为体在治理中的包容与贡献（Risse-Kappen，2012）。

（四）分析层次：治理单位

治理的新本体论要求我们集中于那些政治行为体、结构、过程和制度上。由正式与非正式制度共同组成权威空间（SOAs）是这种新的本体论的分析单位（Rosenau，1999：295）。而新制度主义的分析单位是围绕问题领域（issue-areas）进行权力资源分配的权力结构，这是对于新现实主义的权力结构的调整，不同的问题领域，如安全、福利、自由和环境政治等等，形成不同的行动情境，分析层次就是根据不同的问题领域所组成的不同结构，强调主体间的相互依赖和国际机构的角色，但仍主要是国家，当然，也包括非政府组织、国际机构等（Keohane，1977）。

（五）治理类型

罗西瑙用结构与过程两个维度分析了六种跨界治理的一般形式，其中三种反映了伴随着碎片化而来临的非线性反馈过程，另外三种则较为简单与线性化。

表2　六种治理类型

		过程	
		单向 （垂直或水平） （治理类型中包含的集体类别）	多向 （垂直和水平）
结构	正式	自上而下型治理 （政府，TNCs，IGOs）	网络型治理 （政府，IGOs，NGOs，INGOs- 如商业联盟）
	非正式	自下而上型治理 （大众，NGOs，INGOs）	并行型治理 （NGO 和 INGO，政府）
	混合正式 与非正式	市场型治理 （政府，IGOs，精英，市场， 大众，TNCs）	莫比乌斯（Mobius）网络型治理 （政府，精英，大众，TNCs，IGOs， NGOs，INGOs）

资料来源：Rosenau, James, "Strong Demand, Huge Supply: Governance in an Emergent Epoch", in Ian Bache and Matthew Flinders (eds.), *Multi-Level Governance*, New York: Oxford University Press, 2004, pp. 31–48。

其中，单向线性沿着一个方向流动的治理类型中，自上而下型治理的行为体有政府、跨国公司（TNCs）、国际组织（IGOs）；自下而上型治理的行为体有大众、非政府组织（NGOs）、国际非政府组织（INGOs）；市场型治理的行为体有政府、国际组织（IGOs）、精英、市场主体、大众、跨国公司（TNCs）。非线性反馈过程的沿着多个方向流动的治理类型中，网络型治理包括政府、国际组织（IGOs）、非政府组织（NGOs）、国际非政府组织（INGOs）等正式行为体间平行的协商，其治理的动力来自对特定问题的共同关注；并行型治理包括非政府组织（NGOs）、国际非政府组织（INGOs）和政府之间的协作交换，打破了正式和非正式框架之间的区别；莫比乌斯（Mobius）网络型治理的治理动力来自政府、精英、大众、跨国公司（TNCs）、国际组织（IGOs）、非政府组织（NGOs）、国际非政府组织（INGOs）等各个层次行为体的网络式互动（Rosenau，2004：31-48）。

治理理论是通过对自由主义及其新自由制度主义（比如奥斯特罗姆研究自治理机构的制度分析）的批判与接受而发展起来的结果。基于以上分析，本文认为，治理理论属于一种新制度主义的自由主义范畴，但它是一种调适的新的自由主义的理论。治理理论作为一种调适的新制度主义（modified Neo-institutionalism），可以作为一种宏观理论分析方法（macro-theoretical approach），但使得新制度主义从宏观走向微观—宏观（micro-macro）。它集中探讨权威空间的所有行为体如何讨论某个具体的问题领域或者平等地提供公共或集体物品。许多治理都建立在问题领域基础之上，尤其是跨边界问题（Cross-cutting issues），比如环境治理委员会的建立、全纳教育的建立等等（翁士洪、顾丽梅，2013）。

二、治理理论的哲学基础

任何科学哲学都由一系列主张（claims）所组成，它基于主体论、认识论和方法论之上（Wight，2002：41）。三者的关系可以简化如下：如果你相信有 X（本体论），并希望证明在 Y 中可重复 X 的主张（认识论），那么你就需要遵行方法 Y（方法论）。在最一般的意义上，社会科学哲学是指通过一系列方法步骤探寻和获得有关社会现实的知识的规范原则（Delanty & Strydom，2003）。

（一）本体论

本体论（Ontology）来源于希腊语单词"ον"（on，存有）和

"λόγος"（logos，科学、研究、理论）的组合，是指人们对现实事物的本质特征（the nature of reality）的基本假设，主要探讨存在（existence and being）本身，简言之，本体论是关于存在的科学（"theory of being"，or "What is the world made of?"）。巴斯卡（Roy Bhaskar，2008）认为，以本体论看，科学哲学必须建立在实在主义（realism）的基础之上，即"世界是由独立于人类意识存在的物质所构成的"，因为任何针对本体论的相对主义（relativism）立场，都必然使得人类的认识先于世界而存在。新制度主义是个体主义的本体论，是唯名论（Nominalism），自19世纪以来占主导地位的自由主义理论把整个社会之球分为三个不同的部分：国家、市场和公民社会，从而研究也相应分为三个不同领域：研究市场的经济学、研究国家的政治学和研究公民社会的社会学（Wallerstein，2004：6）。新制度主义理论正是基于此种理念之下的，比如基欧汉和奈（Keohane/Nye，1977）的理论将相互依赖、政治问题的非官僚化、政府组织、国际机构的角色等赋予解释不同的合作机会的国际关系理论视角。相对立的是整体论（holism），比如世界体系论就认为社会现实是建构起来的事实存在，但这种社会的结构适用于集体而非个体，也反对将社会科学分为不同的"学科"，而主张这些单个的学科是集体人类行动之"球"中不可分割的整体中的部分（Wallerstein，1987/2000：130－148）。类似的还有社会建构主义，也是一种整体主义的认识论（ontological holism），认为社会结构不可化约为某些组成部分（Wendt，2006：182）。

在本体论上，治理理论与制度主义及新现实主义一样，都是个体主义的本体论。它主张一个更合适的本体论将在很大程度上突出哪个国家权威机构和非政府组织的扩散侵蚀导致了治理位点的分解（Rosenau，1999：294）。比如在关键的治理结构上，它应当解释政治为何和怎样走向某个方向而不是另一方向。但是新制度主义所称的秩序仍然与超级协调力量有关，而治理理论中的秩序是基于在一个向微观或去中心化方向平衡转移之上的。不同于一个以国家和国家政府为主导的世界，新的本体论建立在世界由权威空间（SOAs）所构成这一前提之上的（Rosenau，1999：287－

301）。这样，它将新制度主义从宏观改变为微观—宏观。

治理理论的本体论的基本问题是有关治理的核心主题（存在）的本质特征，它是存在的事物的集合，通过特定的理论或思维系统承认或主张某些事物的存在。其核心是现象主义（phenomenalism），在此观点中，物质对象作为事物本身是不存在的，而只是作为观念的现象，即唯名论（Nominalism）。唯名论是回答是否有普遍存在（universals exist）的本体论问题的一种哲学观点，它否认普遍的存在（existence of universals），主张普遍和抽象的对象是不存在的，我们所使用的抽象的词汇和概念没有客观的意义。治理理论持有这种本体论，体系中的无政府状态性结构，即体系（权威空间，SOAs）的各行为体间关系不是等级制的，而是无政府状态的，因为缺乏一个掌控权力的中央权威机构。简言之，它重点关注在此状态下合作机制如何变得存在，如何维持，在跨文化与历史情境中如何变化，机制如何发挥功能。

（二）认识论

认识论（Epistemology）来自希腊语单词"episteme"（知识），是关于知识的理论，或者说是关于知识的哲学或从何获知（"theory of knowledge", or "How do we come to have knowledge of the world？"）。新制度主义是实证主义认识论（positivist epistemology）或实用论（pragmatism），主张知识来源于经验。休谟以降的科学哲学认识论多是实证主义，比如，波普尔强调科学发现和进步的核心动态，库恩则强调科学的社会特征。相对立的是唯理论（rationalism）或诠释学（hermeneutics），主张理性理由和非感性经验是知识的来源，继承了伽达默尔的诠释学传统。比如，社会建构主义认为事实是由社会建构出来的，强调社会因素如规范、认同和文化及观念、共识和语言等等的重要性，同时强调认识论的相互依赖，即结构—历史的解释模式（structural-historical analysis）（Wendt，2006：182）。与波普尔等不同，汉森（Norman Hanson）与哈勒（Rom Harre）探讨科学的层次以及运用科学层次模型来建构这个世界。巴斯卡（Roy Bhaskar）则综合了以上这两派学者的研究观点,提出了"先验实在主义"(transcendental realism)。哈特维希(Hartwig,2008:xvii)认为,巴斯卡(Roy Bhaskar)的反一元论和反演绎主义的立场对占据统治地位的实证主义理论发起了具有破坏力的进攻。

治理理论与新制度主义、新现实主义一样,都是实证主义认识论(positivist epistemology),属于经验主义(empiricism)认识论。它的这种经验主义认识论,主张对于知识有经验性基础,所有知识都来源于经验,即通过感官获得的信息。它否认人类有先在的知识或天生的思想:我们拥有所有概念来体验世界(Wight,2002)。它认为科学理论的内容可以简化为逻辑的真实,和指称感官体验的数学命题范畴,一个命题或陈述只有当其可验证时才有真实含义,而且这种命题或陈述只有要么是一个可试验的命题,要么来自可以结合其他假设进行推导、演绎的某些可试验的命题,才具有可验证性。这也是一种个体主义的认识论,采取实证主义认识论立场,认为世界上的政治是个体面临的客观事实,主张治理中的所有机构与主体都是平等与独立的客体,他们组成权威空间(SOAs),世界由权威空间所构成(Rosenau,1999:295)。

治理理论的认识论的基本问题是如何获得知识,及核心主题的合法知识是什么。它主张科学的目的是提供解释性知识,解释就是发现科学事物的因果关系链条或机制。比如,E. 奥斯特罗姆(Elinor Ostrom,1990:192-206)的公共资源的多中心治理理论的制度分析模型(A framework of analysis of CPRs)最有名,她将制度分析分成三个相互连接的分析层次:宪政层次、集体层面和操作层面。奥斯特罗姆分析制度性选择与个人选择时,就是使用了这种理论分析框架,打开了因果关系之间的黑箱,分析了公共资源治理中多中心治理主体进行制度选择时的各种影响变量,建立了因果关系,即为何作出这种战略性选择,从而导致某种结果或产出。在此理论模型中,X(共享的信息与机会的规则)的属性是治理主体间的内部规则的讨价还价,因果关系的倾向是治理主体会作出战略性选择,引发其条件是成本效益分析后的利益趋向,从而较好地解释了公共资源的问题。

又如,库伊曼(Jan Kooiman,1993,2002)的互动治理分析框架,他用治理互动性来解释治理能力。库伊曼指出,公共物品的治理能力是个互动关系模式,包含了要素、模式和秩序三个变量,通过赋能与控制两种不同的手段,实现了其介于内部层次与结构层次动态关系之间的互动性治理。

(三)方法论

方法论(Methodology)来自希腊语单词"μεθοδολογια"(methodos),指在某种知识的领域上,对探索知识而作之分析的原则或做法,或者说关于获得知识的特定方法的哲学,是科学的实践("theory of methods", or "What methods do we use to unearth data and evidence?")。实证主义理论都是原子论(atomism)和基础主义(foundationalism)的方法论。同样,新制度主义、新现实主义及社会建构主义都是个体主义的方法论(methodological individualism),也被称为"化约主义"(reductionism)的一种形式。[1]个体主义的方法论主张社会现象必须通过展示它们如何由个体行动所导致而加以解释,我们应该建立有关社会集体建立在个体行动的基础之上的理论,应该视社会集体为个体的特定行为的组织性结果,社会生活的基本单位是单个的人的行动。相对应的是整体主义的方法论(methodological holism),通常也叫结构主义(structuralism)。据此,现象需要依据整体或结构进行解释。整体主义的方法论主张理解社会科学的实践要求集中在结构和组织原则,结构和组织原则形成社会实践,这与个体的主观性区分开来。结构主义等整体主义的方法论解释模式通常认为,社会阶级的角色、性别的角色或种族等决定了个体的行为(Gellner, 1968)。但是,巴斯卡(Roy Bhaskar, 2008)则认为,对科学的方法论探讨,必须摆脱原子论(atomism)和基础主义(foundationalism)之束缚,而采用先验主义(transcendentalism)的方法。

但是治理理论的方法论有点特殊,总体上属于个体主义的方法论,主张社会现象必须通过显示它们怎样从个体行为体产生而加以解释,但同时又主张权威空间(SOAs)是个整体性的词汇,也就是说治理理论主张可以通过历史的、结构性的解释作为方法论，这实际上是一种整体性的方法论，尤其后面将重点提到的整体性治理理论所采取的是涂尔干（Emile Durkheim）的整体主义的方法论（methodological holism），通常也叫结构主义（structuralism）。

治理理论的方法论的基本问题是什么方法是适合的。治理理论是结构—历史分析的方法论（structural-historical analysis methodology）。结构主义的方法论主张理解社会科学的实践要求集中在结构和组织原则，整体主义的方法论主张一个社会系统不能仅仅通过其单个的组成部分来加以解释。同时，它试图科学地描述结构性原则（或结构的"逻辑"），经此，行为可以得到解释。

治理理论的哲学基础方法论非常强调权威空间（SOAs）中的非政府组织特别是跨界组织等个体行为体的行动，认为每个个体都是基于理性的考虑而采取行动的，最终形成集体行为逻辑，这是个体主义的方法论的体现。与此同时，它又主张权威空间（SOAs）是个整体性概念，所有正式和非正式制度共同组成权威结构空间，主张可以通过进行历史的、结构性的解释来探寻治理的知识和规范原则，这是整体主义的方法论的体现。

值得注意的是，治理理论和新制度主义虽然非常相似，但仍有所差异。

一方面，治理理论和新制度主义一样，都集中讨论社会制度的规则、规范或程序（rules, norms or procedures of social institutions）对人类行为及个体偏好与行动的影响，以及各种平等的行动主体如何通过合作与相互依赖的方式来提供公共物品（Spindler, 2011）。治理理论的理论假设和解决方法是通过跨界行为体的目标，通过多层治理结构与过程，并通过有关的掌舵机制（steering mechanisms），各种平等的主体以合作与相互依赖的方式来提供公共物品。所有正式和非正式制度共同组成权威空间。

另一方面，治理理论和新制度主义在科学哲学上有所区别，提供公共或集体物品构成了新制度主义理论的核心领域（奥斯特罗姆，2000），但与新制度主义不同的是，治理理论所指的治理是指掌舵社会系统实现其目标的机制。治理理论更多地强调非政府组织特别是跨界组织,公共物品的问题领域尤其跨边界问题(cross-cutting issues)是其核心概念。新自由主义强调一个碎片化的"不要在我家后院"(NIMBY, not in my backyard, backyards remain marked by extensive local variation that cannot be ignored.)的综合征。治理理论则认为多数可以从一个碎片化的"不要在我家后院"综合征走向集体性的整合的未来(Rosenau, 2005)。如上所述,治理是通过对自由主义及其新自由制度主义(比如奥斯特罗姆研究自治理机构的制度分析)的批判与接受而发展起来的结果,它可以视做一种调适的新的自由主义理论。

三、治理理论的新发展(整体性治理)的哲学基础

治理理论作为一种调适的新的自由主义理论,也在不断变化与发展,例如前面提及的善治(good governance)。随着信息化、数字化在西方的普遍使用,最近已兴起了一种与信息时代相适应的新的治理理论,即整体性治理(holistic governance)(Perri 6, 1997;1999;2002)。其背景是,无论是传统公共行政模式还是新公共管理模式都带来社会治理的碎片化和政权体系内部的分裂等一系列问题,面对许多社会问题,它们无法提供最佳方案,尤其面对非结构化的社会问题(the non-structuralized social issues)、结构不良的社会问题(the ill-structured problems)(Simon, 1973)或棘手的社会问题(wicked problems)(Churchman, 1967;Rittel, 1973;Conklin, 2005)时,都无法解决跨边界问题(这几个词虽然含义略有不同,但比较接近,都指事关重大公共利益、却又无法在单个部门结构中解决的突出问题,如危机管理、环境保护、青少年犯罪、土地资源管理和健康保障、贫困学生教育等问题)。比如帕特里克·邓利维(Patrick Dunleavy, 1996)就对新公共管理进行了猛烈批判,甚至认为:"过去占主导的治理理念——新公共管理已经寿终正寝。因为它使政府机构破碎化,其关键部分中相当大一部分已经停止进行,比如:政府间合同、产品市场自由化、

放松管制、资产所有的私人化、公私合伙等。"加上最近西方国家尤其英美两国更多受整体观影响和社会现实需要，要求"从分散走向集中，从部分走向整体，从破碎走向整合"（竺乾威，2008）。这样，作为要取代新公共管理的整体性治理就应运而生。

尽管整体性治理理论是治理理论的一种，也可以说是调适的一种新自由制度主义，它和治理理论一样，也集中探讨权威空间（SOAs）的所有行为体或者行动者如何讨论某个具体的问题领域（an explicit issue）或者平等地提供公共或集体物品（commons or collective goods）。其解决方法也是通过跨界行为体的目标，通过多层治理结构与过程，并通过有关的掌舵机制（steering mechanisms），各种平等的主体以合作与相互依赖的方式来提供公共物品。但是它与治理理论这个"理论丛林"中的其他分支理论有所不同，最终体现在科学哲学上，其哲学基础是新涂尔干（the new-durkheimians theory）的结构现实主义。以下是整体性治理理论的主体论、认识论和方法论。

（一）本体论

在本体论（Ontology）上，整体性治理理论与其他治理理论、新制度主义及新现实主义不大一样，不是个体主义的本体论，而是本体论的整体主义（ontological holism），主张整体优先于部分。整体性治理理论的理论假设有三：（1）政府机构更可能是治理结构中的首要行动者，或者说最主要的公共服务提供者、治理主体。（2）试图结合理性人假设（Rationality assumption）和道德人性假设（Reasons of humanity），需要用合作与相互依赖，而非对抗、碎片化的方式来提供公共物品。（3）影响政府的权力资源的价值分配取决于政府的目标，即在跨问题领域（cross issue-areas）中权力资源的影响是不同的。简言之，这种结合宏观与微观—宏观（micro-macro）的理论解释是问题领域的具体化（issue-area-specific）。不同的政治活动的结果可以预期在不同的问题领域中出现并得到解释。而其他治理理论及新制度主义都主张各个治理主体是分散的、平等的个体行动者，是多中心的,是无政府的治理;都基于理性人假设。

(二)认识论

总体上,整体性治理理论与其他治理理论及新制度主义、新现实主义一样,都是实证主义认识论(positivist epistemology)。这是一种个体主义的认识论,主张治理中的所有机构与主体都是平等与独立的客体。但它又有点类似于社会建构主义,同时强调认识论的相互依赖,即结构—历史的解释模式(structural-historical analysis)。新制度主义很大程度上是一种调整过的结构现实主义(modified structural realism),也强调权力和结构,但要求通过问题领域来分解权力(Keohane,1986:190)。不同的问题领域构成了不同行动的条件和环境,结构要根据这些不同的问题领域作出调整,形成新的结构。这种制度的作用与行动者间的相互依赖(interdependence)是其理论核心基础。整体性治理理论尤其强调这种制度的作用与行动者间的相互依赖,也主张将结构性解释与历史性解释整合为结构—历史的解释模式,作为一个完整的解释模式。

(三)方法论

新制度主义、新现实主义及社会建构主义都是个体主义的方法论(methodological individualism),也被称为"化约主义"(reductionism)的一种形式。但是整体性治理理论与其他治理理论的方法论一样,与别的理论相比则有点特殊,总体上属于个体主义的方法论,主张社会现象必须通过显示它们怎样从个体行为体产生而加以解释,但同时又主张权威空间(SOAs)是个整体性的词汇,也就是说整体性治理理论主张可以通过历史的、结构性的解释作为方法论,这实际上是一种整体性的方法论,所以整体性治理理论采取的是涂尔干的整体主义的方法论,通常也叫结构主义。但不管怎样,以上所有这些理论都是经验主义(empiricism)方法论,强调科学方法,这是证实或证伪经验,是自然主义(naturalism),对立于反自然主义的诠释学(hermeneutics)[2]。方法运用上,科学要求实际调查是其核心，因此，可被认为本质上是方法论的经验主义（methodologically empirical）。

四、结 语

总之，本文从本体论、认识论和方法论角度分析了治理理论及其新发展（整体性治理）的哲学基础，并将之与新制度主义理论在理论假设、核心问题和治理的行为体、分析单位及治理类型等方面进行了比较研究，通过以上分析表明，治理理论是一种调适的新制度主义的自由主义，赋予了政府管理新的模式与工具。

治理理论在实践层面上产生了大量案例研究、访谈等相关文献，尤其较多见诸于社会保障、教育、医疗、信息安全等领域（翁士洪，2009，2010）。因为许多治理都建立在问题领域基础之上，尤其是跨边界问题，比如环境治理委员会的建立、全纳教育的建立等等。但是正如前文所言，治理理论是一种非常广泛且有争议性的理论体系，不同的分支和流派可以有不同的本体论、认识论和方法论角度，限于文献的把握和治理理论本身的复杂性，本文分析的治理理论的科学哲学基础是否适合所有治理理论还需论证。另外，对于治理理论在实践层面上的应用及理论假设的验证情况有待进一步研究，这将是后续研究的重要领域。

【注释】

[1] 如马克斯·韦伯（Max Weber）、弗里德里克·哈耶克（Friedrich Hayek）和卡尔·波普尔（Karl Popper）。Popper, Karl, *The Logic of Scientific Discovery*, London (first 1935 in German), 1959.

[2] 诠释学（hermeneutics），19世纪由威廉·狄尔泰（Wilhelm Dilthey）发展而来，并可见于胡塞尔（Husserl）、韦伯（Weber）、海德格尔（Heidegger）、维特根斯坦（Wittgenstein）和迦达默尔（Gadamer）等人的著作中。

【参考文献】

翁士洪:《整体性治理及其在非结构化社会问题方面的运用》,载《甘肃行政学院学报》,2009年第5期,第71—79页。

——《整体性治理模式的兴起——整体性治理在英国政府治理中的理论与实践》,载《上海行政学院学报》,2010年第2期,第51—58页。

——、顾丽梅:《治理理论:一种调适的新制度主义理论》,载《南京社会科学》,2013年第7期,第49—56页。

俞可平:《中国治理评论》第1辑,中央编译出版社2012年版。

竺乾威:《从新公共管理到整体性治理》,载《中国行政管理》,2008年第10期,第57页。

〔美〕埃利诺·奥斯特罗姆:《公共事物的治理之道:集体行动制度的演进》,余逊达、陈旭东译,上海三联书店2000年版。

〔美〕詹姆斯·罗西瑙主编:《没有政府的治理》,张胜军、刘小林等译,江西人民出版社2001年版。

Bhaskar Roy, *A Realist Theory of Science*, 2nd ed., London and New York: Routledge, 2008.

Carlsnaes, W., Risse-Kappen, T., & Simmons, B. A., *Handbook of International Relations*, London; Thousand Oaks, Calif.: SAGE Publications, 2002. Also see 2nd edition, London; Thousand Oaks, Calif.: SAGE, 2012.

Churchman, C. West, "Wicked Problems", in *Management Science*, Vol. 114, No. 4, 1967, pp. 141 – 142.

Rittel, W. J. Horst, Melvin Webber, "Dilemma as in a General Theory of Planning", in *Policy Sciences*, Vol. l41, 1973, pp. 155 – 159.

Conklin, Jeff, *Dialogue Mapping: Building Shared Understanding of Wicked Problems*, Wiley, 2005.

Delanty, Gerard & Strydom, Piet, "What is Philosophies of Social Science", in Delanty, Gerard & Strydom, Piet (eds.), *Philosophies of Social Science: The Classic and Contemporary Readings*, Maidenhead, Philadelphia: Open University Press, 2003, pp. 1 – 12.

Dunleavy, Patrick, "New Public Management is Dead—Long Live the Digital Era Governance", in *Journal of Public Administration Research and Theory*, Vol. 3, 2006, pp. 467 – 494.

Gellner, Ernest, "Holism versus Individualism", in Brodbeck, May (ed.), *Readings in the Philosophy of the Social Sciences*, New York: Macmillan, 1968, pp. 254 – 268.

Hartwig, Mervyn, "Introduction", in R. Bhaskar, *A Realist Theory of Science*, 2nd ed., London and New York: Routledge, 2008, p. xvii.

Keohane, Robert O., "Theory of World Politics: Structural Realism and Beyond", in Keohane, Robert O. (ed.), *Neorealism and Its Critics*, New York: Columbia University Press, 1986, pp. 158 – 203.

——. /Nye, Joseph, 1977, *Power and Interdependence: World Politics in Transition*, 3rd. ed., New York: Longman, chapters 1, 2, 3.

Kooiman, Jan., *Modern Governance: New Government-Society Interactions*, London: SAGE Publications, (1993 1st) 2002, pp. 193 – 213.

Mayntz, Renate, "Common Goods and Governance", in Windhoff-Héritier, A., *Common Goods: Reinventing European and International Governance*, Lanham, Md.: Rowman & Littlefield Publishers, 2002, pp. 15-27.

Ostrom, Elinor, *Governing the Commons: The Evolution of Institutions for Collective Action*, New York: Cambridge University Press, 1990, pp. 192 – 206.

Perri 6., *Holistic Government*, Demos: 9 Bridewell Place, 1997.

——, Diana Leat, Kimberly Seltzer and Gerry Stoker, *Governing in the Round: Strategies for Holistic Government*, London: Demos, 1999.

——, *Towards Holistic Governance: The New Reform Agenda*, New York: Palgrave, 2002, p. 37.

Pierre, Jon, "Introduction: Understanding Governance", in Pierre, Jon, *Debating Governance*, Oxford: Oxford University Press, 2000, pp. 54 – 90.

Popper, Karl, *The Logic of Scientific Discovery*, London (first 1935 in German), 1959.

Rosell, Steven A. et al., *Governing in an Information Society*, Montreal: Institution for Research on Public Policy, 1992, p. 21.

Rosenau, James, "Governance, Order, and Change in World Politics", in Rosenau, James N., and Ernst-Otto Czempiel (eds.), *Governance without Government: Order and Change in World Politics*, Cambridge: Cambridge University Press, 1992.

——, "Governance in the 21st Century", in *Global Governance*, Vol. I, Winter

1995, p. 14.

——, "Toward an Ontology for Global Governance", in Martin He and Timothy J. Sinclair (eds.), *Approaches to Global Governance Theory*, New York: The State University of New York Press, 1999, pp. 287 – 301.

——, "Strong Demand, Huge Supply: Governance in an Emergent Epoch", in Ian Bache and Matthew Flinders (eds.), *Multi-Level Governance*, New York: Oxford University Press, 2004, pp. 31 – 48.

——, "Global Governance as Disaggregated Complexity", in Alice D. Ba and Matthew J. Hoffmann (eds.), *Contending Perspectives on Global Governance: Coherence, Testation and World Order*, London: Routledge, 2005, pp. 131 – 153.

——, and Ernst-Otto Czempiel (eds.), *Governance without Government: Order and Change in World Politics*, Cambridge: Cambridge University Press, 1992.

Simon, H. A., "The Structure of Ill-structured Problems", in *Artificial Intelligence*, Vol. 4, 1973, pp. 181 – 201.

Spindler, Manuela, *Macro-Theoretical Approaches To IR* (Unit 5: Neoinstitutionalist Theory), Ph. D Course, FU Berlin, Nov. 2011.

Wallerstein, Immanuel, "World-systems Analysis", in Giddens, A. /Turner, J. (eds.), *Social Theory Today*, Cambridge: CUP, 1987, pp. 309 – 324. Repr. in Wallerstein, 2000, pp. 129 – 148.

——, *World-Systems Analysis: An Introduction*, Durham and London: Duke University Press, 2004.

Wendt, Alexander, "Social Theory as Cartesian Science", in Guzzini / Leander (eds.), *Constructivism and International Relations*, *Alexander Wendt and His Critics*, New York: Routledge, 2006, pp. 181 – 239.

Wight, Colin, "Philosophy of Social Science and International Relations", in Walter Carlsnaes, Thomas Risse, Beth A. Simmons (eds.), *Handbook of International Relations*, London: Sage, 2002, pp. 23 – 51.

（本文作者为上海理工大学管理学院讲师，复旦大学博士，德国柏林自由大学全球政治学院项目博士生）

Abstract

Governance theory is one of the newest and most significant influential perspectives in social science. Although the literature pertaining to governance theory is extensive: at both theoretical and empirical levels, this large and already rapidly growing body of research has not achieved philosophy of social science of governance theory. It leaves place for explaining it. This article in-deeply analyses the ontology, epistemology and methodology of governance theory. In this paper, the latest governance theory—holistic governance—and its application is also argued. This research is highly creative and theoretical.

Keywords

Governance Theory; Holistic Governance; Ontology; Epistemology; Methodology

■ 治理与政策 | Governance & Policy

中国的户口制度及其变革

[美] 王飞凌

摘　要：基于已有的中外研究成果，本文对中国的户口制度及其近年来的变化作了一个简短的描述报告、理论思考和分析评估：作为极具中国特色的制度性隔离，户口制度是一道法律上的万里长城，首先把人民分为城市人口和农村人口。其次，它构成无数道的无形围墙，把各地民众划分为一个个不同的地域群体（户口区）。据此，户口制度形成了一种水闸和水泵式控制机制来控制和调节人口的流动和流向以及各种重要资源的地区性吸纳与分配。户口制度还使得中国政府对境内的各种异议分子和挑战力量实行了有效的广泛控制。简而言之，中国的经济发展、政治变化和社会文化生活都根本性地受到了户口制度的界定和影响。

关键词：户口制度　制度分隔　经济发展　中国政治

引　言

源自悠久的两千多年帝国政治传统，中国大陆的全国性户口（户籍）制度几乎和中华人民共和国同时出现，已经存在了半个多世纪。作为立国执政的基本框架之一，该制度在中国是人人皆知，关乎每个人的身家命运。但说起来多还只是心领意会又语焉不详。非中国大陆人对之则更是所知甚少。有鉴于其长期而深刻的重要性，户口制度理所当然地得到了海内外许多关心研究中国人士的关注。关于户口的中文文字（尤其是各种新闻故事和"报告文学"类通俗读物[1]）层出不穷。中文网络上更是有许多抱怨批评户口制度弊病（尤其是其造成的城乡地域差别和人际不公平问题）的署名和匿名帖子。但是由于该制度本身及其相关数据资料的高度隐秘性和敏感性，关于户口的学术研究还是任重道远。真正的关于户口制度的高质量学术研究成果，直到目前为止，还基本是以海外出版物为主，颇为单薄。户口研究仍是一块极为丰厚重要但亟待开垦耕耘的学术园地。中国大陆上已有的学术成果多为一般性重复、政策性阐述和狭窄的热点关注报道（主要是国内人口流动、城乡地域关系和劳动力市场），基本没有完整系统的关于户口制度的研究。由此，本文基于已有的中外研究成果[2]，意在对中国的户口制度及其近年来的变化作一个简短的描述报告、理论性思考和分析评估。以期抛砖引玉，推进中文学界对这一课题的研究。

简而言之，中国现行的户口制度继承发展了战国时代以来历代历朝不断实施的户口保甲制度，像一道无形的万里长城，首先把人民明确地分为城市人口和农村人口两大块。其次，它构成无数道无形的大小围墙，把各地民众用行政手段划分为一个个不同的地域群体（户口区）后再分别地通过庞大的警察系统来加以组织和分隔，进而管理和控制起来。在此之上，户口制度的运作形成了一种水闸和水泵式控制机制，按照政府的意志来控制和调节人口的流动和流向、城市化的进程，以及各种重要资源的地区性吸纳与分配。通过户口制度，中国政府对境内的各种有碍稳定的挑战力量实行了有效而严密的广泛控制，从而保持了执政的稳定。毫不夸张地说，中国的经济发展、政治变化和社会文化生活都根本性地受到了户口制度的界定和影响。这些有"中国特色"的国情和现状，又反过来营造了户口制度赖以存在运作的强大政治经济基础和浓厚历史文化氛围。中国大陆目前的许多社会问题，包括根深蒂固而且不断扩大的城乡差别和地区差别，都与户口制度直接有关。从20世纪80年代中期以来，前改革时代所设立的中国户口制度经历了多次调整和变更，但至今基本健在，继续影响着中国的发展与未来。[3]

户口制度的是非功过难以一言明定。一般公认的是，它用行政手段一直对占人口绝大多数的农村人口实行了系统的排斥和歧视，造成了农村人口世袭的事实上的二等公民地位。它在中心大城市与边远小城镇之间构建了有中国特色的地域性社会分层差别，直接造成了中国社会目前许多令人触目惊心的不公平与歧视现象和国民们公民权的严重缺失。同时，户口制度使一个威权国家能有力地促进资本积累与基础设施建设，对中国经济的高速但不平衡增长贡献巨大。对人口流动的控制避免了大片的城市贫民窟，维护了经济高速成长期中政治社会的基本稳定，直接促进了中国中心城市群的迅速现代化和繁荣。对以维持社会政治稳定和经济增长为其中心任务的执政党来说，户口制度是久经考验且不可缺少的重要工具。但对希望通过建设一个"和谐公平"社会来实现其长治久安、和平崛起目标的中国政府而言，户口制度又不断地在制造道义上和政治上的广泛怨恨，给政府形象带来严重的负面效应。

因此，过去30多年来，户口制度一直是中国大陆最为人诟病又最少根本变革的时代遗产之一。一些反应性和调整性改动还展延了户口制度，使得该制度有效地服务于现行的经济增长和分配模式并因此得到了中国城市里新兴精英和中产阶级的强大支持。这座巨大的水闸在经济市场化和社会多元化以及外来的人权观念的冲击下已经有了许多裂缝，也增设了许多泄洪道，从而有意无意地消减了许多压力。数量不大但反对户口制度能量最大的人群（富人、知识分子和青壮劳动力）现在基本上能够用金钱、学历或者辛苦劳动来换取可观的、事实上的迁徙自由和流动权。中国的执政精英群体看来已经达成一个关于户口制度的重大默契：从公关角度来尽力软化掩饰户口制度的过于令人难堪的歧视性语言和做法，从务实角度来添补修正户口制度的缺陷和问题，改进执行的效率和灵活性以适应市场经济对人力资源流动的需求，从而消减维持执行该制度的政治代价和社会成本；同时，要保留甚至强化户口制度的主体架构与主要作用（尤其是对社区和人口的控制与管理），以维护共产党的一党统治秩序和资源调配，避免中国繁荣地区（主要是沿海中心城市群）以及北京的快速"富国强军"

的宏图被淹没在不再受行政控管的亿万流动人口的汪洋大海之中。[4]

较之于许多其他制度性和政策性的改革，户口制度的改革进程一直是缓慢的、多为应付式的修修补补，呈现出明显的地方色彩和表面化特点。北京对事关户口改革的议论和宣传有严格的控制，对户口制度本身的研究还一直设立有诸多限制和禁区。这既体现了牵涉各方强势集团切身利益的户口制度改革本身的艰巨性和复杂性，体现了这个制度对威权执政者的无比重要性，也反映了中国大陆总体政治制度改革的停滞不前。执政者通过户口制度使自己以及占人口少数的城市居民垄断着国家政治权力、经济资源和文化教育资源。一些应对市场经济需要的务实改良措施还进一步加重了中国农村和内地的人才流失和资本流失，造成更大的城乡和区域差别。如果没有根本性的政治改革，中国大陆占人口绝大多数的弱势群体是无力也无法真正改变户口制度造成的不公平资源分配和不平等社会地位。坚持政治稳定的中国政府也不会轻易放弃户口制度这一极其重要的社会控制与管理功能。因此，在可见的将来，中国的户口制度，尤其是其社会控制和人口管理方面的功能，将会继续存在。

制度性分隔：关于户口制度的理论思考

作为一个在中国历史上存在悠久的重要社会政治制度，户口制度并不是中国所特有。虽然其他国家的类似制度很少达到过中国的深入广泛和持久程度，但用行政手段来登记分隔人民和管理约束人口流动在不同的国度和时期都有过存在。为了更深入而准确地理解户口制度，有必要将我们关于户口制度及其类似制度的知识系统化和理论化。一方面，只有把户口制度的研究纳入社会科学的理论体系来观察才能真正把握这一制度的实质和特性，才能比较精确地对它作一个解析和评议。另一方面，户口制度研究的理论化也会丰富现存社会科学理论，有助于我们理解中国和世界的历史、现状与未来。

从最基本的社会学政治学观点来看，人类社会必须要有个稳定而有效的组织秩序（grouping, organization and order）才能实行分工合作从而生存和发展。[5]从最基本的经济学观点来看，人口作为重要的稀缺资源，和资本土地一样，要有个良好的分配安置（allocation），才能促进创新，提高效率，维持并扩大生产和消费。但凡只要有组织、有配置、有秩序，就必然要有差距、分化、层次和隔离。[6]虽然人人生而平等确是一个崇高的理想价值，但实际实践中最多只能是争取到原则上的一律平等和实际中的尽量平等。只要各种经济资源保持其稀缺性，只要公共权力下的社会政治秩序是必需品，只要人类个体和团体之间各有长短不同，则人与人（个体或者群体如家庭，集团，地域等）之间在资源占有，权力和地位的分配享有，以及行动自由度上就必然也必须有种种不同差异和分隔排斥（differentiation, exclusion, and discrimination）。个体和小团体之间的绝对自由、一律一致、平等无差是不可能也不必要的。不同的个人和人群经常地被隔离分层，占有不同的资源和机会，享有不同的待遇和权力，形成不同的阶级、阶层或集团。当这种种不同和隔离不仅明显昭著而且被社会传统或者国家立法执法来制度化和长期实行了以后，我们就称之为制度性分隔或者制度性不平等（institutional exclusion）。制度性分隔是任何一个国家社会必不可少的基石性机制，对该国家的政治、经济、文化社会生活，以及人权和个人命运都具有根本性的影响。户口制度在本质上就是这样一种人类社会组织中的制度性分隔。[7]

考察古今中外的人类实践，我们可以看到大体上有四种类型的制度性分隔，基于四种对人民不同的划分。它们或独自或（更常见的）共存去构成一个国家社会组织秩序的制度性基础。限于篇幅，我们在这里仅仅简单描述和评论一下这四大类制度性分隔，从而可以对户口制度作一些基本的理论性思考。

第一类：建立在**你是谁**（who you are）基础上的制度性分隔。种族、语言文化、宗教信仰、性别、家庭出身、血缘关系以及团体成员等"与生俱来"或者个人身份上的不同构成了这类分隔的基础。人类长期实行的贵族与平民以及各种种姓制度、种族文化歧视和排斥、男女不平等都是第一类制度性分隔。比较著名的例子就是印度的种姓制度。

第二类：建立在**你有什么**（what you have）基础上的制度性分隔。财产、资源和技能占有上的不同构成此类分隔的基础。日常我们可见贫富区别以及基于教育程度的歧视区别。比较著名的例子就是金钱在美国的中心性作用。

第三类：建立在**你在哪里**（where you are）基础上的制度性分隔。主要是经由国家认定登记的法律身份和家庭关系构成。出生地和国民公民乃至社区居民身份的认定以及基于这种认定上的不同待遇，构成此类制度性分隔。比较著名的例子就是中国的户口制度。

第四类：建立在**你做/做了什么**（what you do/did）基础上的制度性分隔。各种各样的工作和职业有关的歧视，对"犯法"者的强制性隔离属于此类制度性分隔。比较著名的例子就是各国都有的监狱系统。

所有四种制度性分隔具有不同的性价比，对政府强制力的依赖也不一样，但是最终都需要政府的强制力来作为其生存和实施的后盾。不同的制度性分隔同样都是为了人类社会生活的三大功能：分隔人群，组织人民，优化资源的配置分配。但是它们在实施中自然也必然地具有很不同的效率和合法性。比如，冷战以后，以财产权为基础的第二类制度性分隔成为世界通行的主要制度性分隔，高度合法合理"公平"也高效；同时，基于性别、种族和宗教不同的第一类制度性分隔日益变得不合法不合理不公平，从而备受诟病抵制而低效。实行某一两种特定的制度性隔离以及如何执行它们，自然会给一个国家社会带来很不同而广泛的影响。虽然四种制度性分隔的相对优劣很难一言而尽，我们还是可以根据已有的历史记录，以社会经济发展、人民生活质量，以及创新发明等指标来对它们作一些大致的分析和评估，如下表。

关于制度性分隔的类型学比较

类型	第一类	第二类	第三类	第四类
歧视排斥的基础	你是谁？	你有什么？	你在哪里？	你做/做过什么？
实例	印度的种姓制度	美国的财产制度	中国的户口制度	各国的刑法系统
主要执行者	社会力量	市场机制	政府强制力	政府强制力
对政府强制力的依赖	可以比较低	可以比较低	高度依赖	高度依赖
稳定性	高	中等	高	高
刚性	高	低	可调整	可调整
目前的合法性	低	高	中等	高
目前的有效性	低/中等	高	可以高	可以高
实施执行的政治代价	低	低	高	高
主要后果	种族社会偏见	阶级划分	地域不平等	职业/经历偏见
对经济发展的影响	消极	积极	可以是积极	可以是积极
有限/精英民主政治	可能	可能	可能	可能
对国内移民流动的影响	中等	中等/低	高	中等/低

资料来源：Fei-Ling Wang, *Organizing through Division and Exclusion：China's Hukou System*, Stanford, CA：Stanford University Press, 2005, p. 10。

本文所讨论的中国户口制度，就是一个全国性的，在规模、力度、效用和影响上都是举世罕有的第三类制度性分隔。

户口制度及其功能

20世纪50年代建立的中国户口制度其实有着古老的历史。初始于战国时期的人口登记与管理制度为秦国大力采用后，有力地促成了秦始皇统一中国的大业。自秦汉以后，各朝各代均沿用了类似的制度。直到清朝中期"摊丁入亩"的税制改革后,户口制度的经济意义才趋于淡化。但建立在户口制度上的人口管理与控制,例如长期使用的保甲制度,一直在维护帝制统治中发挥着重要作用。到清末,中国制定了第一部现代意义上的户口法。"中华民国"在20世纪30—40年代也制定了全国性的户口法律。但中华人民共和国在1958年正式建立的全国性户口制度在其制度和执行的严密性、涵盖面、作用和效能上均远远超过了以前历代的户口制度,成为治理世界第一大人口大国的真正意义上的第三类制度性分隔。

现行的户口制度依然是一种行政命令制度;20世纪80年代以来呼唤已久的中国户口法一直迟迟不能出台。由公安部和各级警察机构(直到街道派出所和农村乡镇政府一级)负责的户口制度一直依靠各级政府,尤其是中央政府的各种文件和指令来贯彻执行。至今为止数以百计的户口文件的绝大多数是关于调节控制人口流动。每一个中国公民,上至国家主席,下到狱中囚犯,均必须在某一个街道派出所级别的户政机构登记在册。每个人的户口类别(城乡)和所在地由父母的类别和所在地决定(1999年以前只能随母亲)[8]。所有的身份证明,法律地位,个人信息均根据户口档案而定。改变户口所在地和类别(即"迁移")必须经过政府的严格审查批准。任何人在自己户口所在地以外居住三日以上必须登记临时户口;一个月以上必须申请暂住证("合法登记"后住旅店的除外),否则均视为非法,会遭到包括强制遣返在内的各种处罚。本地的就业机会、政治权利、公共教育、各种财政补贴和社会福利等只供有本地户口者享用。外来人口,如果获批准有了暂住证,最多只能拥有本地户口持有者的部分公民权利(比如某些工作机会),成为地地道道的二等公民。

总体而论,中国的户口制度现在有四大主要功能。[9]第一,人口信息的收集与管理。这是户口制度的最基本功能,也是一个正常运行的政府通常行政业务和统计功能的一部分。每一个中国公民从出生起就必须由警察登记在册。每个人的户口档案和自持的户口本会不断更新和补充(尤其是在入学、就业、婚姻、迁移和死亡时),成为确立公民身份、发放身份证和护照、进行人身鉴定、确立法律地位和亲属关系、制定有关政策的基础。这一功能类似于其他各国都有的登记和统计人口信息并提供法律证明的政府功能。

第二，资源分配功能。从初建时起，中国的户口制度就承担了分配资源的特殊要务。中国政府对占人口少数（15%—25%之间）的城市户口持有者实行了长期的基本生活必需品的补贴配给供应，而占人口大多数的农村人口基本与此无缘。在"大跃进"后的年代里，这种配给制度成了百姓的生命线（20世纪60年代初因饥馑而死亡的上千万人几乎全部都是农村人口）。随着市场经济的发展，这一极为重要的分配和补贴功能在过去30年里逐步变化。许多基本生活消费品现在已经主要由市场来分配了，于是户口制度下的粮食等生活品分配功能已经退化。但是国家对城市人口，尤其是大中城市人口的补贴性资源分配，今天仍然十分巨大（以价值而言可能比过去还要大），主要体现在住房、医疗、教育、就业以及养老救济等方面。户口制度的这一功能极大地影响了中国的资本和资源的地域性分配以及经济社会的发展格局，也造成了中国社会文化的地域性横向分层与分化。

第三，调节人口流动。这是中国户口制度的一大特有的主要功能。户口迁移（改变类别和所在地）即人口的永久性流动历来受到中央政府的严格控制。多年来的基本调控原则是：严格控制人口流入大中城市，控制人口流入一般城市和沿海地区，鼓励人口流向农村和边远内陆地区。人口流动的严格控制造成了中国城市化水平低于经济发展水平，但也使得中国的城市贫民窟远较其他发展中大国要少。30年改革中逐步引用了暂住证和所谓"蓝印户口"（即过渡性本地户口，若干年后"合格"者即可取得本地永久户口）制度，使得人口流动的控制有了很大的灵活性和松动。21世纪以来中小城市对外来移民已经基本逐步取消了名额限制，代之以所谓"准入条件"（主要是有稳定职业和合格的住处）。但是，基于经济能力（投资与购买商品房）和教育程度（高等教育以上学历）的迁移与靠就业能力（主要是"粗重累"工种劳工和服务业"特种"劳工）的临时（其实常常长达许多年）人口流动造成了大陆上内地和农村人才、资金乃至壮劳力的严重流失，加剧了地区差别和不均衡。

第四，重点人口控制。这是中国户口制度较少为人知，但十分重要的一个特有功能，也是当年设立全国性户口制度并一直由公安部门管理的一大主要政治原因。在户口档案的基础上，专门的户籍警（以及各种保安人员和社区"治安员"）对各个户口管区（通常是城市里的一个街道或者农村的一个乡镇）内的由警察秘密制定和调整的所谓"重点人口"（通常不超过该区人口5%）进行不间断的观察和掌控（包括种种"教育帮助"、信息收集和预防性拘留管制）。警察由此对管区内人群实行全面的管理、了解和监控，从而维持治安和秩序。此举使得任何反政府组织或者可能的异见组织都难以生存发展，对维护政治稳定和控制犯罪作用巨大。今天，户口制度的这一功能仍然是十分隐秘但十分重要，并在技术和执行上有了许多强化和改进。

变化与改进

过去30年来，户口制度和中国大陆许多其他制度政策一样，有很多的变化和改进，主要体现在以下几个方面：[10]

户口制度在人口流动的管理控制方面有了带地方性特点的很大放松。虽然中央政府一直牢牢地把住有关户口制度的所有决策权和最后审批权，各地在中央授权下，多年来采用了许多变通做法，形成了各地不同的对迁移和流动人口的管理与区域化的人口流动模式。北京上海这样的中心"一线"城市依然基本上实行指标管理，严格控制本地常住户口的扩大。临时（其实许多常常长达十多年）的暂住人口管理则基本上都是通过暂住证的发放和核查来管理。小城市和建制镇（包括一些"二线三线"大中城市）则逐步采用了各地不一但基本上以"稳定职业"、"一定收入"和"合格住处"为主的"准入标准"制度，对符合标准的外来人口均发放本地常住户口，从而推进了这些地区的城市化。几乎所有令人向往的城市都启用了名目不同的"用户口换人才"、"用户口换投资"的户口改革诸如"蓝印户口"和"绿卡"之类,争相吸引受过高等教育的人才或者富裕的投资者来定居,以促进本城市的经济发展。[11]

现在凡是拥有博士以上学历的人基本上有在全国范围内寻求职业和定居的权利。硕士和学士学历也能大大增加迁移的自由度。富裕人群也已经获得了相当的迁移自由。对巨富者来说,户口已经不成为其国内迁移的限制了。30年改革后的户口制度下,人民的迁移自由度除了由政府决定外,日益依赖于个人和家庭的"能力"(高学历)和财产。要得到进北京的一家三口的户口指标,一个外地人(城市或者农村户口持有者)必须要拥有得到承认的博士学历或者留学外国的高级学历并被本地的"合法"雇主雇佣(尤其是所谓"紧缺人才")[12],或者是一个能投资几百万元的巨富,或者要能够在指定的区域用全额现款购买昂贵的"商品房"(一般价格是北京平均年工资收入的30倍左右)[13]。20世纪末,在北京的237万外来暂住户口持有者中,仅有不到715家人可以通过购房的方式正式定居北京。[14]

由于市场经济的发展,对外的开放和基本生活物资的不再依赖国家配给,加上非国营就业机会的增加与私人住房和租房市场的发展,人口流动量在过去30年里迅猛发展(近年来大陆的流动人口,主要是外来劳工即所谓暂住人口,官方估计有2亿以上)[15],使得户口制度的严密执行日益力绌松弛。但另一方面,各级政府尤其是发达的中心城市政府一直都在反复强调户口管理的重要性,并不断用各种方式实际上在增加基于本地户口的补贴性资源分配,尤其是日益昂贵的医疗保险、教育升学和住房补贴。[16]城市户口,尤其是中心城市户口依然是"含金量"极高的身份标志。

在技术层面上,户口本和身份证的防伪技术都有了明显改进。更重要的是,从1986年起,公安部开始对全国的户口档案实行电子化管理。到2002年,几乎所有的3万多个派出所全部使用电脑来管理户籍资料。1180个城市的户籍警加入了地区性电脑联网,涵盖了近11亿人口(占总人口的83%)。其中250个城市还建立了统一网络,可以实时查询分享6.5亿人口（占人口总数近一半）的户籍资料。[17]同年，公安部规定所有拥有50张床位以上的旅舍都要设立和当地派出所的直接电脑联网，将所有入住旅客的登记资料包括证件照片复印扫描后立即传送给警察备案。到2005年，许多城市（如厦门）还进一步把1987年以前30年的居民户籍资料统统输入电脑系统供警察查询使用。[18]这一庞大的联网系统无疑使得户口制度在控制人口和遏制犯罪方面的功能大为增强。

随着公权力整体威望的下降和被户口制度排斥的人口的不满情绪日益上升，户口制度也有了相应的人性化、合理化和美化改变。孩子户口的所在地和类别现在可以由母亲或者父亲的户口来决定；家人和直系亲友团聚迁移有了很大的放松；逐步取消了名称上城市户口与农村户口的难听说法（改用本地常住人口与外来暂住人口的名称）；[19]在出国护照和身份证等文件上不注明户口类别；简化发放暂住证的手续并降低费用；陆续出台了一些暂住人口子女可在暂住地上学的规定（其执行仍然是极不充分的）；对外地的尤其是农村户口持有者开放中心城市的部分优良就业机会（如有时允许"合格"的外地人报考国家公务员）；[20]允许外地劳工参加本地部分的养老退休和医疗保险；[21]开始考虑取消极不公平的城市户口持有者与农村户口持有者的人身伤害和意外事故保险赔偿额的巨大不同，采用"同命同价"的原则；[22]以及逐步通过宣传教育来消减对暂住城市的农民工的社会歧视和文化排斥[23]，等等。

很能说明问题的是，许多令人诟病的措施如强制遣返有了令人鼓舞的变化，但又保持了相当的延续性。2003年3月，发生在广州的外地劳工孙志刚（大学毕业生并有湖北省的城市户口身份）被警察当做无暂住证的"盲流"强迫遣返时遭殴打死亡事件，在《南方都市报》的报道下震惊了全国，直接导致新上任的温家宝总理在该年6月主持废除了1982年制定的《关于拘留和遣返城市里盲流乞讨人员的办法》。新的遣返政策对没有本地户口也没能获得本地暂住证的外地人不再一律自动拘留和强制遣返，除非是扰乱社会秩序、犯罪或者露宿街头。[24]这个重大改革措施是胡温"为民"新政的一个具体举措，大得人心。但是，最初报道孙案的三位记者却很快被罗织所谓"贪污"和"私分公款"的罪名，判处入狱 8 个月到 8 年之久。随后各地急剧增加的城市乞讨人员和"街头人口"也使得强制拘留和遣返到 2004 年底就又悄悄地在中心大城市里换个名字继续进行了。原来的"收容站"改名为"救助站"，警察现在要先"劝说"盲流们"自愿遣返"，不行再强制遣返。一度放松了的警察随意抽查身份证件和暂住证件的做法也在大中城市和外来人口密集地区如珠江三角洲全面恢复。对外来劳工聚居地实行午夜突袭式"查户口"和拘留无证"盲流"倒仍是家常便饭。[25]为了迎接 2008 年奥运会，北京市政府还计划将几乎全部没有北京常住户口的外地人遣送回户口所在地，并要求所有来北京的游客要有户口所在地"县以上"政府的证明，提前登记在案。[26]此类措施已经被一些外国媒体报道为中国的"奥运谎言"和"北京黑牢"。[27]

"深入" 改革难以深入

在一系列多为修补调整性质的改革举措后，1997 年 6 月 10 日，国务院批准了公安部《关于小城镇户籍改革的试点方案》和《改进农村户籍管理的建议》，开始了改革户口制度（主要是围绕农村人口进入城市的问题）的试点工作。到 2001 年 3 月 30 日，将这个试点方案正式在全国范围内推广，开始了户口制度的"深入"改革。从当年 10 月 1 日起，所有小城市（县城）和县以下建制镇全部取消农村人口转为城市人口的名额指标限制，改为依靠"准入条件"来管理人口流入。[28]一些中型甚至大型城市也逐步采用了这一新方法。按计划，将用五年来完成这个改革，从而基本上消除城乡户口的区别，实行人口在大区（比如华东）内的自由迁移。[29]这一"深入"改革方案实施已逾 12 年之久，但基本上一直是处于延缓和停顿状态，尽管每年，尤其是 3 月（全国人大和政协会议的会期）前后，官方媒体都会有种种报道和新闻宣布户口制度的"根本性（深入或者重大）改革措施（方案或者法令等）即将出台"之类[30]。

2002 年年中，户口改革就被明令暂停，以便增加中央权力交替时期的社会稳定。到2003—2004年，有些地区又重新启动了这次改革。但很快又大都陆续悄然停顿下来。在县城以上城市尤其是进展缓慢，时有反复。比较典型的是河南省会郑州市在2003年的"大跃进式"户口制度改革第二年就不得不"全面叫停"[31]，因为该市雄心勃勃的三年内扩展市区城市户口持有者10%的计划（给25万"外来人口"郑州市户口）实施一年后就导致了该市公立中小学的高度拥挤，交通和水电的严重拥挤匮乏。该省其他城市的户口改革也随之停下。[32] 当然，问题的实质并不是一个资源绝对不足的问题，而是原有城市特权阶层如何分配共享资源的问题。就在郑州因为无钱扩建学校、道路和水电设施而"被迫"停下户口改革的同时，该市一个比较穷的惠济区政府就花费了巨额资金（7亿多元）修建了"赶超（美国）白宫和迪斯尼乐园的"豪华政府办公大楼和官员住宅。[33] 到2006年，郑州市还进一步收紧了户口政策，恢复了严查户口身份证件的做法，以加强通过户口制度来控制社会尤其是外来流动人口。此举，据报道，得到了该市大多数居民的支持。[34]

其他许多大城市和中心城市，如上海、武汉和广州，都有类似郑州的停顿和"回潮"现象。[35] 除了已经实行很久了的各地要价不一的"用户口换人才"和"用户口换投资"的种种变通措施外，户口制度依然是限制和控制人口迁移流动的全国性大水闸。有的地区，如比较落后贫穷的贵州，则时而用降低小城镇的准入条件的办法来刺激城市经济的增长。另一个西部省份陕西，则试用过用小城镇户口来吸引农村人口去治理荒山沙漠，种草种树。[36] 而在真正吸引人的地区如珠江三角洲和长江三角洲，以户口来划分的"本地"与"外地"人不同的待遇、权利和身份依然大体如旧。[37] 2005年，11个省区又开始了一波大张旗鼓的户口改革，实行已经耽搁许久的2001年改革方案。[38] 几个月后，这次"改革"又告"停顿"。[39] 到2008年，公安部副部长白景富明确声明，"户籍制度改革不会一刀切，大中小城市肯定会有区别"[40]。

到2012—2013年，十八大后新一届中央产生，又有一波户口改革的新潮涌现。李克强总理把推进城镇化作为依靠内需来发展经济的新渠道，要把中国的城镇化程度从目前的50%（实际户口城镇化仅35%）提高到接近"发达国家的平均水平"（80%）。[41]官方媒体、政府官员和学者纷纷评述推介一系列"重大"的改革新措施。大规模"城镇化"，意味着要让两亿五千万农村居民在十来年里变为真正的城镇居民。[42]三年内就将有"两千五百多万农业人口落户城镇"并使中国大陆的城镇化比率到2030年时达到70%。[43]除了开放小城市准入的提议外，具体操作细节和费用乃至后果尚不明了。不过，几天后，对于正在征求意见的《国家城镇化规划》，全国人大常委会的委员们就开始提出异议，要求放低城镇化速度，避免"粗放式城镇化"、"城市病"以及地方官员借城镇化之名求政绩的"市长的城镇化"。[44]无论这最新一波的改革最后能否贯彻以及贯彻多少，可以看出这还是在过去30年基本思路上的进一步但很笼统地调整户口制度来适应国内城乡间人口流动（主要是通过中小城市的扩展），试图通过更有序更"合理健康"的人口的大迁移来维持经济的高成长率。完全不是要消减户口制度的作用，更没有要取消户口制度的意思。

近40年改革的风风雨雨后，户口制度的改革依然任重道远。通过一系列变通措施，富裕人群和有能力（学历和劳动力）的人群已经获得了事实上的国内自由迁移权利。一些人性化的公关性的"面子"改革也软化缓解了不少户口制度对农村人口和外地流动人口的排斥。由于其久经考验的高度有效的政治作用，户口制度看来在中国大陆不仅将继续存在，而且会继续为政府用来控制社会、管理人口流动和资源分配，用来稳固执政的政治制度。[45]尽管许多大陆学人不断地呼吁要取消户口制度，消除基于不同户口的不平等公民权和种种歧视[46]，户口制度的改革与中国的基本政治制度改革是息息相关、一体同联，现在又得到了该制度下得利甚丰的城市精英阶层的拥护。在没有持续的政治改革之前，户口制度改革恐怕最多也只是雷声大雨点小，修修补补，调整微动。

有意思的是，负责执行户口制度的公安部对进一步改革户口制度似乎比各地地方政府和"某些"中央部委要更加积极。这也许反映了中央高层希望取消户口制度种种"后加"的不堪重负的资源和人口分配功能，从而精简强化该制度控制社会的核心政治功能。[47]而以经济（GDP）增长和地方稳定为政绩考核主要标准的地方政府则对必定要重新分配大量资源，影响生产性投资并带来社区人口变动的户口改革想方设法地阻碍。富裕的广东省政府就声称，仅仅是有控制的户口改革也要每年增加社会福利支出10%以上，令其"无法承担"。[48]于是不仅大城市如郑州、广州、南京反复减缓甚至停止2001年版的户口改革方案，中小城市如呼和浩特也几乎公开地对上抗命，以本地的繁荣稳定为由，甚至不执行给"合格"的外来人员本地户口的指令。[49]

严格的政治控制下，进展缓慢，高度地方化的户口改革至今总体上是有利于大中城市的居民、富裕人群和有市场需求的流动劳工。对边远地区来说，户口改革则造成了新的大量人才和资金进一步流失到中心城市和发达地区去。城市附近的农村人口（尤其是缺乏高等教育和城市需要的工作技能的多数人口）则是更加损失巨大：他们常常是被给予了一个空头的"城镇户口"名义后就失去了土地（地方政府官员们常常以"国有化"名义将土地廉价征用后转手高价出卖给联手的开发商），但却基本上无法享受到原来城市户口持有者早已获得的种种好处和福利，成为所谓"三无"人口（无土地、无工作、无社会福利）。[50]

对于户口制度改革的前景，学者们多不乐观。[51]中国户口制度的官方专家王太元就坦率地认为："中国的户口改革每次一触及有关部门的利益就停滞下来"，从而造成了户口改革的所谓"宣布了的并不真正执行，执行了的并不真正完成，完成了的并没有良好配套"。[52]

结语：水闸和水泵依然重要

除了适应市场经济发展需要和回应改革开放现实的一系列变通灵活做法外，中国大陆的户口制度近30年来在技术上有了许多改进，在包装和执行上有了不少软化、美化和地区化特点。但其基本框架、机制和主要功能依然如旧。依赖威权政府的行政指令但相当灵活化了的户口制度正在和一个粗放市场经济里强大的金钱拜物教力量相结合，构成目前中国经济、政治与社会文化生活的独特生态环境。[53]只要目前的基本政治制度保持稳定，具有高度政治价值、得到新兴中产阶级和统治精英支持的户口制度将会继续存在下去并发挥其重大而复杂的作用：一方面，它继续着其巨型水闸式的功能：拦阻和排斥人口中的绝大多数并控制调节人口流动；另一方面，它又是主要服务于城市人群和政府意志的巨型水泵，大量吸纳和集中全国的才能、资金和"有用"的劳动力。[54]

户口制度的这一水闸和水泵功能一旦失去，会给中国繁荣发达的城市群带来洪水般的巨大冲击，会大大削弱政府的统治力量，同时也会根本性地消减中国经济高速发展和强大出口竞争力的一大"秘密"源泉即通过政府行为对人口中大多数的长期剥夺、利用和压制。将户口制度改革成纯粹的人口登记证明和信息制度甚至取消这一制度，使每个人都拥有完整的公民权仍然是大多数中国人民的一个理想和目标；其实现需要中国改革的持续进展，也将昭示中国政治经济发展的一个全新模式和方向。

【注释】

[1] 比如宋梓玚：《北京户口》，贵州人民出版社2011年版。

[2] 关于户口制度的全面研究，见 Fei-Ling Wang, *Organizing through Division and Exclusion: China's Hukou System*, Stanford, CA: Stanford University Press, 2005。较早的户口制度研究还有：Tiejun Cheng & Mark Selden, "The Origins and Social Consequences of China's *Hukou* System", in *The China Quarterly*, 1994; Kam Wing Chan, "The Hukou System and Rural-urban Migration in China: Processes and Changes", working paper, University of Seattle, 1998; Dorothy J. Solinger, *Contesting Citizenship in Urban China: Peasant Migrants, the State, and the Logic of the Market*, Berkeley, CA, University of California Press, 1999; Delia Davin, *Internal Migration in Contemporary China*, New York, Palgrave, 1999; Michael R. Dutton, *Policing and Punishment in China: From Patriarchy to "The People"*, New York: Cambridge University Press, 1992。新近的英文著述有：Jason Young, *China's Hukou System: Mar-

kets, *Migrants and Institutional Change*, London: Palgrave Macmillan, 2013。改革开放使得中国的户口研究略有解禁,中国大陆因此陆续出版了一些户口研究的学术成果如俞德鹏的《城乡社会:从隔离走向开放——中国户籍制度与户籍法研究》(山东人民出版社2002年版)。由于种种限制,大陆关于户口的学术成果尚普遍缺乏深度、广度和力度,但常富有资料价值,尤其是一些"内部出版"的资料性书刊。

〔3〕Fei-Ling Wang, "Renovating the Great Floodgate: The Reform of China's Hukou System", in Martin King Whyte (ed.), *One Country, Two Societies: Rural-Urban Inequality in Contemporary China*, Cambridge, MA: Harvard University Press, 2009, pp. 335 – 364.

〔4〕Fei-Ling Wang, "Brewing Tensions while Maintaining Stabilities: The Dual Role of the *Hukou* System in Contemporary China", in Dali L. Yang (ed.), "Interests, Institutions, and Contentions in China", a special issue of *Asian Perspectives*, Vol. 29, No. 4, Winter 2005, pp. 85 – 124.

〔5〕分工与专业化乃是人类经济和各种社会活动的基础。见 Kenneth J. Arrow: "The Division of Labor in the Economy, the Polity, and Society", in O'Driscoll Jr., Gerald (ed.), *Adam Smith and Modern Political Economy*, Ames, Iowa, The Iowa State University Press, 1979, p. 154, 156; Adam Smith, *The Wealth of Nations: An Inquiry into the Nature and Causes*, New York: Modern Library, (1776) 1994; Emil Durkheim, *The Division of Labor in Society*, New York: Free Press, (1893) 1997。

〔6〕关于社会分隔与社会组织的一些经典论述,可参见 Karl Marx, *Capital: A Critique of Political Economy*, New York: Penguin, 1992; Max Weber, *Economy and Society*, Berkeley, CA: University of California Press, 1978; Anthony Giddens, *The Constitution of Society: Outline of the Theory of Structuration*, Berkeley CA: University of California Press, 1986; and Rousseau, Jean-Jacques, *Discourse on the Origin and Foundation of Inequality among Men*, 1755。

〔7〕读者如果对制度性分隔理论有进一步的兴趣,可参见拙著 *Organizing through Division and Exclusion: China's Hukou System*, Stanford, CA: Stanford University Press, 2005, pp. 2 – 30。

〔8〕孩子可以沿袭父亲的户口是一个深得人心的改革。但该议1999年提出后,直到

2003年才开始落实。北京更是到2006年才开始有控制地落实。见新浪网新闻报道，北京，2003年8月8日和《北京晨报》2006年4月7日。到2013年，北京等严格控制人口进入的城市，依然还是仅仅有限地实行这个新规定。

[9] 有关户口制度"使命"的内部表述，见蒋先进、罗丰：《警察业务实用手册：治安管理卷》，群众出版社1996年版，第218、220页。又见公安部人事培训司编：《户政管理教程》，群众出版社2000年版，第5、161—173页。关于户口制度功能的全面分析，见Fei-Ling Wang, *Organizing through Division and Exclusion：Chin's Hukou System*, Stanford, CA：Stanford University Press, 2005，第五章。

[10] 关于30年来户口制度改革的分析描述，可参看Hein Mallee, "China's Household Registration System under Reform", in *Development and Change*, Vol. 26, No. 1, January 1995；Lei Guang, "Reconstructing the Rural-Urban Divide：Peasant Migration and the Rise of 'Orderly Migration' in Contemporary China", *Journal of Contemporary China*, Vol. 10, No. 28, 2001, pp. 471-493；special issue (guest edited by Zhang Tingting) of *Chinese Law and Government*, May-June 2001；Fei-Ling Wang, "Reformed Migration Control and New List of the Targeted People：China's *Hukou* System in the 2000s", in *The China Quarterly*, March 2004, pp. 115-132；Jason Young, *China's Hukou System：Markets, Migrants and Institutional Change*, London：Palgrave Macmillan, 2013。

[11] 参见《南方都市报》，2004年9月30日；《羊城晚报》，2006年8月23日。

[12] 《北京公布12类专业外地毕业生有留京资格》，载《京华时报》，2008年2月14日。

[13] 据估算，要通过投资企业来获取北京城市户口（雇用100个工人并且每年上缴80万元税金），必须要有大约800万到1600万元的净资产（www.news.china.com，访问时间：2002年1月19日）。但是，20世纪90年代末期中国的私人企业平均规模仅有大约53万元资产（据中国新闻社报道，2001年10月1日）。

[14] 《究竟谁才是最需要北京户口的人？》，见www.news.china.com（访问时间：2002年1月16日）。

[15] 徐绍史：《国务院关于城镇化建设工作的报告》，2013年6月27日。

[16] 见《文汇报》，2004年9月2日；《羊城晚报》，2006年8月23日；《北京青年报》，2006年9月7日。关于中国大学升学录取中因户口差别造成的巨大不公

平,见 Fei-Ling Wang, *Organizing through Division and Exclusion*: *China's Hukou System*, Stanford, CA: Stanford University Press, 2005, pp. 139 – 147。

[17] 公安部政治部编:《公安业务基础知识》,群众出版社1999年版,第75—76页。另见《中国青年报》,2002年1月5日和《京华时报》,2005年8月30日。

[18] www.news.china.com, 2002年2月19日报道;《新华每日电讯》, 2005年2月17日。

[19] 《湖南日报》, 2002年1月20日;《人民日报·华东版》, 2002年1月9日;《南方都市报》, 2001年9月8日;《新华每日电讯》, 2001年12月24日;《新民晚报》, 2004年9月29日。

[20] 《人民日报》, 2005年11月4日;《信报》, 2006年1月26日;《财经日报》, 2006年6月26日。

[21] 《上海市居住证暂行规定》, 上海市政府, 2004年10月1日。

[22] 按照中国法律,不同户口区的人所得的国家和保险赔偿金大为不同(尽管保险费是一样的),见《中华人民共和国最高人民法院关于人身伤害赔偿的法律意见》,最高法字〔2003〕20, 北京, 2003年12月28日颁发。但从2006年起,国家开始实行国家人身伤害赔偿金的全国一致。地方法院也开始裁定保险赔付不再考虑户口区域的差别。载《晨报》, 2006年3月11日;《华西都市报》, 2006年7月10日;《重庆晨报》, 2006年12月13日;《东方今报》, 2006年12月20日。

[23] 《北京青年报》, 2005年9月14日。

[24] 《孙志刚之死与制度之恶》, www.mlcool.com, 2003年4月28日;《财经时报》, 2003年6月15日;《长沙晚报》, 2003年6月13日;《新华每日电讯》, 2004年6月21日。

[25] 比如,见中国大陆网上媒体来自各地的有关报道:北京(www.bjbbs.com/bbs/read.php?tid=8750, 访问时间:2005年10月12日), 广州(《南方都市报》, 2006年9月1日), 武汉(http://legal.people.com.cn/GB/42733/4514687.html, 访问时间:2006年10月22日), 广东(http://cache.tianya.cn/publicforum/Content/free/1/737231.shtml, 访问时间:2006年6月23日), 上海(http://bbs.2500sz.com/Dvbbs/dispbbs.asp?boardid=40&id=288214, 访问时间:2007年1月16日)。

〔26〕《北京奥运期间考虑控制流动人口：遣返部分民工》，载《华夏时报》、《北京晨报》，2006年9月15日。

〔27〕"Unreported World: China's Olympic Lie", www.veoh.com/videos/v1357069DKZqmaty, July 2007; "The Terrible Secrets of Beijing's 'Black Jails'", in *Spectator*, London, October 10, 2007.

〔28〕《人民日报》，2001年9月24日。

〔29〕《关于户籍制度改革的问答》，载《人民日报·华东版》，2001年8月29日。

〔30〕如，公安部副部长刘金国向中共中央的中央社会治安综合管理委员会的报告，2005年10月25日。见《法制日报》，2005年10月26日和《瞭望》，2005年11月1日。公安部发言人武和平：《公安部、发改委等14个部委正在积极协商户籍改革》，见人民网，2008年3月4日。截至本文写作的2013年，此类空头报告是年年都有。

〔31〕《郑州户籍新政的失败说明什么?》，载《中国青年报》，2004年9月15日。

〔32〕《北京青年报》，2004年9月20日；《河南日报》，2004年9月22日；《南方都市报》，2004年9月23日。

〔33〕《区政府白宫为何成了迷宫?》，见新华网，2006年6月26日。该工程被媒体曝光后，主持建设该工程的该区党委书记因腐败罪被判处无期徒刑。新华网，2007年1月30日。

〔34〕《河南商报》，2006年9月15日。

〔35〕《湖北日报》，2004年10月16日；《新闻晨报》，2004年10月2日；《羊城晚报》，2004年12月26日。

〔36〕《新华每日电讯》，2001年8月9日。

〔37〕比如，见《新华每日电讯》，2006年2月21日；《中国青年报》，2006年1月17日；《华西都市报》，2006年1月18日；《瞭望》，2007年1月8日。

〔38〕《新闻晨报》，2004年9月29日；《人民日报》，2006年3月20日；《新华每日电讯》，2007年1月9日。

〔39〕《中国经营报》，2006年5月13日；《瞭望》，2007年1月8日；《小康》，2008年2月13日。

〔40〕《京华时报》，2008年3月6日。

〔41〕李克强：《在改革开放进程中深入实施扩大内需战略》，载《求是》，2013年第

4期。

〔42〕 Ian Johnson,"China's Great Uprooting: Moving 250 Million into Cities", in *The New York Times*, June 15, 2013.

〔43〕 蒋彦鑫:《小城市将全面放开落户限制》,载《新京报》,2013年6月27日。政府的设想和建议,见徐绍史:《国务院关于城镇化建设工作的报告》,2013年6月27日。

〔44〕 林金冰:《蔡姬等建议适当降低城镇化速度预期》,见财新网,2013年7月4日.

〔45〕 据新华网报道,2006年3月20日。

〔46〕 胡星斗:《关于户口制度违反宪法致全国人大常委会的公开信》(www.huxingdou.com.cn,访问时间:2004年11月6日),许多地方和网上媒体多次转载了此信,如北京的《法制早报》(2004年11月18日)和《时代信报》(2004年11月25日)。胡和于建嵘、葛剑雄、贺卫方、秦晖的一些基于人权、公正和经济合理性来严厉批评户口制度直至辩论是否要废除户口制度的言论,到2008年依然可以在大陆的若干网站上和一些地方报刊上看到。参看葛剑雄:《废除暂住证的关键在于消除身份歧视》,载《新京报》,2006年12月31日及其在China.net上2007年1月22日作的访谈;刘亚洲(解放军现役中将):《谈农民问题》(写于2005年);于建嵘:《不能简单地废除户口制度》,载《中国社会科学报》,2006年12月1日;刘海波:《法律技术与户籍制度困局》,载《浙江学刊》,2006年第5期。2008年2月16日,30余名政治异见人士还联名给全国人大和政协写信,要求"立即废除城乡户口二元制"。

〔47〕 李中新:《社区警务与派出所工作改革论文集》,群众出版社1997年版。参见 Fei-Ling Wang, *Organizing through Division and Exclusion: China's Hukou System*, Stanford, CA: Stanford University Press, 2005, pp. 184 – 185, 196 – 197。

〔48〕《户籍改革不能一迁了之》,见中国新闻网,2007年1月8日。

〔49〕《中国青年报》,2006年3月7日;《人民日报》,2006年3月20日。

〔50〕 中国科学院院士兼中国第十一个五年计划顾问委员会委员陆大道的评论,见《中国城镇化呈"大跃进"势头》,载《西安晚报》,2007年1月14日。据估计,此类"三无"前农村人口到2005年已经多达4000万,见《中国青年报》,2005年10月27日。

〔51〕 上海复旦大学人口研究所任远:《城乡统一的户籍改革可能失败》,见人民网,2005年11月5日。国外学者也得出结论:户口制度改革不是废除而是改进和

强化该制度，地方化进程反而使得农村人口的全国性迁移更加困难了。Kam Wing Chan & Will Buckingham, "Is China Abolishing the *Hukou* System?", Research paper, University of Washington, September 2007.

〔52〕《瞭望》，2005 年 11 月 22 日；《考虑户口改革》，载《上海日报》，2007 年 5 月 24 日。

〔53〕 Fei-Ling Wang, *Organizing through Division and Exclusion: China's Hukou System*, Stanford, CA: Stanford University Press, 2005, pp. 60, 202, 203.

〔54〕 水闸和水泵的比喻来自大陆的地方户口官员，见《第四次户籍改革呼之欲出》，载《法制早报》，2005 年 2 月 2 日；《中国户籍制度之痛：户口制度改革的潘多拉困境》，载《国际先驱导报》，2005 年 11 月 8 日。

（本文作者为美国宾夕法尼亚大学博士，曾任教美国西点军校和美国空军学院，现任美国乔治亚理工大学纳恩国际事务学院教授）

Abstract

Based on the works published in and outside of China, this paper describes briefly, examines theoretically, and assesses analytically China's *hukou* (household registration) system: As a form of institutional exclusion with peculiar Chinese characteristics, the *hukou* system is a legal Great Wall to divide the people into the urban and rural segments. It further functions as countless invisible city walls to divide the people into many regional communities (*hukou* zones). Based on that, the *hukou* system formed a dam-and-pump mechanism to control and regulate the mobility and direction of internal migration and the accumulation and allocation of other key resources. It also allows the Chinese government to achieve effective and extensive controls of domestic dissidents and challengers. In short, the *hukou* system fundamentally shapes and influences the economic development, political changes, and sociocultural life in the People's Republic of China.

Keywords

Hukou (Household Registration) System; Institutional Exclusion; Economic Development; Chinese Politics

解释我国政教关系多样化的三种机制

钟智锋

摘 要：改革开放以来，我国的政教关系发生了显著的变化，并表现出巨大的地方差异。以本质主义和整体主义为特征的冲突论和共识论已无法解释中国政教关系的复杂性。本文引入"关系"的概念，以笔者过去六年实地调查的材料为基础，分析了形塑中国政教关系的三种机制——政治嵌入、政治连接和政治交换——的特征和运作机理。多孔的、碎片化的、目标模糊、管理多头的宗教管理体制为这三种机制的运作创造了条件。笔者发现，这三种机制不仅缓和了政教的冲突，还为教会获得活动空间、完成合法化创造了条件，亦为政府吸纳教会、调整宗教政策建立了基础。相比于意识形态和政策，关系能够更好地解释中国政教关系的差异。

关键词：政教关系 政治嵌入 政治连接 政治交换

过去学术界的视野曾被世俗化理论所主导。这种理论认为随着现代化（如工业化、城市化、科学的发展、人们生活水平的提高）的推进，宗教就会走向衰亡。世俗化理论还有一个私人化预设：随着世俗领域（法律、教育、婚姻和社会服务）从宗教领域分离出来，宗教的许多功能将被世俗组织所替代，宗教将退到私人领域，进而失去对社会与公共生活的影响力。对于一个私人领域里的并注定要衰亡的东西，政治学界一直缺乏兴趣。

宗教没有像世俗化理论的先知们所预言的那样走向衰亡，反而在全球范围内复苏（欧洲是一个例外）。其中最为突出的便是基督教灵恩运动的兴起和伊斯兰的复苏。宗教也没有退缩到私人领域，而是积极地影响公共生活。选举、社会运动、民主化和革命都有宗教的身影。随着世界的去世俗化和宗教的公共化，政教关系的研究（Church-State Studies），即国家与宗教团体或组织关系的研究，也变得重要起来。政教关系的研究主要围绕着管制与支持两个主题来展开，背后往往有着一个宗教自由的价值预设。宗教与政治参与、宗教与民主化、宗教与参与、宗教与社会慈善、传教与改教、国家对少数族裔宗教的宽容和纳入，这些是政教关系研究的核心话题。然而，这些研究往往以西方为背景，忽视了中国这个急速变迁场域里的政教关系。

改革开放以来，我国的政教关系经历了非常大的变化。国家对待宗教的态度从"文化大革命"时期的消灭到"文革"后的调适与吸纳。1982年公布的《关于我国社会主义时期宗教问题的基本观点和基本政策》（俗称19号文件）成为改革开放以来国家处理宗教问题的基本方针。江泽民的"引导宗教与社会主义社会相适应"，胡锦涛的"发挥宗教界人士和信教群众在促进经济社会发展中的积极作用"成为过去两届政府管理宗教的两个指导原则。我国的政教关系是动态的。宗教从昔日被批斗、要消灭的对象一跃成为应发挥的力量。昔日被公安部定为邪教的中华福音团契，2004年的时候却成为公安部打击"东方闪电"的合作伙伴。温州这个昔日无宗教试验区却成为今天中国的耶路撒冷。我国的政教关系也是多元的。有的地方政教关系一直很紧张，有的地方政教关系则很和谐。有的地方教会获得了很大的发展空间，有的地方教会则受到较多的限制。如何解释政教关系的变动性和多元性成为我国政教关系研究的一个核心议题。

"冲突论"和"共识论"是两种解释中国政教关系的理论取向。前者把冲突当做政教关系的常态，后者则把和谐当做政教关系的常态。但是，这两种理论都带有本质主义和整体主义的特征，难以有效解释我国政教关系的变动性和动员性。笔者尝试引入"关系"这个概念，提出导致政教关系变异的三种机制——政治嵌入、政治连接和政治交换。不同于那些缺乏系统数据支撑的宏观论述，本文主要从一个区域的视角来分析我国的政教关系。本文要回答的核心问题是：在既定的宗教管理框架下，政治嵌入、政治连接和政治交换是如何形成并形塑我国政教关系的？

本文的数据主要来源于笔者自2007年起在北京、温州、广州、南阳四个城市所作的实地调查。笔者获取数据的主要方法是面访（face-to-face interview）和参与式观察（participatory observation）。笔者的进场渠道主要有以下三种：通过政府研究中心、通过教会网络和通过私人关系。笔者访谈的对象既有基督教的牧师、传道人、平信徒和一般市民，也有宗教局、统战部、国保大队的官员和基层干部（如支书）。本文所选择的个案是多种多样的：既有登记的三自教会，也有没有登记的家庭教会；既有由精英人士组成的教会，也有底层人士组成的教会；既有城市里的教会，也有乡村里的教会。除了个案的多样性之外，笔者也注意到个案的代表性。笔者努力通过这些个案来呈现我国政教关系的一些关键议题：批地建堂、场所登记与教职人员认定、宗教参与社会慈善，以及对未登记教会的管制与吸纳。

本文的政教关系指的是国家行为体和宗教行为体的互动关系，核心是国家机构与宗教团体和组织的关系，但也包括了政府官员与教职人员和一般信徒的关系。这里的"政"指的是国家行为体，包括国家机构和政府官员。这既包括各级政府里管理宗教的部门（主要是宗教事务局和公安局里的国保大队），也包括纳入和团结宗教人士的统战部、人民代表大会和政治协商会议。这里的"教"指的是宗教行为体，包括宗教组织（协会、机构与场所）和信众。为了论述的集中，本文讨论政教关系的时候主要以基督教（新教）为例子。

解释中国政教关系的三种理论取向

在本文中，笔者将先对解释中国政教关系的两种主流理论取向——冲突论和共识论——进行评述。笔者借着将引入"关系"的概念，给出一个解释我国政教关系的理论框架。

冲突论和共识论是解释我国政教关系的两种主要理论。共识伦的倡导者多为马克思主义者（罗竹风、阮仁泽和萧志恬，1997；龚学增，2003），其中又以魏克利的著作最为有名（Wickeri, 1989, 2007）。冲突论是大多数学者所接受的理论（邢福增和梁家麟，1996；邢福增，2008；刘同苏和王怡，2012；Yang, 2012；Marsh, 2011；Liao, 2011）。冲突论者认为，中国的政教关系是根本冲突的。这种冲突或来源于意识形态层面的有神论和无神论之争，或来源于组织层面的集权政体和独立教会之争。共识论者则认为国家与教会之间存在着共同的基础———致的利益、共同的目标（如国家统一、社会和谐、人民幸福）。这种共同的基础使得双方可以求同存异，和谐共存。统一战线和政治协商会议制度也为双方的和平共处提供了制度的保障。

冲突论和共识论都注意到反例的存在，并力图给出各自的解释。面对政教关系的好转，冲突论者认为这只是表面的、短暂的和策略性的。他们会以各地不断发生的政教冲突（如取缔组织、逮捕人员、驱赶聚会）为依据，强调政教关系冲突的本质。他们认为政府放宽宗教管制并不是要实现自由，而是为了其他的政策目标，如改善国际形象，吸引外资，利用宗教推进社会和谐。他们还认为政府不取缔家庭教会，不是因为政府缺乏意愿，而是缺乏能力。曾在统战部工作的老王如此描述政府的政策选择："如果基督徒只有30万，全部消灭；如果基督徒增加到3000万，有限管制；如果基督徒增加到3个亿，全部放开。"（访谈记录）

面对政教关系的冲突，共识论者认为这些冲突是政策偏差或执行失误的结果。例如，他们认为统一战线是处理政教关系的基本方针，"文化大革命"消灭宗教的运动是由于极"左"政策左右的结果。改革开放以来，各地所发生的政教冲突是极"左"政策延续或者地方官员对中央政策误读和错误执行的结果。

冲突论和共识论看似给出政教关系的完备解释，但是这种宏观的解读难以经得起微观经验的考验。例如，无论共识论还是冲突论都难以解释同一地方两个相似的教会一个跟政府关系紧张，另外一个则跟政府关系和睦。此外，这两种理论均有自己的局限性。冲突论难以解释政教的和谐，共识论则难以解释政教的冲突。除此以外，笔者认为这两种解释还存在以下的问题：第一，是选择解释的问题。冲突论者把冲突作为我国政教关系的根本特征，把和谐当做偏离。共识论者把和谐当做政教关系的基本态势，把冲突看做偏离的情况。但是，他们均没有给出划分常态和偏离的标准。第二，是本质主义的问题。这两种理论都抽离了时空对政教关系给出的一个本质性判断。但是政教关系不是抽象的关系，而是在具体时空情境下，具体行为体的互动关系。第三，是整体主义的问题。这两种解释力图对我国的政教关系给出一个整体性的解释，这种解释难以解释不同区域、不同宗教，以及同一地区、同一宗教内部不同团体跟政府关系的差异。

因此，分析我国的政教关系需要我们跳出本质主义和整体主义的框架，在具体时空中寻找形塑政教关系的机制。笔者认为有关"关系"、社会网络、社会资本的讨论能够深化我们对我国政教关系的理解。

社会网络这个概念最初被用来解释市场现象。学者用社会网络来解释为何有的人更容易找到工作（Granovetter, 1973, 1974; Bian, 1997）。拥有更多社会网络的人能够获得更多的信息，因此能够更快地找到工作。后来，社会网络这个概念也被引入政治学领域，用于解释政治现象。例如，普特南用社会资本来解释民主制度运转的差异（Putnam, 1994）。有的学者也用社会网络的概念解释行为体的策略选择。例如，爱德华·劳曼和克鲁基用社会网络来解释利益集团政治参与的差异（Laumann and Knoke, 1987）。刘思达和哈利代用政治嵌入来分析中国律师的生态和行为模式（Liu and Halliday, 2011）。刘思达等人指出国家的嵌入是导致我国法律市场分化割据的重要原因，也是解释律师行为的重要变量。麦宜生指出政治嵌入能够为律师提供办案的便利、政治的保护和丰富的案源（Michelson, 2007）。孙立平等人用"关系"来分析政策执行时的变通现象（制度与结构变迁研究课题组，1997；孙立平和郭于华，2000）。他们发现虽然中国是一个威权国家，但是国家没有想象的利维坦那样强大。国家的政策不能够通过正式的权威来执行，反而要诉诸非正式的"关系"。刘玉照和田青则用"关系"来分析新制度的落实（刘玉照和田青，2009）。

总的来说，"关系"这个概念多用于分析找工作、获取案源、收税、贯彻政策等现象，但很少用于分析宗教政策以及国家跟宗教组织的互动。[1] 笔者认为，"关系"这个概念也可以用于解释国家与宗教组织的互动模式。此外，使用关系要比使用主义和利益更好地解释中国政教关系的多样性。

需要指出的是，关于"关系"的研究存在一些不足。因此，引入"关系"这个概念来解释中国政教关系的时候，需要作一些修正。例如，在"关系"的讨论中学者往往把特殊主义与普遍主义、正式与非正式对立起来。以交换为核心参照的分析关系也会造成一种假象：所有关系都是非正式的，所有关系的背后都是交换——无论是工具性交换，还是情感性交换。此外，学者更多把焦点放在关系的性质和作用上，并以关系的目的和强度来划分关系的类型，却忽视了群内群外的划分。笔者认为，"体制内"与"体制外"是分析中国政治时一对非常重要的概念。很多情况下，关系的性质要比关系的强度重要。因此，我们有必要把这对概念加进去，对关系进行进一步的区分。

笔者认为行为体之间存在着以下三种关系：嵌入、连接和交换。前两者是结构性关系，遵从的是规章和等级的原则。后者是市场的关系，遵从的是等价的原则。交换可以是一次的，或多次的交换，其变动性较大。但是，嵌入和连接往往是稳定的、互动频率比较高的关系。借用"群内"和"群外"这对概念，嵌入是群内的关系，连接是群外的关系。但连接之所以可能是因为有第三方在群内，这成为了群内外关联的桥梁。

对应关系的三种类型，笔者认为宗教行为体（宗教信徒和组织）跟国家行为体（机构及其办事人员）也存在着三种关系：政治嵌入（political embeddness）、政治连接（political connection）和政治交换（political exchange）。笔者之所以在嵌入、连接和交换等概念前加上政治作限定，为的是与其他一般的"关系"区别出来，强调这些关系均跟国家行为体有关。限于篇幅，本文将重点谈论宗教信徒与国家行为体的关系，对宗教组织与国家行为体的关系暂不作讨论。

表1 国家行为体和宗教行为体互动的三种机制

	政治嵌入	政治连接	政治交换
基础	成员资格	熟人关系	双赢的利益
渠道	本领域纳入和跨领域纳入	熟人网络	熟人网络和联系制度
关系类型	正式、强关系	非正式、弱关系	非正式、弱关系
主要作用	保护、推动、合法化	保护、贯彻、纳入	化解冲突

政治嵌入指的是宗教行为体与国家行为体之间的一种持久的结构性关系。[2]信徒直接成为政府官员，宗教组织成为"准政府组织"都是政治嵌入的表现。获得政治嵌入性的途径有：（1）现在或者曾经在国家机关工作；（2）通过政治纳入，进入政协和人代会。政治嵌入的方式有以下两种：领域内嵌入和跨界别嵌入。领域内嵌入的渠道有：经基督教协会和基督教三自爱国运动委员会（简称基督教两会）进入政协和人代会。一般来说，通过领域内完成政治嵌入的往往是两会的会长和副会长。因此，通过这个渠道嵌入政治是非常有限的。跨界别的嵌入主要是通过其他界别嵌入到国家机构中。其中，通过工商界嵌入政府是一个非常显著的方式。政治嵌入形成的是一种正式的强关系。政治嵌入的人能够通过其职务或成员资格调用资源发挥影响。需要指出的是，很多情况下政治嵌入不是宗教对国家的"渗透"，而是国家对宗教的纳入。政治嵌入对于教会起到保护、推动和合法化的作用。

与基于成员资格的政治嵌入不同，政治连接主要依赖熟人关系。亲戚（亲缘）、老乡（地缘）、同事朋友（业缘）和师生关系是常见的熟人关系。宗教行为体与国家行为体通过彼此重叠的熟人网络结成一种非正式的弱关系。政治连接使得宗教行为体与国家行为体之间的交易成为可能，而它们之间的交易往往借助于第三方进行。第三方往往是一个宗教掮客，它既与政府有联系，也与教会有联系。教会与政府也许没有关系或者只有弱关系，但掮客往往与双方都有强关系，正是这种强关系使得交易能够实现。借助第三方，政治连接对于政教关系也有很重要的影响。宗教行为体通过政治连接获得了保护，政府也往往借助它去贯彻宗教政策，纳入体制外的宗教行为体。

与政治嵌入和政治连接等结构性关系不同，政治交换是一种市场关系，遵从的是互惠原则。政治交换与政治连接往往很类似，因为两者都会伴随着交易行为的发生。但是，政治连接形成的往往是间接的关系，宗教行为体和国家行为体往往通过第三方完成交易。与之不同，政治交换是宗教行为体和国家行为体之间的直接交易，它诉诸共赢的利益而非熟人关系。

值得指出的是，政治交换不能简单等同于送受贿，它强调的是一种互惠关系。与违法的送受贿相比，政治交换往往是合法，或至少是合法性比较模糊的行为。政治交换不是要政府官员做违背其意志的行为，而是诉诸政府官员的自由裁量权，使其作出一种互利而非零和的选择。因此，政治交换往往不是钱权交易，而是彼此的妥协让步。政治交换的目的往往是化解冲突。在政治领域中，政治交换是一种非常普遍的行为。例如，利益集团的代表通过给候选人助选的方式来获得政策上的倾斜。宗教界也常常通过政治交换获得国家的认可与支持。例如，宗教团体通过参加爱国运动换得国家的接纳与认可，国家通过给宗教团体的扶持换得宗教团体的忠诚与支持。

政治嵌入

在我国，宗教要嵌入到国家机构里会遇到很多制度上的障碍。作为执政党的中国共产党要求党员必须是无神论者，而党员资格往往是很多政府职务的不成文要求。作为改革开放以来我国宗教工作基本方针的19号文件，亦强调"绝不允许宗教干预国家行政、干预司法、干预学校教育和社会公共教育"。在这样的政治限制下，政协和人大成为宗教界进入国家政治架构的主要渠道。但事实上，这两个国家机构给宗教界的比例是很低的，基督教能获得的机会就更少。例如，在全国政协第十二届代表大会的2237名政协委员中，宗教界的代表只有67名，约占3%。[3]排除近30名的少数民族代表，每个宗教分到的代表份额是非常少的。相比于政协，宗教界在人民代表大会的比例就更加少。例如，在十一届全国人大三次会议近3000名代表中，宗教界的代表只有10多名。[4]

虽然障碍很多，机会很少，但是这不代表无路可循。在本部分，笔者将通过两个个案说明在如此多的制度性障碍和如此小的机会空间下，基督徒领袖是如何实现政治嵌入的？这样的嵌入又如何改变了当地的政教关系，从而推动了基督教的发展？

个案一：M牧师的上升与Z教会的崛起。 M牧师是Z教会的领袖。Z教会是河南省Z市三自教会的总称。由于Z市登记的基督教活动场所都在市两会的领导下，为了论述的方便，笔者把Z市两会领导下的教会简称为Z教会。

Z市基督教从1980年恢复活动。Z教会起家于一个从尾毛厂收回的破旧教堂。从80年代初到90年代中期，河南的农村家庭教会得到了快速的增长（梁家麟，1999；Hattaway，2013）。但是，Z教会一直发展缓慢。直至1988年，Z市基督徒人数才达到1万人，其中有5000为非正式会员。

Z教会的腾飞得益于M牧师的努力。在M牧师的努力下，Z教会的信徒人数从2007年的25万，增加到2011年的45万。[5] M牧师还取得三个非常瞩目的成绩：建立了900多处宗教场所，并完成了它们的登记；培训并按立了5000多名传道员；建起了一个占地50多亩，集医院、培训中心和教堂于一身的宗教建筑群，这跟2002年的1955平方米相比，有了17倍的增长。表2反映了Z市基督教在河南省全省的位置。在河南省17个地级市中，虽然Z市的基督徒人口和登记的场所约占全省的15%，但这里按立的传道员却占了将近一半。

表2　河南省与Z市的基督教状况比较

	河南	Z市	Z市占全省比例（%）
人口（万）	9388	1100	11.7
信徒人数（万）	300	45	15.0
牧师、长老	797	54	6.8
传道员	10694	5000	46.8
宗教场所	6000	900	15.0

注：河南的数据是2009年的数据，来源于河南省基督教两会的网站；Z市的数据是2011年的数据，来源于Z市两会的统计。

M牧师取得的成就要放在我国宗教管理的背景下去解读。我国的宗教管理是以场所为中心的，所有的宗教活动必须在宗教场所内进行。场所必须获准登记才能成为合法的场所，教职人员必须通过认定方能成为合法的教职人员。宗教团体不能在宗教场所以外传教，不能进行跨地区传教，不能自由地认定教职人员。学界和西方的媒体把这称为"三定政策"（定人、定点、定片）。此外，与家庭教会相比，两会下属的教会受到更多的限制。

但是，在我国无论场所的登记，还是教职人员的认定都受到了诸多的限制。首先，新增宗教场所需要经过宗教局的严格审批。《宗教事务条例》规定设立宗教活动场所需要由宗教团体向县级宗教事务部门提出申请，层层上报，最终由省一级宗教事务部门作出是否批准的决定。此外，新增教堂还涉及非常复杂的征地手续，地方政府一般不愿意把地批给宗教团体。

其次，《中国基督教教职人员认定办法》也对教职人员的认定作出严格的规定，基督教教职人员不仅要具备专业的资格（神学教育和任职年限），还要获得各级基督教两会的批准。其中主教需要全国两会常务委员会认定，牧师、教师（副牧师）和长老需经省基督教两会审批，传道员需经市基督教两会审批。但各市按立神职人员的时候，一般会先报送市宗教局和省两会。为了保持相对的平衡，市宗教局和省两会一般也不会按立太多的教职人员。

尽管宗教场所和教职人员都需要严格审批，但在河南 Z 市，一个 1100 万人口的农业地区，现有合法登记的教会达到 1100 多家，经过登记、培训的传道员达 6000 人。此外，经过与周口市政府协商，Z 市两会获得 50 多亩的征地用于福音医院、培训中心和宗教场所建设。

为什么在新建场所和教职人员认定这个严格的情况下，Z 市两会能够获得如此大的发展空间？这一切均得益于 Z 市两会 M 牧师的努力。

我们可以把 Z 市基督教的成功归结为 M 牧师的卡里斯玛，很多教会运动的研究也发现领袖在运动的兴起过程中扮演非常重要的角色。但是，我们不能过于强调卡里斯玛的作用，而忽视了环境的限度作用。在中国，基督教的传播受到诸多限制。此外，很多时候卡里斯玛并不是天赐的，而是被生产出来的。让我们看看 M 牧师的卡里斯玛是如何产生的。

M 牧师出生在 Z 市的一个农村的家庭，父母均不是基督徒。他年轻时跟北京的一位老中医学医，后来师范毕业后回到了 Z 市农业专业学校任教。1997 年，他辞掉工作到中南神学院读神学。2001 年，M 牧师从中南神学院毕业后回到了 Z 市，并依靠 Z 教会的力量建立了当地第一个福音医院。2002 年 5 月，M 牧师以河南省基督徒代表的身份参加了中国基督教第七次代表会议，并得到了全国两会主席丁光训主教的接见。同年 10 月，M 牧师得到了以丁光训为董事长的南京爱德基金会的资助，在 Z 市开展了孤儿助养事工。借着教内的资源，M 牧师成功地开办了两项社会福利事业——福音医院和孤儿助养。这两项社会福利事业使得 M 牧师得以成为 Z 市的政协委员。2004 年，M 牧师荣获由全国妇联、中国儿童基金会颁发的"春蕾勋章"，并登上了中央电视台的舞台。同年，M 牧师在河南省两会被按立为牧师。

通过政协和人大的职位，M 牧师得以镶嵌在国家机构中。这样的政治嵌入使他能够轻易地获得批地，从而建成培训中心。这个中心成为了 Z 市教会发展的助推器。这样的政治嵌入还给他提供了另外一种便利：他可以利用政府的项目来推动宗教的发展。2005 年，M 牧师借助政府的"阳光工程"给3000名传道员和信徒提供了职业培训。借着他来自农校和神学院的关系，他把神学培训和农业培训引入了培训中心。2007年，M牧师开始了大规模的神职人员按立活动。2012年，M牧师当上了省人大代表。

从上我们可以看到M牧师在其发展的过程中获得了很多社会资本。这有来自农校系统的，有来自基督教界的，也有来自政协和人大的。这些资本相互促进，使得Z教会及其福利得到快速地发展，M牧师在国家政治机构的位置也得到上升。因为M牧师在教届和政界均已嵌入到省一级的机构中，所以他在Z市发展教会的时候就少了很多的制约，获得更多的便利。

个案二：温州基督徒老板与中国耶路撒冷的建造。与M牧师借基督教界完成政治嵌入从而推动教会发展的模式不同，温州基督徒老板的政治嵌入更多是借着跨界别完成的。凭着基督徒老板的政治嵌入，金钱得以转化为建造教会的筹码，使得温州成为中国的耶路撒冷：一个基督徒人数比例最高（约为15%）、教堂数目最多的城市。根据2004年全国经济调查，我国一共有基督教宗教场所14576个，其中温州市的基督教场所有1115个，约占全国基督教宗教场所的8%。[6] 2010年，教堂的数目增加到2179个（张忠成，2011）。

温州的基督教有几个比较特别的地方：（1）有很多独立的教会。这些教会获准登记却不属于基督教两会。换言之，这些昔日的家庭教会获得了合法性，却同时保留了独立性。这在非"三自"即"家庭"的二元选择下，几乎是绝无仅有的。（2）这里的教堂数是全国地级市中最高的。虽然河南有些城市也有很多基督教的场所，如下面要谈及的Z市。但是河南的基督教场所更多是小规模的聚会点，而不是正式的大教堂。温州的教堂动辄是能容纳上千人的、建筑宏伟的欧式大教堂。问题的关键不在于温州人为何有这么多钱来修建这些教堂或为什么要修这么多教堂，而在于为何大多数教堂在没有获得审批的情况下能够建成并完成登记因而获得合法性。（3）不仅在温州的基督徒获得了极大的发展空间，各地的温州人教会也获得了"优待"。随着温州基督徒到各地做生意，他们也把信仰带往全国

(如北京、上海、广州、新疆),并建立了教会。温州人的教会比本地人的教会获得了更多的宽容,也有更多的活动空间。例如,温州人在各地设立、租赁和购买聚会场所的时候一般很少受到地方政府的驱赶。

曹南来把温州基督教的兴起归结为温州特殊的地理位置以及基督徒老板的经济力量(Cao,2010)。笔者认为,他未能指出建教堂的文化含义(争"面子"),也未能指出经济力量转化为建堂运动的条件与路径。[7]事实上,江浙、上海、福建一带的基督徒老板也有相当的经济实力,但是他们却未能有效突破制度的障碍,大规模地兴建教堂。此外,不少已经购买的场所因政府干涉而未能转化为教堂(如守望教会)。笔者认为,在解释温州的基督教现象时,我们不仅要注意到基督徒老板的经济实力,还要注意到他们跟政府的结构性关系。正是这种结构性关系使得资本的潜力释放出来,使之温州的政教关系得到极大的改善。

需要指出的是,温州基督教的兴起是政治嵌入、政治连接和政治交换三种机制作用的结果。温州的基督教是以家庭而不是个体为单位的。温州的基督教信仰已经经历了几代人的传承,在该市人口里占了一个相当的比例(10%—15%)(张邦松,2010),借着复杂的社会网络都跟政府有政治连接。用他们自己的话来说,几乎每个教会都"在政府里有人"。但使温州基督教区别于其他地方的是政治嵌入,所以这里主要讨论政治嵌入的形成及其影响。

温州基督教的政治嵌入主要通过政协和商会,这两个都与温州基督徒老板密切相关。温州民间资本非常发达,民营企业的利税收入是地方政府的重要财政来源。由于基督徒老板的税收贡献,一部分基督徒老板也被吸纳到政协里。通过商会是基督徒老板实现政治嵌入的另外一种途径。温州商人往往会扎堆做生意,例如乐清的柳市以电器闻名、永嘉则以泵阀著称。彼此之间形成行业协(商)会,例如鞋业协会、餐饮协会、泵阀协会。在全国各地温州商人之间也会扎堆经商,并在温州商人较多的地方形成温州商会。在全球也有一个世界温州人联谊会。商会也是企业集体跟政府谈判的重要组织,可以说商会承担了西方利益集团的功能。由于温州商人比较团结，地方政府特别注意与温州商会处理好关系。此外，政府改革使得很多原有的政府职能转到商会，政府需要商会配合来实现政府对企业的管理。为此，政府也建立和扶持很多商会。基于上述考虑，政府也有意识地把商会纳入到政府架构里。于是，基督徒老板借着商会得以嵌入政府里。

温州人基督徒的信仰是家族式传承，企业是家族式企业，到外地经商也是扎堆经商，所以这样建立起来的关系是一种强关系。在温州，亲缘、业缘和信仰互相强化；在外地，地缘、业缘和信仰也相互强化。这样形成的是一种强而有力的凝聚。由于成员的投入程度较高，他们的行动能力和社会影响力也较大。但是这样的凝聚不是封闭的，而是通过一些网络和组织与外界关联起来的。论坛、商人团契、会所成为了信仰跟其他领域关联的重要载体。不同于一般以行业划界的商会，这些基督徒网络和组织这些"准商会"组织是跨界的并以信仰为基础。比较有名的有一年一度的基督徒企业家论坛，温州企业家团契和华商会。强关系与桥接组织结合使得信仰的力量能够投射到其他领域。

过去，温州教会的领导权主要掌握在"老人家"那里，正是这些人在"文革"中推动了教会的发展。"文革"后温州基督教的主要焦点不是传福音，而是建教堂。由于基督徒老板在建堂过程中发挥了核心的作用，他们成为了堂委会的核心成员。教会的领导权也从"老人家"转到"老板"那里。一方面基督徒老板成为了教会的领袖，另一方面他们又通过商会和政协嵌入到政府里。因此，基督徒老板对于改善政教关系，推动教会发展便能发挥很大的作用。在这里，笔者将用以下三个例子说明政治嵌入的效能：建教堂、教会登记和基督教基金会的正常化。

温州的教堂数是全国最多的，2004年就达到1115个教堂（国家统计局，2004）。图1呈现了改革开放以来温州教堂的增长趋势。我们不难发现温州教堂一直在增长，尤其以90年代增速最快。2003年杭州萧山炸教堂事件轰动了国际媒体，温州也有不少教堂被炸掉，但多为山上的教堂（据访谈整理）。但是，炸教堂并没有削减教堂增长的势头。到2010年，温州的教堂数已增长到 2179 个，年均每年新增 177 个。需要指出的是，温州很多教堂都是在农村集体土地上建起来的"非法建筑"。他们往往采取"先斩后奏"的方式或者"偷天换日"的方式。前者指的是先把教堂建起来，然后再找相关部门报批，迫使政府追认既成事实。后者指的是报批的时候申报的是工业用地，施工时把它建成教堂，再找政府追认既成事实。政治嵌入不仅使得教堂能建起来，并且使"非法建筑"合法化。

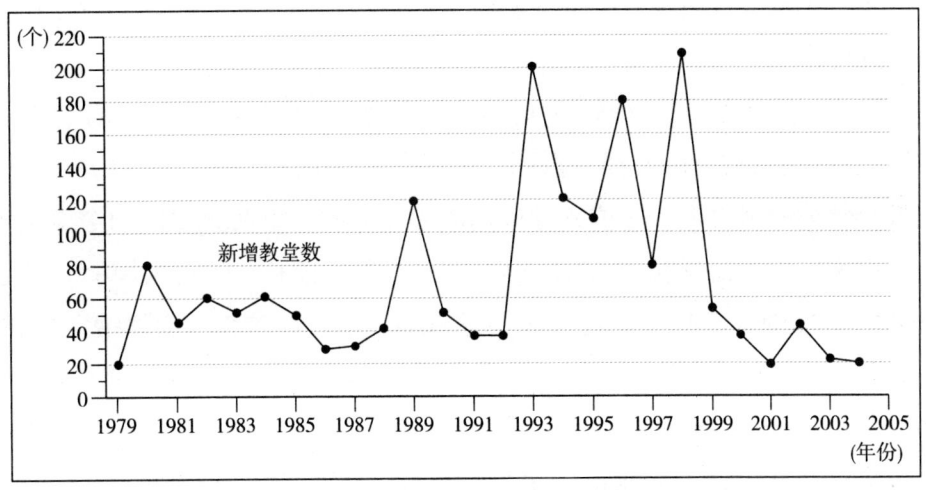

图 1　改革开放以来温州教堂数量增长图

资料来源：2004 年全国经济普查。

教会登记也是政治嵌入效能的重要体现。在这里登记后的家庭教会并没有成为受政府"管"的三自教会，而是成为了独立教会。一个区两会的负责人道出了其中的玄机：

> 我们既跟三自［教会］的人来往，也跟家庭［教会］的人来往。我们都有自己的教会。我们成立 L 区基督教两会的目的不是要拿权，不是要控制教会。我们主要是为教会服务的，我们把位置坐住，为的是给教会争取更多的空间。以前人们不理解，说我们卖主求荣，被政府招安了。但你想想，你不把位置占住，人家便会把位置占住。被一个不爱主不爱教会的人占了，岂不是给教会带来更大的损失？我们从来不拿教会的钱，我们都有自己的生意。

以前，很多教会没有登记。在买房、财务和聚会上遭遇到各种困难。政府说他们非法聚会，说他们消防不过关。我们帮助他们登记，告诉政府这是我们下面的教会，政府就不找他们麻烦了。登记后，教会还是归他们自己来管，我们不插手他们的事务。还有一个地下的神学培训班被政府驱赶了好几次，找到我们帮忙。我们就跟政府说这是我们下面的培训班，政府就不再驱赶他们了。后来他们也在我们这里备了个案。慢慢地人们也能够理解我们，认同我们的做法（访谈记录J11）。

其实，这个给人"帮忙"的两会，也曾是一个自身难保的"泥菩萨"。在区两会成立的时候，温州市基督教两会的领导要掌控它。在几位区教会领袖的努力下，这位领导被选下去。从此，市两会跟区两会就结了怨。后来，为了给这位领导的"财务门"事件解围，市宗教局的官员还对区两会的领袖查账。最后，这个事情不了了之，这位"泥菩萨"也安然无恙。笔者认为这跟它在一位政府高官的公司里办公有很大的关系。很多危险的时候，靠着这位高官出手相救，这位"泥菩萨"最终安然无恙。

华福基金会的建立和正常化也离不开政治嵌入。华福基金会成立于2008年，这是一个由温州基督徒老板发起的非公募基金会。据笔者了解，这是继丁光训主教创办的爱德基金会之后第二个基督教基金会。由于发起者中有政府高官和有影响力的企业家，基金会顺利地获得了浙江省民政厅批准。但是，这个基金会创立后，它的活动仍受到较多限制。它所举办的一次基督教音乐会被当地政府驱赶，最后只能退回到教堂里举办。后来，在一些基督徒官员的牵线搭桥下，这个基金会跟宋庆龄基金会建立了合作关系。从此，华福基金会的活动就受到了较少的限制。可见，在宗教独立开展社会慈善仍无有效制度框架的时候，政治嵌入为宗教慈善开辟了一条道路。

总之，政治嵌入实现了政界、商界和教届的连接，使得教会能够通过老板基督徒的经济实力影响政府，从而获得更多的空间，也能使教会免于政府的干涉。温州基督徒一方面通过彼此强化的亲缘、地缘和业缘形成一种强关系，另一方面通过桥接的人和组织跟其他领域关联起来，使得教会能够融入外在的社会，并对之产生非常显著的影响。

政治连接

政治嵌入虽然效能较高，但这在我国并不普遍。过去 30 年，虽然基督教内部有了结构性的改善——中青年比例增多、男性比例增多和识字的人增多，但是基督徒主要还是由中低层人员构成。他们在我国政治生活中仍处于边缘位置。如果基督徒不是"政府里的人"，那么教会又如何影响政教关系呢？靠的是另外一种机制——政治连接。凭着政治连接，教会得以"在政府里有人"。本部分，笔者将以河南农村的两个案例来说明政治连接的形成及其作用。

个案三：命运迥异的家庭教会。F 教会和 T 教会是 N 市内两个团队型的农村教会。这两个教会起源于"文化大革命"的中后期。林彪事件之后，农村的政治环境日渐宽松，很多被关押的农村教会领袖获得了释放。在这样的背景下，一个外来的传道人到了这里，并与几个当地的教会领袖一起，结成了一个传福音的团队。在这些人的推动下，一个个的聚会点在 N 市的农村里悄然兴起。这些人游走于各地的聚会点之间。渐渐地，这些分散的聚会点结成了一个松散的、跨地域的教会网络。这引来了政府的关注。1975 年，一场针对这个教会网络的政治运动在 N 市铺开。然而，随着"四人帮"的倒台和随之而来的权力更替，这个教会网络不仅没有被消灭，反而获得了更大的发展空间。1979 年以来的对外开放使得大量的圣经和资金得以进入到 N 市的教会里。借着这些资源，在当地教会领袖的推动下，这个教会网络迅速做大，N 市的基督教也因此而全国闻名。

1983 年，为了防止海外渗透，公安部开展了一个全国性的、以"呼喊派"为打击对象的政治运动。这个教会网络成为了主要的打击对象。然而，因受到洪水的影响，这个政治运动未能深入下去。外加资源的有限，人手的不足和国际的舆论压力，这个运动到 1984 年就结束了。这个运动未能消灭这个教会网络，反而导致了两个非意图的结果：促成了当地教会的分化与整合，促成了基督教的跨省传播。例如，一些教会为了避免遭受进一步的打压，与"呼喊派"划清界限，并自成一体。一些小教会为了更好地应对政府的打击，合并成一个大的教会，并建立了更加紧密的团队合作事工模式。此外，有些教会领袖为了躲避政府的打压离开了N市，并在其他地方建立教会。政治运动消失后，本地整合起来的教会与外省新建立的新教会被进一步地整合，形成了全国性的家庭教会网络。经过这样的分化与整合，F教会和T教会逐渐成形。90年代，海外的资源进一步进入N市，强调"圣灵浇灌"、"说方言"、"哭罪悔改"和"治病赶鬼"的灵恩运动也进入了N市。为了打击海外的宗教渗透，遏制新兴宗教运动的过快发展，一场全国性的政治运动再次铺开。在1996年，F教会和T教会均被划分成邪教，成为政府重点打击的对象。1998年，F教会和T教会的几个核心的教会领袖一起进京，并与其他三个家庭教会网络的领袖一起起草了《中国家庭教会信仰告白》。1999年，公安部给这两个教会摘取了邪教的帽子。就在是年T教会提出了教会进城战略，并在北京建立了教会的分支（简称北京牧区）。北京牧区的成立，成为了日后政教关系缓和的重要铺垫。

　　八九十年代，这两个教会一直与政府保持较为紧张的关系。政教关系的逆转和两个教会的分道扬镳始于2002年。是年4月，T教会的30多名教会领袖被"东方闪电"（基督教内部的一个膜拜团体）绑架。为了营救被绑架的教会领袖，T教会的一些领袖来到北京，并与北京牧区领袖一起向公安部报了案。为此，公安部采取了营救措施，并在全国八省开展了打击"东方闪电"的运动。在这个过程中，T教会递交了有关"东方闪电"的调查报告，并为政府提供线索与帮助。因着这次合作，T教会与公安部有了政治连接。虽然T教会在N市政府里没人，但它却"在北京有人"。"绑架事件"成为T教会与政府关系改善的重要契机，此后政府基本上放宽了对T教会的管制。由于T教会在北京建立了牧区，并与公安部有过非正式的合作，地方政府一直对T教会退让三分。相反，F教会与地方政府的关系却仍旧紧张，其教会核心领袖一直在押，直到2011年才被释放。

在本个案中，北京牧区扮演了一个"准驻京办事处"的角色。公安部和 T 教会的对抗因着北京牧区的出现及其与公安部的非正式合作而得以缓解。由于北京牧区相比于 N 市政府与中央有着更直接的联系，在不对等的中央—地方关系中，地方政府因惧怕北京牧区的告状而放宽了对 T 教会的管制。

个案四：S 教会与村支书的故事。 S 教会是 N 市 S 村内的一个农村教会，隶属于 T 教会。2007 年，当笔者进场调查时，S 村约有 1600 人，其中 40%—50% 是基督徒。由于到 N 市传教的人较多，而且其中有不少是外籍的人员，当地政府跟教会的关系一直比较紧张。有大型活动或者地下的宗教领袖培训时，宗教局和国保的人员往往会来干扰聚会，并带走核心的人员。在每年严打的时候，由于完不成上面下达的任务，教会的领袖也往往成为严打的对象。不少教会的领袖都有过被拘留、罚款甚至判刑的经历。

不同于周边的教会，S 教会不仅很少受到政府的打击，而且还获得了很大的活动空间。2005 年，S 教会在村里还建立了一个由村政府与教会共管的养老院，这成为 N 市内唯一一个村级的养老院。这一切都得益于该村村支书沈叔（化名）的帮助。沈叔是 S 村的一个中年农民，由于读过几年书，办事又能干，90 年代他就当上了 S 村的治保主任，2002 年还当上了村支书。沈叔的妈妈是个基督徒，他的哥哥是 S 教会的核心领袖。2007 年，S 教会的领袖带着我和沈叔吃了一顿饭，在饭桌上我们聊起了当地教会的一些情况。

90 年代，这里的教会跟政府的关系特别紧张，特别是当 S 教会所属的 T 教会被打成邪教之后。那时 T 教会的主要领袖或者被抓，或者逃到其他地方，只剩下一些热心的信徒暗地里聚会。乡里经常向上级政府打报告，请求县政府派人来抓基督徒。上头来抓人的时候，沈叔一般采取保护的态度，给基督徒通风报信，让他们能够提前散去。谈及保护教会的原因时，沈叔给出了以下的解释：

> 他们都是好人，这我最清楚不过了。他们只是想信个主，聚个

会，没有什么大不了的。小时候，我也跟我妈妈聚过会，后来读书后就没去了，觉得这些都是迷信的东西。我虽然不信，也不反对他们。

……

农村的干部不好当啊，上面是你的领导，下边是你的亲朋好友，谁都不好得罪。这个村子虽小，但事情却是一大堆。收税，修路，计划生育，盖学校，抓犯罪。在这里是七分工作三分人情。有时候，你不能总按着上面的意思办，否则工作就没法开展了（访谈记录G7）。

沈叔的这番话道出了农村工作的艰辛，也指出了调用村委会力量去管制宗教的困境。其实，在这个基督徒人数占了将近一半的村子里，没有教会的配合，村里的工作是难以开展的。在农业税还存在，新农村建设还没开展的时候，力量薄弱的村庄政府往往借助教会的力量来收税和修路。谈及S教会在该村的影响力，沈叔有如下的评论：

村里不好组织修路，因为年轻人都到外面打工，在家的都上建筑队，金钱社会，修路都要钱。他们［基督徒］不要钱，老婆子们也去修路，还感动其他人去修路。2003年的时候，［教会］组织了100多人去修路，有的群众还说村里的干部连信耶稣的都不如，他们把路修了，大队却修不好。2006年建学校，修了一半没钱了，教会组织人去把它修好了。他们还帮忙建了一个敬老院。办敬老院是一个天大的好事，使老有所养。还有，信耶稣的人纳税都比较积极（访谈记录G7）。

这个养老院的建成跟一个澳大利亚籍的华人牧师有关。2004年，这个牧师来到了S村做一些培训的工作。看到这里孤寡老人状况凄凉，他就想为当地修一个养老院。S教会的领袖把华人牧师带到了沈叔那里一起商讨建养老院的事情。沈叔就把乡里一直想修养老院，却苦于没有资金的状况告诉了这位牧师。在S教会领袖的撮合下，沈叔与华人牧师一拍即合。沈叔答应努力去运作这个事情，华人牧师则承诺回去募款。2005年，华人牧师在海外募集了约10万人民币，并交给了S教会的领袖。在沈叔的运作下，S村获得了县里的批文，并以村民集资的名义修建了这个养老院。有了资金和批文之后，S教会的领袖就带领着当地的信众，在2005年就把养老院修好。养老院落成后，沈叔还邀请了乡里和县里的领导为这个养老院剪彩，并报告了基督徒所做的好事。现在，这个养老院归S村集体所有，具体运营则归S教会负责。每个月国家还给这里的老人发几百块钱的补助。沈叔因这个养老院而成为县里的先进，县里的官员也因这个养老院而改变了对基督教的看法。养老院的建成使得政府与教会有了双重的关系：一个是借助村支书建立起来的非正式关系，一个是借着养老院建立起来的制度性的合作关系。这个养老院的修建大大改善了基层政府跟S教会的关系。

从打压到合作这个政教关系逆转的过程中，沈叔起到了一个非常重要的作用。因着沈叔这座桥梁，县政府跟S教会有了政治的连接。这种连接使得政府对S教会有更多的认识，正式这种"看法"的转变，推动了"做法"的调整。在我国，由于宗教管理缺乏明确的法律框架，"怎么看"往往也决定了"怎么办"（叶小文，2007）。

S教会与政府之间的政治连接有两个特点：一是，基于亲缘关系；二是，基于互惠关系。在这双重关系下，沈叔对教会的态度也经历了一个从消极保护到积极推动的转变。

亲缘的作用是显而易见的，能够部分解释沈叔的"护教"行为。因为沈叔的哥哥是教会的长老，沈叔的妈妈也是教会的信徒。出于亲情的考虑，他有道义去保护他的妈妈和哥哥。但很多时候，亲情往往不足以抵抗政治的压力和利益的诱惑。现实中，我们也可以看到亲情在利益面前的脆弱性。很多父子、兄弟因分担赡养责任、分配房子和遗产等利益冲突而反目。在"文革"的时候，亲缘关系和师生关系也成为政治批斗的重要动员载体。

在政教冲突的N市，沈叔的"护教"行为是一种政治风险非常高的行为。沈叔可能因此丢官，甚至落下一个包庇祖护的罪名。除了亲情之外，什么因素支撑了沈叔这种勇敢的行为？笔者认为，这跟村支书和基督徒之间的互惠关系有关。因着村支书的保护，基督徒可以躲过乡镇政府的抓捕。因着基督徒的帮助，村支书也顺利地完成了收税、修路和修建学校等任务。此外，更重要的是在S教会的帮助下，沈叔获得了一个非常显著的政绩——建成了县内唯一一所村级的养老院，成为了县里的先进。

可见，这种"护教"行为不完全是亲情行为，也是一种互惠行为。现实中，单靠亲情联系而没有互惠关系作支持，高风险的保护主义行为是难以持续的。这种互惠关系之所以能建立是与中国的政治密切相关的。在中国的政治架构中，村官往往很难通过治理的绩效而得以爬升中国政治的阶梯。村一级的财政往往只有很少一部分来源于乡财政的直接划拨（称乡统筹），而且村财政的获得往往跟村庄治理不存在很高的相关性，因为乡统筹是按人头摊派和划拨的。很多时候，乡镇府跟村政府是一种雇主—雇工的关系。这种关系是机械的，而且往往是充满张力的。雇主往往给雇工很少的资源，却要雇工完成很多不可完成的任务。相反，村政府跟村民是一种有机的关系，村庄治理的完成离不开村民的配合，村民也可以通过选举对村委会施加一定的压力。此外，村庄是一个熟人社会，行政命令往往不如熟人关系有效。在宗教管理方面，从策略考虑，配合上级抓捕基督徒并不能给村支书带来多少政治上的好处，抓不到也不会有太多负面的影响。相反，如果村支书选择配合上级抓捕基督徒，他不仅会在收税、修路和修建学校等方面失去基督徒的帮助，也会在亲情伦理上遭遇到很多的谴责。权衡之下，保护主义是一种更加理性、更合乎情理的选择。教会在沈叔的保护下得以保存，沈叔在教会的帮助下也得以顺利完成其他治理任务。正是在亲情关系和互惠关系的双重推动下，政教关系得以向良性的方向发展。

政治交换

如果宗教人士和组织既没有直接嵌入到国家行为体里，也没有社会关系使之能够与国家行为体关联起来，那么这是否意味着政教关系不可改变？答案是否定的。诚然，在重视关系的中国社会里，如果没有直接或间接的关系，个人很难影响到政府的决策和执行。但是政策的弹性和官僚的务实主义使得政教冲突有缓和的空间。政治交换便是其中一种缓解政教冲突的机制。本部分笔者将通过两个例子说明政治交换的运作模式。

政治交换并不是新的事物。历史上，政治交换也对天主教在中国的传播起到了很大的推动作用。早在明朝的时候，罗马天主教的传教士就通过给官员送贿的方式打通进入中国的门。清朝康熙禁教的时候，天主教的传教士也通过送贿的方式获得生存的空间。

个案五：懂得处关系的 W 教会。W 教会是 G 市的一家温州人教会。教会处在一个服装批发市场附近，教会成员主要是在服装市场做批发零售生意的温州商人。由于 G 市的外来人口较多，也是外国人员与货物进入中国的重要大门，出于治安和防止渗透的考虑，这边的宗教管制一直比较严厉（访谈记录）。这里的教会的信徒也主要以外地人为主。改革开放之初，很多圣经和基督教的出版物都是通过 G 市而流散到各地（张义南，2009）。

在宗教管制比较严厉的 G 市，这个外地人教会一直没有受到政府的干涉。相反，一个本地人教会却从成立之初就备受政府关注。此外，一个曾被地方公安驱赶了多次的家庭教会也因搬到了这个教会里聚会而获得了半年左右的平静（访谈记录）。Z 教会的负责人指出了其中的原因：

> 我们温州人到了哪里都特别注意搞好邻里关系。我们也特别注意跟政府搞好关系。我们要开一个教会的时候，我们都会主动跟政府打招呼，告诉他们我们只是想找个地方让温州的商人周日有个聚会的地方。节日的时候我们也会给他们送送礼物表示感谢。所有只要是我们温州人在外地开的教会，一般都不会受到当地政府的拦阻（访谈记录 J9）。

其实，除了他们所送的"礼"之外，他们还给政府交了不少的税。因着他们所交的"保护费"，他们很少受到政府干预。除此之外，教会人员单一，对政府威胁较少。温州人集体谈判，也让政府不敢对他们轻举妄动。事实上，在这里做生意的温州人很多。他们不仅有自己的商会，还有自己的"温州城"。

个案六：没有"闯关"的 D 教会。D 教会是一家地处 B 市的温州人教会。2010 年，洛桑会议，这个世界性的宣教会议在南非开普敦举行。[8] 洛桑会议对与会人员有一个要求，就是要签署"传福音给万民"的《洛桑信约》方能以这一身份参加。中国的基督教两会和家庭教会同时收到了邀请。基督教两会因不能签署《洛桑信约》而失去了正式代表的身份，而家庭教会因能签署《洛桑信约》而获得了这一身份。后来，洛桑会议筹委会邀请基督教两会以观察员身份参加。这使得被政府认可的基督教两会反而成为了非正式代表，而不被认可的家庭教会却成为中国教会的正式代表。中国外交部把这定性为"挑战中国独立自主自办教会原则，是对中国宗教事务的粗暴干涉"。为此，国保大队的官员分别找了与会的家庭教会领袖进行谈话，严禁他们参加洛桑会议。虽然国保大队的官员已经给这些教会领袖表达了政府不让他们出关的立场，而这些领袖也不抱顺利出关的希望，但是他们还是想通过集体的行动来表明教会的立场（访谈记录 J10）。为了推动教会合一和探求政府对家庭教会的底线，B 市家庭教会的与会代表决定一起"闯关"。洛桑会议成为 2010 年中国政教冲突的一个核心事件。事实上，几乎所有能出门的家庭教会代表都作了"闯关"的努力，但这个 D 教会的领袖却提前向国保官员作出放弃与会的承诺。一个 B 市的牧师曾如此评价温州人的教会：

> 温州人最灵活，他们也把经商的方式也用到了发展教会。洛桑会议筹备的时候，一个温州的弟兄告诉我，国保的人找他，要求他们不去参加洛桑会议，并扬言要去动他在别的地方的事工。他就跟国保的人说，如果你不动我的事工，我就不参加洛桑会议。他们一拍即合，交易就这样达成了。基督徒的商人仍旧是商人，他们不像守望这些知识分子的教会死守着"原则"，而不懂得灵活（据访谈整理）。

事实上，这个教会跟政府的关系一直比较好。政府默许了他们购买聚会场所，平时有外来人员讲道的时候，他们也会提前告诉国保大队的官员，并征得他们的同意。正是这种稳定的互动模式使得双方达成默契，推动了交换的顺利进行。正是有了之前的关系，才有了日后的交易。其实，自 2007 年以来，国保的官员就刻意地与 B 市的家庭教会领袖建立相对固定的约谈制度。靠着这种非正式的约谈制度，双方对彼此有了更多的了解。但是，由于缺乏信任和理念的共识，这种非正式的联系很少导致政治的交易。

中国宗教管理体制的特点

虽然笔者所选的个案都是特别的，但是政治嵌入、政治连接和政治交换这三种机制在我国却不是个别的现象。从上面的分析我们不难发现，这些机制不仅存在于登记的教会，也存在于未登记的教会；既存在于河南省的乡村，也存在温州这样的大都市。为何这些机制能够在不同的区域，不同的教会群里出现？笔者认为，这是跟我国宗教管理体制密切相关的。

首先，我国宗教管理的方针政策是模糊的。国家宗教局的一个干部曾如此抱怨：

> 现在中央在宗教事务上的方针不是很明确，搞到地方执行起来无所适从。去年当我们联合其他五个部门颁布《关于鼓励和规范宗教界从事公益慈善活动的意见》，给外界释放一个信号——国家要推动宗教慈善的发展。但此前，当民政部放开四类组织［行业协会商会类、科技类、公益慈善类和城乡社区服务类四类］的登记时，有领导说宗教组织不在其中，并把宗教类组织与政治法律类和境外非政府组织归到一起。这些说明宗教在政治上仍被怀疑，国家对宗教仍不放心，不愿意放开宗教的手脚。我们释放推动宗教慈善的信号，但另外一些部门却释放另外一种信号，搞到地方都不知按哪个精神来办好。所以，搞到现在，地方政府仍对宗教类基金会的登记持观望态度，宗教团体也不敢贸然去登记（访谈记录 G12）。

地方宗教干部也抱怨"宗教法律模糊，操作起来很不方便"（访谈记录 G13）。一些基督徒维权律师发现在执法时，一些地方依据的 90 年代的政策，而非后来颁布的《宗教事务条例》（访谈记录 L15）。

其次，我国的宗教管理是多孔的、碎片化的。从中央—地方关系来看，各地在宗教事务方面有相当大的自主权。这一方面由于地方政府立法上的自主权，另一方面则源于国家宗教局缺乏强有力的行政监管机制。从宗教立法这个方面来看，地方政府拥有较大的自主权。在 2005 年的《宗教事务条例》颁布之前，各省已经有了自己的《宗教事务管理条例》。国家宗教局颁布全国性的《宗教事务条例》之后，各省也根据自己情况制定本省的《宗教事务条例》。例如，2000 年广东省就通过了《广东省宗教事务管理条例》。这个条例在 2010 年修订成《广东宗教事务条例》。[9]

从行政设计来看，国家宗教局难以对地方宗教部门进行有效的管理和监督。过去很长时间内，国家宗教局只是一个司局级机构。直到 1998 年，国务院宗教事务局更名为国家宗教事务局的时候，国家宗教局才升格为一个副部级单位。国家宗教局对地方宗教事务部门只有指导的职能。在地方，宗教事务部门往往与民族事务部门合并成一个部门，如广东省民族宗教委员会、温州市民族宗教局。与国家民委的竞争，也削弱了国家宗教局对地方宗教事务的影响。此外，地方宗教事务部门的人员往往被地方政府调用，这本身就削弱了地方的宗教事务管理。一个县国保大队的队长曾如此抱怨道：

> 宗教管理部门力量薄弱，他们就五个人，为政府办公，替乡长服务。他们既是宗教局的，同时也是县办或者县委秘书，整天跟着其他领导跑，往往把实际工作丢到一边（访谈记录 G2）。

多头管理也是宗教事务管理体制的一个重要特点。过去，宗教管理基本上是统战部牵头，宗教局和公安局配合。但随着"防渗透"、"打击邪教组织"和"维稳"重要性的上升，以及反邪教办公室（简称 610 办公室）出现了制度性的分化：登记的五大宗教归统战部和宗教局管，其他未登记的宗教和敏感宗教群体（如基督徒维权律师）归公安局管。此外，虽然民委和宗教局在中央层级有着清楚的分工，但在地方层级民委和宗教局则合二为一。这些都增加了宗教管理的内在张力。

最后，政策目标与行政资源的不匹配也是我国宗教管理的一个突出问题。Z县一个国保大队的队长曾如此抱怨：

> 我们工作默默无闻，我们没有正常休息时间，周六周日都是我们最忙的时候。我们星期天都要值班，基督教的活动都基本上集中在星期天。我们工作最累，可是往往成为最落后的单位。我们加班最多，待遇最差，装备也最差。我们只有一辆车，2001年的时候买的，经常坏，我们的侦查器材也非常滞后。
>
> 严打时也调用我们的力量了，还给我们下达了任务。要我们抓50个人，破8个刑事案件，9个民事案件。我们根本上完成不了这些任务。我为此也跟局长闹翻了，去年也打了辞职报告。他们把经济刑事放在首位，其他放在后面。可是民族宗教无小事，地方却不理解（访谈记录G2）。

在过去一段时间，一些地方力图通过建立宗教工作领导小组、宗教工作联席会议制度、县乡村三级民族宗教事务管理网络来强化宗教管理。宗教局的编制在一些地方也有了一定程度的扩大。但是，如果宗教管理部门的地位以及宗教事务在政府事务的优先性若不提高，这些制度根本难以有效运作。宗教局往往成为一个养老和专业分流的部门，而且很多时候有限的资源也被挪作他用。

综上可见，中国的宗教管理体制是多孔的、碎片化的，存在着目标模糊、多头管理、部门利益冲突等问题。模糊的目标、冲突的利益和不匹配的资源使得宗教管理难以达成一致，这给地方执行者留下了巨大的自由裁量权，促成了政教关系的多样化。

结 论

宗教复兴在中国已是一个不争的事实。根据中国综合社会调查（CGSS）的数据，信徒的比例从2003年的6.1%增加到2010年的13.9%。宗教的复兴（特别是基督教的复兴）对中国的社会乃至中国政治的走向将产生什么样的影响，这一直是一个各界关心的问题。至今人们关注最多的还是数量的影响。所以，探求中国基督徒的数量一直是一件人们孜孜以求的事情。但是，我们不应夸大基督徒数量的影响。至今基督徒在中国人口中只占一个很少的比例，而且相当一部分人是社会底层的人。

有的学者注意到精英群体的影响。事实上，过去30年，中国基督教发生了结构性的变迁，专业化群体出现，信仰也与职业密切结合。包克强（John Barwick）关于民国时期精英基督徒的研究、陈村富和曹南来关于基督徒老板的讨论、李凡对基督徒维权律师的研究均强调精英群体的影响力。不过，很多时候精英的影响力被夸大，往往也被抽离了时空背景。其实，虽然基督徒商人在各个城市都有分布，但是只有温州的基督徒老板对地方社会发挥了显著的作用。至于基督徒维权律师的作用，媒体的报道往往夸大了他们实际的影响力。事实上，这些律师往往既被教会疏离，也被政府打压，能发挥的影响力非常有限。笔者认为关注宗教行为体和国家行为体的结构性关系，更有助于我们认识政教关系演变的动力和方向。

本文把"关系"的概念引入到政教关系的研究，通过六个个案分析了三种机制——政治嵌入、政治连接和政治交换的特征和运作方式。笔者发现，这三种机制不仅缓和了政教的冲突，还为教会获得活动空间、完成合法化创造了条件，亦为政府吸纳教会、调整宗教政策建立了基础。笔者还发现，在政教关系如此紧张、宗教管理如此严厉的中国，这三种机制之所以能够顺利运作，是与多孔的、碎片化的、目标模糊、管理多头的宗教管理体制密切相关的。

在本文中，笔者谈得比较多的是这三种机制的有效性和正功能，但笔者也意识到这三种机制的限度和负功能。政治嵌入、政治连接和政治交换有助于缓解政教冲突，但是这并非政教和谐的充分条件。有了这三样并不能保证政教之间不发生冲突。事实上政府官员的意志，以及教会领袖的回应策略都会影响到两者的关系。虽然很多教会也拥有了政治连接甚至是政治嵌入，也有很多进入政治交换的空间，但是它们中有不少选择了不合作甚至是抗争的策略，使得政教矛盾激发。有时候上级政府官员的压倒性意志，也会破坏基层政府与教会的关系，使得这三种机制无法阻挡政教冲突的发生。于是,我们可以看到这三种机制只有在常规治理层面才能比较好地发挥作用。如果当政教之间处于"非常时期",或者两者之间的冲突已上升到政治的冲突,那么这三种机制将作用甚微。

至于这三种机制的负功能,现实中我们也能找到很多例子。某种程度上,基督教两会是嵌入到政府里面的,这导致了教会的官僚化。这也是两会被很多人批评成是"官办的教会"或"官方的教会"的原因。此外,政治嵌入有时也是政教冲突的重要来源,这在人事任命和教会财务上特别明显。政治交换也成为了一些企业圈地的重要途径。一些老板借宗教之名(修大佛、大教堂)来搞旅游开发,一些老板则乘宗教慈善之风明盖宗教安养院实修豪华别墅。这些都是机制负功能的重要体现。缺乏规范的法律框架,这些建立在"关系"上的调适和变通永远是不稳定的,而且容易被误用。我国政教关系的正常化仍有待法律制度的健全。

【注释】

[1] 托夫特等人的研究是一个例外。他们用教义和结构性关系来分析宗教团体在民主化浪潮中的策略选择和影响力。他们发现,教义与民主自由理念有亲和力,组织上独立于国家的宗教团体有助于推动民主化进程(Monica Duffy Toft, Daniel Philpott, and Timothy Samuel Shah, 2011)。

[2] 笔者对政治嵌入的界定参考了麦宜生的定义。麦宜生把政治嵌入界定为:政治嵌入指的是一种与国家及其办事人员持续的结构性关系。这包括了正式的和非正式的关系,如官僚性的、工具性的和影响性的关系。我所界定的政治嵌入包含了关系性嵌入(与国家行动者持续的、直接的、双向的关系)、结构性嵌入(与国家行动者持续的、间接的三角关系)和职位性嵌入(与国家机构持续的组织关系)等三类嵌入性关系(Michelson, 2007:356)。笔者认为他把政治嵌入界定得非常宽泛,并把很多的事物归类到政治嵌入的概念下。例如,他并没有区分正式的嵌入和非正式的联系。笔者在本文做了区分,把正式的嵌入叫做政治嵌入,非正式的联系叫做政治连接。

[3]《第十二届全国政协委员名单出炉 宗教界有67人》,载《人民政协报》,见

http://www.mzb.com.cn/html/node/369418-1.htm。

〔4〕胡英:《宗教人士在"两会"》,载《南方周末》,见http://www.infzm.com/content/42721。

〔5〕1988年的数据来自赵克兰、吴良芳:《周口基督教发展简述》,载《周口文史资料》,2002年第1期;2007年的数据来自《河南周口市第二届基督教代表大会召开》,载《福音时报》,2007年8月27日;2011年的数据来自于欣伟:《人大宗教学周口实习基地揭牌 基督教"在地化"关键一步》,载《福音时报》,2011年10月27日。

〔6〕2004年的全国经济与社会调查包含了对宗教组织的调查,这是至今唯一一个包含宗教组织的全国性调查。

〔7〕有关建教堂的文化含义,请参见笔者的博士论文:Zhifeng Zhong, "Multiple Modernizations, Religious Regulations and Church Responses: The Rise and Fall of Three 'Jerusalems' in Communist China", PhD Dissertation, Baylor University, 2013。

〔8〕洛桑会议是一个由新教福音派推动的世界宣教大会。第一届洛桑会议于1972年10月在瑞士洛桑举行,至今已经举办了三届。第三届洛桑会议在南非开普敦举行,有来自198个国家的近5000名代表和特邀嘉宾参加。

〔9〕国家宗教事务局政法司:《广东省宗教事务条例》,http://www.sara.gov.cn/zcfg/dfxfggz/6371.htm(访问时间:2013年9月25日)。

【参考文献】

Gold, Thomas B. "After Comradeship: Personal Relations in China since the Cultural Revolution", in *The China Quarterly*, Vol. 104, 1985, pp. 657–675.

Granovetter, Mark, "The Strength of Weak Ties", in *American Journal of Sociology*, Vol. 78, 1973, pp. 1360–1380.

Granovetter, Mark, *Getting a Job: A Study of Contacts and Careers*, Cambridge, MA: Harvard University Press, 1974.

Hattaway, Paul, *Henan: The Galilee of China (Fire & Blood: The Story of the Church in China)*, Pasadena, CA: William Carey Library Pub., 2013.

Laumann, Edward O., and David Knoke, *The Organizational State: Social Choice in Nation-*

al Policy Domains, Madison, Wis.: University of Wisconsin Press, 1987.

Liao, Yiwu, *God Is Red: The Secret Story of How Christianity Survived and Flourished in Communist China*, Reprint ed., Oxford: HarperOne, 2012.

Marsh, Christopher, *Religion and the State in Russia and China: Suppression, Survival, and Revival*, New York: Bloomsbury Academic, 2011.

Michelson, Ethan, "Lawyers, Political Embeddedness, and Institutional Continuity in China's Transition from Socialism", in *American Journal of Sociology*, Vol. 113, No. 2, September 2007, pp. 352–414.

Putnam, Robert D., Robert Leonardi, and Raffaella Y. Nanetti, *Making Democracy Work: Civic Traditions in Modern Italy*, Princeton: Princeton University Press, 1994.

Wickeri, Philip L., *Reconstructing Christianity in China: K. H. Ting and the Chinese Church*, Maryknoll, N. Y.: Orbis Books, 2007.

——, *Seeking the Common Ground: Protestant Christianity, the Three-Self Movement, and China's United Front*, Maryknoll, N. Y.: Orbis Books, 1989.

Yang, Fenggang, *Religion in China: Survival and Revival under Communist Rule*, Oxford: Oxford University Press, 2012.

Yanjie Bian, "Bringing Strong Ties Back In: Indirect Ties, Network Bridges, and Job Searches in China", in *American Sociological Review*, Vol. 62, 1997, pp. 366–385.

Zhifeng Zhong, "Multiple Modernizations, Religious Regulations and Church Responses: The Rise and Fall of Three 'Jerusalems' in Communist China", PhD Dissertation, Baylor University, 2013.

陈村富:《转型时期的中国基督教——浙江基督教个案研究》,东方出版社2005年版。

陈剩勇等:《组织化、自主治理与民主——浙江温州民间商会研究》,中国社会科学出版社2004年版。

龚学增:《社会主义与宗教》,宗教文化出版社2003年版。

梁家麟:《改革开放以来的中国农村教会》,香港:建道出版社1999年版。

刘同苏、王怡:《观看中国城市家庭教会》,香港:基文社2012年版。

刘玉照、田青:《新制度是如何落实的?——作为制度变迁新机制的"通变"》,载《社会学研究》,2009年第4期。

罗竹风、阮仁泽、萧志恬主编：《中国社会主义时期的宗教问题》，上海社会科学院出版社1997年版。

孙立平、郭于华：《"软硬兼施"：正式权力非正式运作的过程分析——华北B镇收粮的个案研究》，载《清华社会学评论》（特辑），鹭江出版社2000年版。

邢福增：《基督教在中国的失败？——中国共产运动与基督教史论》，香港：汉语基督教文化研究所2008年版。

邢福增、梁家麟：《五十年代三自运动的研究》，香港：建道神学院1996年版。

叶小文：《宗教问题：怎么看怎么办》，宗教文化出版社2007年版。

郁建兴、黄红华、方立明等：《在政府与企业之间：以温州商会为研究对象》，浙江人民出版社2004年版。

郁建兴、江华等：《在参与中成长的中国公民社会：基于浙江温州商会的研究》，浙江大学出版社2008年版。

郁建兴、王诗宗、黄红华等：《民间商会与地方政府：基于浙江省温州市的研究》，经济科学出版社2006年版。

张邦松：《温州老板基督徒调查》，载《经济观察报》，2010年3月26日。

张义南：《张义南文集》，中福圣山研究所2009年版。

张忠成：《从温州教会的牧区现象看教会的牧养管理》，载《金陵神学志》，2011年第1期。

制度与结构变迁研究课题组：《作为制度运作和制度变迁方式的变通》，载《中国社会科学季刊》（香港），1997年冬季卷（总第21期）。

（本文作者为中国人民大学中国数据与调查中心博士后）

Abstract

Since the Reform and Opening-up, China has witnessed enormous changes of the relationship between politics and religions, which exhibits huge regional disparities across the country. Both characterized by "essentialism" and "holism", "Conflict School" and "Consensus School" can't deal with the complexity of Politics-Religions relationship in China. Based on his 6-year long field surveys and by introducing the concept of "relationship", the author examines the three mechanisms that shape the relationship between politics and religions in China, i. e. "Political Embeddedness", "Political Linkages" and "Political Exchanges". According to the author, the porous, fragmented, objective-ambiguous and multi-layered religion management system provides the space for the functioning of the aforementioned three mechanisms. Through the three mechanisms, the tension between politics and religions are relaxed. Moreover, the church gets necessary space for legitimation and the government gets some footings to absorb the church and fix its religion policies. Compared with ideology and policies, according to the author, "relationship" provides us a better instrument to explain the relationship between politics and religions in China.

Keywords

Relationship between Politics and Religions; Political Embeddedness; Political Linkages; Political Exchanges

当前我国城乡基层治理的若干重大问题及对策建议

袁方成　柳红霞

摘　要：城乡基层治理，一头连着城市，另一头系着农村，关乎城乡的发展，社会的稳定。加强和改善城乡基层治理，是城乡统筹、一体化发展的重要体制保障，是城乡基本公共服务均等化的必然要求，是城乡社会大流动过程中促进社会融合与社会和谐的前提基础；尤其是在当前社会急剧转型、社会矛盾多发时期，加强和改善城乡基层治理，对于推进城乡经济协调发展与城乡社会和谐具有重要的理论价值和实践价值。本报告从城乡基层管理、公共服务和公共参与等方面研究城乡基层治理问题，着眼于体制创新，建构与我国城乡统筹发展、基本公共服务均等化以及基层民主参与发展相适应的城乡基层治理新格局。

关键词：城乡统筹发展　基层治理　公共服务　公共参与

城乡基层治理，一头连着城市，另一头系着农村，关乎城乡的发展，社会的稳定。[1]我国的城乡经济社会发展一体化正处于加速发展的阶段，城乡经济社会结构正发生着深刻变化，包括城乡利益关系格局的变化、城乡人口流动与人口结构的变化、城乡社会组织结构的变化以及城乡社会空间结构的变化等诸多方面。作为党和国家各项大政方针政策的落脚点，基层治理是维护国家和社会稳定的"防火墙"。

当前我国正处于城乡"大变革、大发展、大融合"的时期，也是当前和谐社会建设中困难最突出、问题最严重、矛盾最复杂的前沿地区。[2]改革开放30年来,我国城乡差距逐渐拉大,城乡经济社会发展失调,农村地区日益边缘化。在城乡社会日益走向开放性、流动性的社会背景下,基层改革和发展的瓶颈仍然未得到彻底破解,城乡二元体制难以消除,已成为制约国家长治久安和社会和谐发展的关键性环节。

为此,加强和改善城乡基层治理是城乡统筹、城乡一体化发展的重要体制保障;也是基本公共服务均等化的必然要求,是城乡社会大流动过程中促进社会融合与社会和谐的前提基础。[3]解决好人民最关心最直接最现实的利益问题,全力维护城乡基层社会的和谐稳定发展,是当前亟待研究解决的一项重大而现实的战略问题。

一、我国城乡基层治理的总体框架与阶段特征

经过改革开放30多年的发展,我国的城乡基层在经济、政治和社会发展方面都发生了根本性的变化,城乡基层治理体制不断健全完善。近年来,在国际金融危机扩散的背景下,党中央明确提出一系列有关城乡发展的方针政策,力求促进和维护城乡经济社会得到又好又快的发展。我国的城乡基层治理处在新的发展阶段,具有新的时代内涵和特征。

(一) 当前我国城乡基层治理的总体框架

从城乡基层治理的结构体系来看,其核心要素是城乡社会管理和公共服务,而社会管理和公共服务又与基层政府的高效运作、社会组织和民众的广泛参与密切相关。基层社会管理和公共服务体制机制的创新,是城乡基层治理的重要基础和条件,而基层政府的体制改革与社会组织和民众的广泛参与则是必要支撑和保障。具体而言,包括以下几方面:

城乡社会管理。城乡基层处于国家与社会的紧密结合部,也是各类矛盾的集中触发点,各种复杂的关系处理不好很容易引起社会波动。特别是近几年来,随着城乡经济和社会各项改革政策的深入推进,因经济成分、

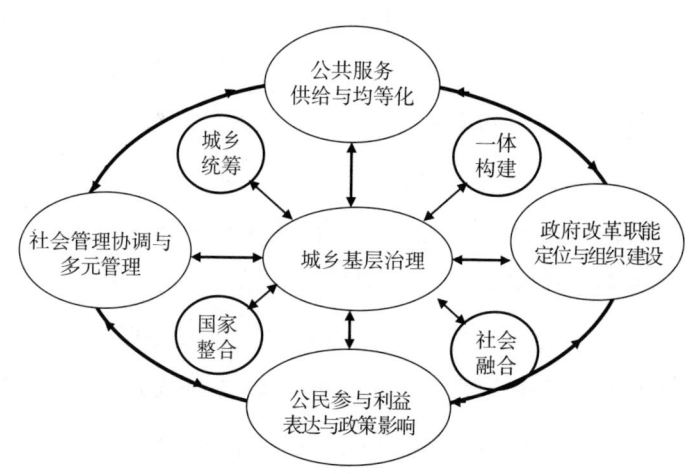

图 1 我国城乡基层治理的总体框架

就业方式、利益关系、分配方式和价值观念多样化而导致的深层次的社会矛盾和问题逐渐显现,基层治理的难度显著加大。建立与当前城乡社会发展阶段性特征相适应的社会组织与社会事务管理的体制机制、社会危机管理与矛盾调处的体制机制是破解当前出现诸多矛盾和问题,促进城乡基层社会和谐稳定的重要突破口。党的十七大报告提出"要健全党委领导、政府负责、社会协同、公众参与的社会管理格局,健全基层社会管理体制",要求最大限度激发社会创造活力,最大限度增加和谐因素,最大限度减少不和谐因素。构建和谐社会已经成为社会发展的核心价值目标,维护城乡基层和谐稳定是推动社会和谐发展的重要基础,也是我国城乡基层治理实践的首要目标和基本要求。

基层公共服务。 随着城乡经济社会发展的全面进步,城乡二元格局的逐步松动和消解,由城乡分治走向城乡统筹日益成为经济社会发展的客观要求。而实现城乡一体化的基本格局,必须首先使城乡居民在公共服务一体化过程中享有平等的权利和待遇。基本公共服务作为社会中人们生存和发展必需的基本条件,是非由政府提供不能有效满足和充分保障的基本福利水准,平等地享受基本公共服务是人们基本的权利。[4]客观上看,我国城乡居民在户籍、社会保障、就业、医疗、教育、文化、卫生等公共服务方面仍然存在着较大的差异，广大农村居民无法获得与城市居民相同的权益保障。党的十六届六中全会通过的《中共中央关于构建社会主义和谐社会若干重大问题的决定》中指出"完善公共财政制度，逐步实现基本公共服务均等化"。如何缩小涵盖人口最多，差别最明显的城乡公共服务，从根本上消除城乡二元结构，缩小城乡差别，是摆在我们面前的重要现实问题。实现基本公共服务均等化是城乡基层政府弥补市场公共物品"供给失灵"的必然选择，是构建服务型政府的内在要求，有利于夯实和谐社会的物质基础，体现和谐社会的公平正义，营造和谐社会的良好氛围。

基层政府改革。作为我国城乡双层社会结构究竟是"合治"还是"分治"的风向标[5]，基层政府的管理体制及其改革是我国城乡基层治理的重要部分。基层政府是国家对城乡基层社会实行有效治理的重要组织载体，是统筹城乡发展、推动基层治理优化的重要践行者，承担着主导城乡基层社会管理和公共服务的职能，其管理体制和运行机制的合理与否，直接决定了城乡治理绩效的高低。党的十七大报告提出"要抓紧制定行政管理体制改革总体方案，着力转变职能、理顺关系、优化结构、提高效能，形成权责一致、分工合理、决策科学、执行顺畅、监督有力的行政管理体制"。从现实角度看，有利于共同促进城乡统筹发展的政府体制机制尚未建立健全，突出反映在用制度管权、管事、管人，建立健全决策权、执行权、监督权既相互制约又相互协调的权力结构和运行机制方面。因此，推进城乡基层政府管理体制机制改革，构建结构优化、执行顺畅的基层行政管理体制是当前推进城乡基层社会发展的现实要求。

城乡民主参与。公民参与作为现代民主政治的一种具体体现，它不仅能促进民主政治的发展与进步，而且还能预防和解决某些公共问题。[6]随着市场经济的快速推进，社会不断进步和社会成员利益日益分化，城乡居民对参与社会政策决策和公共事务的需求强烈，他们迫切希望通过民主参与来维护自身的权利和利益。因此，如何解决提高居民的参与渠道、规范和质量等问题，以强化公共权力组织的代表性和回应性，巩固政府治理的合法性，有效整合社会资源，促进社会稳定有序的发展，是实现我国城乡基层善治的重要保障。党的十七大报告中直接明确提出要从各个层次、各个领域扩大城乡居民有序参与，保障城乡居民各项民主权利。在新时期切实保障城乡居民的参与权、知情权，真正使广大城乡居民群众参与到社会发展的各项政策事务中，有助于实现和维护城乡居民的民主权利，也有助于提升居民对基层政府的认同感以及政府权威性和影响力的塑造。

由此看来，作为统筹城乡发展的重要突破口，城乡基层治理的关键是在准确把握城乡基层治理发展现状趋势的基础上，从"社会管理"、"公共服务"、"政府改革"和"居民参与"四方面入手，构建有利于城乡经济社会发展一体化的城乡基层共治的体制机制，推动我国城乡统筹发展、新农村建设与和谐社会的构建。

（二）当前我国城乡基层治理的阶段特征

随着我国经济的不断发展和综合国力的全面增强，总体上，我国已经进入了一个"以工促农、以城带乡"的发展阶段。党的十七大明确提出："统筹城乡发展是坚持科学发展观的重要内涵。"这标志着我国城乡基层治理正式步入了一个新的发展阶段，我国城乡基层的社会管理、公共服务、政府改革和民众参与等方面都呈现出新的特征。

第一，适应经济社会发展的城乡基层管理新格局初步构建。随着改革开放推动下国民经济的快速发展，在构建"和谐社会"目标的指导下，当前我国的社会管理体制改革已和经济建设、政治建设、文化建设一起构成了"四位一体"的社会主义建设格局。[7]各地在城乡社会管理方面展开了新的探索和创新实践。[8]从深化社会管理体制改革的角度，基层社会管理体制在民生建设、服务型政府、基层社区建设、社会组织、社会安全体制和困难群体的社会权益保障等六方面发挥了重要的作用，取得重大进步。[9]随着社会主义市场经济在城乡地区的深入发展，以市场作为资源配置和调节的经济活动推动了城乡人口的大规模流动。当前的基层社会管理格局中，最为突出的特征是在人口流动加速与城乡空间开放的背景下保持着社会的总体稳定和有序发展。

在流动人口的管理方面，建国以来我国对城市外来流动人口管理先后经历了限制流动、粗放管理和控制管理等阶段，2003年以来进入了服务管理的阶段。[10] 近年来，为了解决长期存在的二元体制和城市化滞后问题，实现城乡人口流动的有序管理，国家在稳步推进以效率、公平和可持续性为目标的城市化的基础上，着力于进行公平正义的制度创新，以避免城市化进程中的"拉美陷阱"。通过重点推进城乡社区建设，打破社会壁垒，使进城务工农民成为市民，对流动人口实行综合管理。各地针对农民工在社会管理方面面临的突出矛盾和问题，从城乡统筹的基本点出发，积极探索就业和劳动力市场、户籍管理、义务教育、社会服务、社区管理和社会参与方面的制度创新，在社会保障、居住、政府财政、综合协调等方面给予大力投入和扶持，以此应对城乡流动性和开放性发展的新形势和新要求。

案例1 广东省中山市三乡镇妇联：外来人口社区融入与发展[11]

广东省中山市三乡镇妇联于1996年3月创办全国首家"外来女子业余学校"，旨在通过"关心女工生活、支持女工工作、维护女工权益、提高女工素质"，帮助广大外来女工融入当地社会，实现个人与地方发展双赢。15年来，这一组织不断发展壮大，开枝散叶，先后衍生了《三乡女工》报和三乡镇工人业余艺术团等组织，搭建了外来人员参与社区管理的载体和阵地，创造了引领外来人口群体融入社区，参与并推动社会发展的社会管理新模式。

通过项目的实施，三乡镇已实现外地人广泛参与当地社会管理，并成为社区管理的一支主要力量。一方面，项目组织开展的各类培训项目使受众——广大外来工群体得到免费培训和学习机会，既提高了受训工人的综合素质，又间接为企业和社区培养了人才。另一方面，项目组织开展的各类活动，大大激发了外来工群众的参与热情，活跃了社区的管理体制，实现了外来工参与社会管理的价值。

在此基础上，各地政府积极探索以发展谋稳定、稳定中求发展的城乡社会稳定机制。从传统社会向现代社会的转型过程中,社会不同阶层之间差距的不断扩大、各种社会矛盾的衍生挑战着社会稳定的局面。不少地区通过加强社会表达和整合机制的建设,极大地夯实了维护社会稳定的民众基础;健全社会流动机制,积极培育"两头小中间大"的橄榄型社会结构,为社会稳定提供了结构性支撑条件;通过完善政治录用、政治参与和政治社会化机制,建设了具有一定弹性的良好政治制度,夯实了维护社会稳定的政权基础;而通过大力加强理性化的公民文化建设,培育以宪法、法治、人权观念为核心的公民意识,创造了有利于社会稳定的良好人文社会环境。

案例2　四川省遂宁市委政法委:重大事项社会稳定风险评估机制[12]

2005年以来,遂宁市在全国率先建立和实施社会稳定风险评估机制,坚持在作决策、定政策、上项目、搞改革等涉及群众切身利益的重大事项出台实施之前,都切实开展社会稳定风险评估工作,努力从源头上防范和减少社会矛盾,实现了由被动保稳定向主动创稳定的转变。从2007年5月起,中央将遂宁市这一社会管理创新举措向全国推广后,各地陆续建立该机制并在实践中取得了明显成效。2011年3月,"建立重大工程项目建设和重大政策制定的社会稳定风险评估机制"写入了我国《国民经济和社会发展第十二个五年规划纲要》。

社会主义市场经济发展推动了城乡基层社会的深刻变革,"党委领导、政府负责、社会协同、公众参与"的社会管理新格局正建立健全。通过改革和创新,传统的单位制、街居制、户籍管理制等社会管理制度正逐步瓦解和更新,"在服务中实施管理,在管理中体现服务"的新理念和新机制正不断产生和推广,推动着基层治理的内在转型。

第二,主体多元化、方式多样化的基本公共服务供给机制逐步形成。 1978年改革开放之后,我国的城乡公共服务开始逐步适应社会主义市场经济建立和发展的要求,这一阶段发展演化的基本特征突出表现为体制转轨、城乡统筹和追求均等化。建国以后特别是改革以来,我国基本公共服务的范围不断扩大，服务质量不断提高。[13]而在新时期城乡公共服务领域中出现了若干新的变化。如减免农业税后农村公共产品在供给主体、体制环境、供给资金来源和供给效率等方面都得到了极大的改善，当前农村公共产品供给中一些传统的公共产品领域呈现出"官退民进"的态势，一大批专业性公司参与到公共产品的生产和供给上来，带来了公共产品供给效率的提升。[14]在现阶段，"让人人平等享有基本公共服务"的基本理念已深入人心，城乡基本公共服务均等化改革方向基本明晰；均等化基本公共服务体系初步建立；基本公共服务均等化政策初见成效，并形成了各具特色的改革模式。[15]特别是在城乡公共服务供给模式和机制方面出现了新的变化和特征。

政府是城乡基本公共服务的供给主体，针对当前城乡基本公共服务严重失衡的现状，各地逐步探索多样化的公共服务供给方式，主要有"以条为主"、"以块为主"和"以钱养事"模式。"以条为主"模式是由国家各部委延伸至街道和乡镇层级，这些专项服务的内容、品种、数量、区域分布等都由各职能部门采取自上而下的单向决策来确定，具有较强的计划性。"以块为主"模式则是以城市区一级和农村县市一级政府为主，逐步强化公共服务职能，实行权随责走、费随事转，变"条块结合"为"以块为主"，赋予基层政府组织对各项公共服务的统一组织权、指挥权、调度权以及对职能部门的监督权、评价权。"以钱养事"模式是以市场化、社会化为取向，改革原来的事业单位部门化的管理体制，通过对基层政府中的公共事业部门的管理职能和服务职能重组，来构建服务主体多元化、服务行为社会化、服务形式多样化、政府扶持和市场引导相结合、无偿服务和有偿服务相结合的新型农村公益性服务体系。

案例3　新农合江阴模式[16]

2001年，太平洋人寿保险公司受江阴市政府委托专门成立新农合业务管理中心，作为第三方为新农合提供专业的业务管理，这一由政府组织推动、专业保险机构运作、卫生行政部门监管的新型农村基本医疗保障体系，即实行征收、管理、监督三者相分离的机制，被人们称为"江阴模式"。

目前，江阴城镇职工医疗保险以外的市民已全部纳入"新农合"参保范围，参合率连续三年达100%。对"新农合"，政府的年财政投入达1.47亿元。目前，"新农合"基金已达到2.3亿元，住院费实际补偿比从最初14%提高到了47.63%，人均结报达1900元，最高补偿10万元，有力保障了老百姓的基本医疗需求。江阴新农合政府补助2009年已经提高到180元，农民最高结报也由3万元提到目前的10万元。救助比例从2008年的20%提高到30%。

在政府主导的城乡公共服务体系中，民间力量和资本也日益参与，市场化、多元化公共服务模式和机制已初具规模。传统计划经济体制下，政府和集体经济组织是城乡公共服务的供给主体，其单一化格局远不能满足广大民众急遽扩张的公共需求。在各地政府的倡导和推动下，各类民间力量和社会资本广泛参与，初步形成了政府控制大部分公共资源的配置和定价权力，对于具有竞争性的部分公共物品利用合同、政府购买或者替代等方式扩大供给范围，一大批社会组织逐步参与公共物品供给环节的公共服务新局面。

案例4　陕西神木医改[17]

2009年1月神木县出台了"全民免费医疗"方案。自3月1日起，开始执行《神木县全民免费医疗实施办法》，《办法》规定，拥有神木户籍的党政机关、企事业单位职工和城乡居民，凡参加城乡居民合作医疗和职工基本医疗保险的神木人，在定点医疗机构进行医疗的，每人每年可获得100元的门诊补贴，住院治疗的病人实行住院报销起付线制度，起付线以下（含起付线）住院医疗费用本人自付，超出部分予以报销，但每人每年累计报销医药费不超过30万元。起付线标准为：乡镇医院每人次200元，县级医院每人次400元，县境外医院每人次3000元，超出部分全部报销。这是由政府负责的全面免费医改制度改革，是神木政府为了应对随着煤炭资源的日益耗竭，居民贫富差距、城乡发展差距的日益扩大等现实问题，由当地政府尝试通过增强公共财政的均衡性实现对社会均衡发展的推动。神木县的医改实践真正发挥了政府职能的公平性，使城乡居民能够平等地享受政府提供的公共服务，为打破城乡二元格局，推动城乡公共服务均等化提供了经验。

由此看来，为了缩小城乡发展差距，缓解社会矛盾，优化资源配置，促进经济与社会以及城乡之间、地区之间的协调发展，我国围绕城乡基本公共服务均等化和城乡公共服务体系建设进行了重要探索，逐步形成了提供方式多样化、渠道多元化的公共服务供给机制。

第三，以效率优先、机构精干为目标的基层政府改革稳步推进。建国以来我国政府进行了八次改革，通过历次政府行政管理体制的调整和改革，逐渐引入了现代行政理念，政府架构及其运行机制日益科学，并且确定了公共服务的职能导向。乡镇一级的机构改革产生了基层政府治理单元趋向合理化、基层政府冗员状况有所缓解、政府职能转变初见成效等正效应。[18]我国基层服务型政府改革的基本成效在于：加强公务员队伍的建设，实现行政人员服务理念的建立和巩固，改善服务态度，提高行政素养；转变机构职能，通过改革行政审批制度、放权并保证公共服务的提供，以及创新和优化行政程序等手段实现职能转变；建立监督机制，落实改革工作。[19]在当前基层政府的改革中，府际关系、职能定位和管理体制是其中的关键环节。

自党的十一届三中全会以来，在推动经济体制改革的同时，也启动了以调整国家权力结构为目标的行政体制改革。通过转变政府职能、简政放权、调整中央和地方关系等，我国基层的政府管理体制发生了许多新的变化，突出表现在：中央和地方的某些制度性框架初步确立，宪法和组织法改变了一级立法体制，省、自治区、直辖市以及省会城市和国务院批准的较大城市获得了制度地方性法规、行政规章的权力；地方政府领导人由上级直接任命改为地方人大选举；特别是分税制的实施有助于中央与地方财政分配关系的制度化。在这一过程中，地方政府的角色与功能也发生一定程度的变化。改革开放以后,地方在经济发展、社会管理诸方面拥有更大的权力、更大的独立性和更重要的责任,特别是改变统收统支的财政分配模式、地方财政相对独立后,地方政府反映和代表地方利益的功能得到加强,这些变化虽然没有改变单一制国家结构形式和政府模式,但使地方政府的角色、功能双重化,既是中央在地方的代表,又是地方利益的代表。

案例5 广东省大部门体制改革[20]

广东省委、省政府根据中共中央《关于深化行政管理体制改革的意见》精神,结合《珠江三角洲地区改革发展规划纲要2009—2020年》要求,出台了《关于深圳等地深化行政管理体制改革先行先试的意见》(粤办发〔2009〕13号),明确要求佛山市顺德区要率先全面创新行政管理体制,系统推进各领域的体制改革,要因地制宜设置党政机构,实施大部门体制改革。主要内容有:

以转变政府职能为核心,大力简政放权。按照"对内放宽、对外放开、对下放权"的原则,实行政府职能"双转移"。一是"上"对"下"放权,实行纵向政府职能转变。顺德被赋予除少数特殊领域外的其他所有地级市经济社会管理权限。二是"内"对"外"简政,实行横向政府职能转变。政府加大向市场、社会和基层自治组织转移职能力度,同时加强政社合作。如将区和街道的服务向村居延伸,推进公共服务职能下沉,加快培育社会组织,实现政府治理和基层自治的良性互动和有效衔接。三是"条"与"块"理顺,完善政府功能。除法律法规有特别规定外,省、市在顺德区的工商、地税、质监等垂直管理机构均调整为属地管理。

以优化组织结构为重点,推行大部门体制。在职能、部门、内设机构和人员上实行"同类项合并"。一是厘清各部门中相同、相近和相关的职能,进而进行调整、合并和重组;二是整合党政工作部门,由原来41个部门整合为16个,实行党政副职兼任大部门首长;三是组建大科室,将原来各部门文秘、综合、纪检监察、党务、执法等内设机构进行合并,较好地解决了机构合并后内外"两张皮"、貌合神离等问题。

以创新体制机制为着力点，建立科学的行政运行架构。创新决策机制，上移决策权。成立党、政、人大、政协"四位一体"的区联席会议，负责全局性重大决策，组建区委决策咨询和政策研究委员会，强化决策的民意咨询和专家论证，反映民意和吸纳民智，辅助区联席会议决策。创新执行机制，集中或下移执行权。区联席会议作出决策以后，由各大部门集中统一执行，同时将执行权尽可能下放（镇）街道以及其他社会组织行使。创新监督体制，外移监督权。首先，对政务监察和审计职能进行整合，由新组建的区纪委（政务监察和审计局）负责对区党务、政务工作进行纪律和绩效监督；其次，区纪委在每个大部门都派驻监察员或监察组，对各个部门的决策和执行过程实行独立的全程化监督；最后，强化人大、政协、新闻媒体和社会监督，健全以党政领导、大部门首长为重点对象的行政问责制。

以建设服务型政府为出发点，努力打造公共服务"超市"。推行"一站式"服务，大力整合行政资源，推进公共服务实现从多头服务向集中服务转变。实行"一个窗口"对外，推动实行"窗口"集中受理，一个"窗口"可受理多项行政许可。建设"电子窗口"，尽可能减少企业和市民的往来次数。同时健全"窗口"机构办事制度，推进"窗口"服务整体升级。

以推动科学发展为落脚点，着眼全局推进综合配套改革。在改革中，顺德区注意把行政体制改革与各项改革加以统筹，系统谋划，协同推进。系统推进了简政强镇事权改革、财政管理体制改革、事业单位分类改革等，保障行政管理体制改革的系统完整性，实现行政综合改革的预期目标，有效地推动了地方经济社会协调发展。

基层政府改革的重心是把政府职能从过去的经济建设转变到经济调节、市场监管、社会管理和公共服务方面来。面对实践中出现的诸多问题，各地对基层管理体制展开了不同的理论探讨和实践探索。具体而言，农村基层的县乡村管理体制改革模式主要有：通过简化行政管理来弱化乡村治理结构的"乡派论";持续强化基层民主,强化自下而上对乡镇行政监督的"村治论";延伸当前撤县设市(整县改市)的"废县、虚县论"和强化县级政府的经济管理职能,建设经济辐射能力强的小城镇体系和发展村庄内部的合作经济实力的"强县政、精乡镇、村合作论"。[21]城市政府管理体制方面,也围绕社区和街道体制的组织结构、运行机制和价值目标进行了创新尝试,针对国家政权在基层的派出机构——街道办进行了大胆的改革设想和实践,并着力重塑居民在文化认同、价值观和思想方法与生活方式等方面的社区认同和社会认同。

表1 乡镇政府历次机构改革

时间	改革主题	改革动因	主要内容
1985—1988年	撤并乡镇	乡规模较小,而镇的数量过多	建制乡的数目从1985年的8.3万个左右下降到1988年的4.5万个左右
1990—1997年	县乡综合改革	乡镇政企关系不顺、县对乡统得过死	国务院发出了《关于加强农业社会化服务体系建设的通知》。各省通过简政放权,理顺服务部门的条块关系,加强乡镇农业社会化服务体系建设
1991年10月、1993年	乡镇机构改革	乡镇机构人员膨胀	乡镇人员编制精简42%,并规范了县直部门派驻乡镇的农技、农机、畜牧、兽医、文化、广播等服务性机构的管理方式
1999年	地方机构改革	乡镇机构人员膨胀	对乡镇采取适度撤并、压缩财政供养人员、归并事业站所等措施,并首次提出乡镇机构改革要与农村税费改革密切配合
2001年2月	市县乡机构改革	配合农村税费改革	进一步规范乡镇机构设置,减少机构和行政编制,坚决清退超编人员和各类临时聘用人员,同时归并乡镇事业单位,压缩财政供养人员

续表

时间	改革主题	改革动因	主要内容
2004年3月	乡镇机构改革试点	配合农村税费改革	中央提出试点要严格守住"两条底线":即乡镇机构编制和实有人员五年内只减不增和确保社会稳定
2006年10月	农村综合改革	配合农村税费改革	全面推行乡镇人员编制实名制管理,确保五年内乡镇机构编制和财政供养人数只减不增;财政管理上实行乡财县管;机构设置上不搞上下对口

可以看出,我国政府职能的变迁是与特定历史背景的社会需求相适应的。经过30多年的快速发展,随着市场经济的建立,社会阶层分化、利益多元化格局逐渐形成,我国在转变政府职能、明确政府职能、建立服务型政府等方面取得了明显成效,以效率为先、机构精简为目标的政府改革一直在稳步推进中。

第四,城乡居民民主参与的范围、程度和水平明显提升。公民参与可以使政府公关部门更能反映民众关心的问题,解决民众与政府的冲突,促使公共决策的合法化,并提高政府的行政能力。广大民众的民主参与经历了长期的发展,为了改变计划经济体制下我国基层居民民主意识缺失等问题,改革开放以来的30多年间,国家重点推动了城市居民自治建设和农村村民自治建设,通过制定科学的社会参与机制,引导公民进行有序的政治表达,在城乡居民的民主参与范围、程度和水平等方面都取得了明显成效,形成了多种样式的参政渠道,包括公民选举、政治党派的活动、人民团体的活动、社会协商对话、人民信访、基层群众自治和民主评议政府等七方面。随着各项民主参与制度的完善以及网络信息技术的发展,当前城乡居民的民主参与呈现出新的特征。如在立法、环境保护、公共卫生以及城市规划等领域引入了听证会制度、专家咨询委员会制度、新闻发言人制度等,使得公民参与的途径和形式逐渐趋向多样化。

其中的重要特征之一是我国的基层居(村)民自治制度的不断深入。

1982年宪法中，首次正式提出全面推进农村村民自治和城市社区居民自治，党的十七大正式将基层群众自治制度纳入中国特色政治制度范畴。当前，在《中华人民共和国城市居民委员会组织法》和《中华人民共和国村民委员会组织法》的指导下，我国城乡社区居民自治工作正在顺利开展。截至2004年底，我国农村共设有64.4万个村委会。城市共设有7.8万个居委会，在城乡基层治理中发挥着越来越重要的作用。[22]其中，在城市，解散了革命委员会，恢复了街道办事处和居民委员会组织。通过各级城市管理工作会议，同步进行街道管理体制、社区管理体制和民主自治机制的改革，从而逐步加强社区居民自治，增强社区自治功能，健全自治机制，扩大自治范围，实现政府行政管理与基层群众自治有效衔接和良性互动，不断提高社区居民自我管理、自我服务、自我教育、自我监督的能力。在农村，废除了人民公社体制，恢复了乡镇人民代表大会和人民政治组织，建立了村民委员会和村民小组；并随着农村综合配套改革的深入，有序推进村民自治工作。在各项农业改革政策中明确村民自治的阶段性工作目标，在清理乡村两级债务中规定民主决策的程序要求，在加强农村税费改革工作中引入民主监督内容，在推进乡镇政务公开的同时完善村务公开的具体内容，管理民主成为社会主义新农村建设的重要目标。

案例6 广东乌坎村民的合法抗争[23]

2011年9月21日上午，乌坎村400多名村民因土地问题、财务问题、选举问题对村干部不满，到陆丰市政府非正常上访，随后发生了打砸警员、警车事件。随着事态发展，11月21日，村民再次集体上访，数日内不断引发冲突，随后事态逐渐平息。随着12月初广东成立省工作组正面应对乌坎事件，事件最终得到了较为妥善的解决。这从农民角度出发，体现了公民意识正在觉醒，敢于组织起来维护自己的权益；从政府角度观察，无论是在事中的应急处理，还是事后的正面应对，都反映了当地党政部门有错即纠的政治勇气和善于担当的政治智慧，有利于维护和谐、维护稳定。

基层民主制度的建立健全,促进了以参与型文化为标志的公民社会的逐步形成。公民社会作为使政府从政府治理转变为多元主体参与治理的重要社会基础,是形成"权威型供给、商业型供给和自治供给"相结合局面的关键。[24]它的发展状况,直接影响着国家制度、民主参与、政府职能、社会管理等政治制度安排。[25]当前各级政府在引导居(村)民有序参与上,力图突破传统政治文化的负面影响、制度设计上的阻碍和决策者的主观阻扰和公民自身困境,重点建设政务公开、渠道畅通、具备现代公共服务理念的政府领导机制,并鼓励和促进广大城乡居民强化民主意识,扩展形式多样,积极有序的参与渠道,扩大民主参与的代表性和影响力。随着基层政府管理的公共事务日益复杂,广大居民的参与行为也愈来愈多地超越了微观社区组织和单位层面,城乡居民已逐步从参与社区事务发展到参与地区社会公共政策,例如就业、低保、医疗、教育、环境、征地、拆迁、物价等方面。

案例7　深圳立法促进义工组织发展　公民社会逐步形成[26]

2004年10月底,国内首部有关义工的法律条例——《深圳经济特区义工服务条例》正式提交深圳市人大常委会审议。该条例对义工活动作了较为详细的规定。比如明确定义了义工是指基于某种道义和良知而从事公益事业的人或人群;具有志愿性、公益性、非牟利性、辅助性等特点;义工和服务对象的关系是自愿、平等、非牟利的服务与被服务关系;义工服务遵循诚信、公正、及时和节约的服务原则等。条例还确保义工在安全的环境下开展服务,对一些利用义工服务组织或者义工的名义、标志和有关资料进行非法活动的,将限期整改并处以5000元以上、1万元以下的罚款,情节严重的将由司法机关依法追究刑事责任。中国改革的桥头堡深圳市开始给义务奉献社会的义工们制定法律保障,证明公民社会正在这座移民城市逐步形成。

新世纪以来,我国的城乡基层治理发展发生了重大变化,在以社会管理和公共服务为核心、政府改革和居民参与为基础的治理改革和创新实践方面开创了新的局面,维持了城乡基层社会的总体稳定,为我国经济快速而可持续的发展,提供了较为牢固的社会基础和较为宽广的发展空间。

二、当前城乡基层治理的现实矛盾及内在成因

随着经济改革的持续深入,我国城乡基层治理方面还需要在纵深上进行持续性的改革,构筑与社会主义市场经济契合度高的公平、文明、和谐、民主的社会基础,这需要对我国城乡基层治理面临的种种现实矛盾和问题及其成因进行较为深入的考察和辨析。

(一)当前我国城乡基层治理的现实矛盾与实践挑战

城乡基层是国家治理的起点和落脚点,也是当前社会矛盾的集中触发点,各种复杂的关系如在基层处理不好,很容易引起社会波动。近年来,随着城乡各项改革的深化,因经济成分、就业方式、利益关系、分配方式和价值观念多样化而导致的深层次的社会矛盾和问题逐渐显现。一方面,城乡社区已成为各类社会群体生活的聚合点,各种社会矛盾和社会问题呈集中多发趋势;另一方面,基层群众的权利意识和民主意识不断增强,既定的城乡基层管理体制机制和工作方式方法存在诸多不适应之处。在当前社会日益多元化、城乡差距扩大、利益分化加剧、农村社会矛盾突出的背景下,实现城市和农村社会的稳定、和谐、有序的发展,对基层治理无疑提出了新的要求和挑战。

第一,城乡基层社会管理的弱化与滞后。当前城乡经济社会发展一体化进程加快,城乡经济社会结构正发生深刻变化,对社会管理体制在整合社会资源、促进社会公平、维护社会和谐稳定,保障城乡经济又好又快发展提出了更高的要求。而随着改革的深入和社会结构的深刻调整,传统的计划经济体制下所建立起的社会管理模式逐步暴露出其滞后性问题。政府社会管理方式滞后于社会组织形态和社会阶层结构的重大变化,滞后于社会发展、经济的增长、国际化的进程[27];社会管理机制不畅,社会管理

体制运行不顺以及社会管理手段较为单一、落后，政府构建和谐社会的能力还不强[28]；社会管理体制的改革缺位，在当前社会管理中还存在政府职责界定不清，政府越位和缺位现象突出，强烈的经济政绩冲动尚未根除，公共财政管理重点错误、公共资源管理配置不当等。[29] 从社会管理的主体、手段和运行机制三方面具体来看：

一是管理主体较为单一。当前我国社会事务纷繁复杂，社会问题各式各样，社会需求千差万别，利益关系错综复杂，需要多元化的治理主体。但是，政府的社会管理仍然带有强烈的计划经济体制下的"全能"色彩，甚至往往替代了社会自身的管理。党的十六届四中全会明确提出要构建"党委领导、政府负责、公众参与、社会协同"的社会管理新格局，但是，不少地方政府仍然是社会管理的唯一主体。出现两种较为极端的情况：政府包揽一切不堪重负；社会管理领域出现空白。在实践中管理体制、主体单一，社会协同、公众参与还很不够，更多的是停留在口头上、文件上或表面形式上；公共决策程序缺乏咨询听证和集体决策，社会管理活动缺乏必要的指标管理和监督管理，责任不落实；各类非营利社会组织大多数规模小、职责定位不清，存在行政依附性和行政化特点，营利化现象突出，不足以承当所赋予的社会协同管理职能，难以摆脱行政化色彩过浓现象。

二是管理手段偏重控制。我国的群体利益格局正在发生重要变化，但在单一管理结构下，社会管理手段还是偏重于刚性的控制。指令性、强制性的行政手段随处可见，管控思想严重，服务意识淡薄。在处理不同社会主体之间的利益冲突时，在方式采取上重弹压轻协调，结果出现偏袒一方，甚至两边都不讨好的现象。典型如面对农民与外来企业的纠纷时，一些乡镇政府或社区往往简单地用行政指令包办代替，不注重双方的利益表达和相互协调，简单地要求一方服从另一方的要求。在处理公共利益与私人利益的冲突时，由于传统"破私立公"的思维方式的影响，往往过分拔高公共利益，最终导致公私利益对立。典型如拆迁和征地过程中，政府以服从地方发展大局的名义，要求居民降低或放弃自己的利益主张，使居民觉得公共利益对自己有害无利,最终导致居民严重地将公共利益抽象化、空洞化、丑陋化。[30]

三是缺乏网络化运作机制。当前,我国基本确立了"党委领导、政府负责、社会协同、公众参与"的四位一体社会管理格局。但是,在具体运行机制上还缺乏网络化的运作机制,主要表现在缺乏有效的参与平台,公共信息披露不及时、不充分,公民的规则意识有待增强,参与能力也有待进一步提高,对传统社会管理资源和手段利用不足,硬管理有余、软管理不足,缺少柔性化的道德教化、沟通协调。在主体单一、以控制手段为主的社会基层管理中,运行机制的缺乏导致对各种社会问题缺乏快速、灵活和有效的反应和应对。

第二,城乡基层公共服务的缺失与失衡。公共服务供给的水平和质量直接关系到国民的基本素质、生活质量和发展机会,影响着我国经济发展和社会的和谐稳定。就目前城乡公共服务体系的运作来看,中央和地方政府在公共服务供给中各自权责的制度安排存在缺陷。政府转移支付制度总体设计上存在缺陷,形式过多、结构不合理[31];公共产品与服务的供给体制不健全,公共产品供给主体失衡,渠道狭窄,筹资体制不合理[32];城市偏向型的公共产品与服务的供给机制仍然存在,使公共服务的均等化难以实现[33],同时公共服务供给缺少有效的需求表达和参与机制[34];公共服务供给的决策机制僵化,激励与约束机制不健全,政府公共政策制定有失公平[35];公共产品的供给受到财税政策制约[36],以及公共产品供给中存在农民权益保障政策执行问题[37]。从公共服务供给的总量、质量、范围和均衡性四个维度来看:

一是总量不足。近几年来随着各级政府民生政策的调整,城市和农村特别是农村公共服务水平得到了明显提高,但最为突出的仍然是总量不足的问题,特别是在教育、就业、医疗、社会保障和公共安全等方面投入缺乏严重。据统计,在公共教育方面,目前世界公共教育投入占各国的平均水平约为7%左右,其中发达国家达到了9%左右,经济欠发达的国家也达到了4.1%。2003年我国公共财政对公共教育的支出占GDP为3.41%,

2004年为2.79%，2005年为3.12%。这不仅远远低于世纪末世界的平均水平，也没有达到国家规定的2000年达到4%的目标，甚至还不断下降。在2006年的人类发展报告评估的177个国家中，位列第81位，处于中等发展水平，直接导致公众对我国公民服务满意度极低。在《半月谈》杂志社与新华社新闻研究所联合开展"我心中的城镇化"大型问卷调查中，有66%的受访者认为，城镇化进程中的公共服务供给不能满足民众需求，其中表示公共服务与需求差距很大的占25%，表示与需求相比有差距的占41%。

二是质量不高。长期计划经济的影响下，政府习惯于直接管理和经营社会的一切事务，对于公共服务的供给，其服务性和公共性的角色和作用不能充分体现出来。由于政府对公共服务的认识不足，服务观念落后和监督机制不健全，当前基本医疗、义务教育等公共服务在实施中被不同程度的扭曲。义务教育演变成收费教育，医疗乱涨价、乱收费导致"看病难"、"看病贵"。在《2009年零点中国公共服务公众评价指数报告》中就指出连续四年（2006—2009年）我国公共服务公众评价指数分别为63.2分、65.2分、67.9分和66.4分，始终难以突破70分，公众满意度相当低。

案例8　深圳出现大量外省农民工退保现象引发关注[38]

据深圳市福田区八卦岭八卦路的社保中心退保窗口相关工作人员介绍，"此次深圳农民工退保现象在最高峰时候，一天有接近3000人来办理退保。曾经有企业包了几辆大卡车，把工人一起运来办理退保，一直忙到下班连水都难得喝上一口"。由于现行养老保险政策的种种限制，使外省农民工持续参保成为一种奢望。目前全国农民工总数近2.3亿人，其中进入城市就业约1.3亿人，在本地乡镇就业约0.9亿人，但他们每100个人中只有17个人参加了养老保险。影响农民工参保的一大障碍，是缴纳比例太高，按照现行大多数省市普遍实行的"城保"模式，用人单位需缴纳工资总额的20%，个人缴纳工资的80%，这无论对于企业还是低收入的"农民工"而言,都是一笔不小的负担。重庆市政协委员、茶江县政协副主席冯秀乾说,在接受他调查的农民工中,83.2%的人不愿意参加目前推行的养老保险,80%的企业主不愿意为农民工缴纳养老保险费,这些接受调查的农民工90.2%没有参加养老保险。养老保险缴费是以当地职工上年人均工资为基数。

三是分割严重。均等化公共产品的提供有赖于服务体系的高效运行,从目前全国的情况看,公共服务"九龙治水"的问题较为突出,各政府相关部门本位意识比较强,缺乏整体统筹和可持续发展理念,立足全局谋划不力,统筹城乡发展的合力不足,各部门所制定的专项服务较为零星和分散,公共政策"碎片化"现象严重,协同性和系统性都比较差,使城乡基层的公共服务供给呈现被动应付和运动式管理的特点,实际操作难度大,实施成本高,政策效应递减,浪费现象严重。各类基本服务发展不平衡,相对于备受关注的教育、卫生问题,社会保障、公共安全、环境保护等基本公共服务供给不足问题更为严峻。

四是明显失衡。当前我国基层公共服务缺乏必要的制度保障,主要是缺乏法律制度约束。当前基本公共服务均等化主要是靠行政手段和政策推动,统筹城乡发展的体制机制形成主要靠党委政府的政策文件来体现、规范,刚性约束比较差,随意性比较强,这增加了一体化发展操作上的难度。同时,重城轻乡的财政制度安排偏好,客观上拉大了各地区基本公共服务提供水平的差距。最终导致了城市多、农村少,发达地区多、落后地区少的结构性失衡问题。以1985年到2008年这20多年的城乡每千人中医生和卫生员数对比为例,城乡差距在2008年达到了历史最高。

第三,**城乡基层政府改革的乏力与局限**。改革开放30多年以来,我国先后自上而下地进行了六次大规模的政府机构改革。随着社会主义市场经济的进一步发展和各项改革的深入,各级政府行政体制改革已进入了攻坚阶段,改革的任务更加艰巨、风险更大,改革环境也更为复杂,改革成效未能很好地体现出来。特别是在广大农村地区,乡镇组织建设成效不大,机构臃肿现象难以完全消除。自聘人员膨胀,行政成本过高,条块

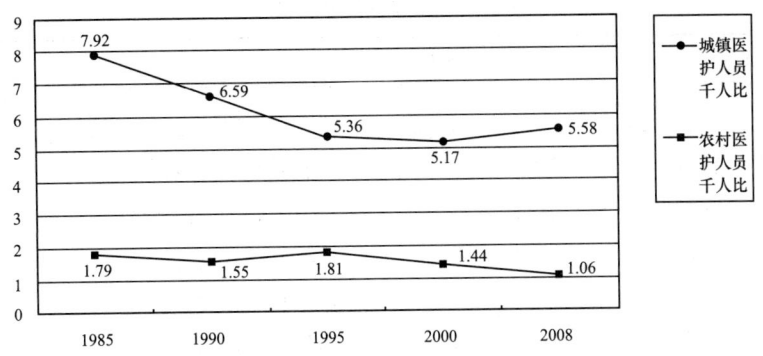

图 2 1985—2008 年我国城乡每千人中医生和卫生员数对比（单位：人）[39]

分割问题依然存在[40]；乡镇一级财政仍然困难。公共支出的格局仍带有浓厚的"建设财政"的特点[41]，一些地区乡镇财政状况不佳，仅维持基本开支[42]；基层与上级之间的关系有待进一步理顺，权责混乱、职责不清、上下错位、机构从上到下复制等问题依然存在[43]；政府职能转变仍未到位，政府的管理缺乏透明度，科学决策和民主监督缺失[44]。改革中的重心和关键问题仍然集中于基层政府的职能转换与统一协调。

一是权责不统一，权力有限，责任无限。从20世纪80年代开始，各级政府和部门逐步由"条条"和"块块"为主的管理模式转为"条块结合"的管理模式。特别是在1998年之后，各地工商行政管理、质量技术监督管理、国土资源管理、医药管理、公路、海事等部门相继垂直到中央和省一级，县乡基层政府权力被严重削弱，而其行政责任继续保持。由此带来相应的关系矛盾，基层政府在处理对上负责与对下负责相统一时关系难度加大，对地方资源的整合统筹的难度加大，同时协调各单位或部门的工作难度加大。县乡基层政府的事权划分也不尽合理，集中过多。应由下级政府和基层管理的事务，往往集中到上级机关，下级政府的作用不能得到有效发挥。政府部门之间职能交叉重复，相互制约有余，协作配合不够。

表2 县乡政府职权比较[45]

类型	法律表述		备注
	县政府	乡镇政府	
行政执行权	(1) 执行本级人民代表大会及其常务委员会的决议,以及上级国家行政机关的决定和命令; (2) 执行国民经济和社会发展计划、预算; (3) 办理上级国家行政机关交办的其他事项	(1) 执行本级人民代表大会的决议和上级国家行政机关的决定和命令; (2) 执行本行政区域内的经济和社会发展计划、预算; (3) 办理上级人民政府交办的其他事项	
行政领导权	领导所属各工作部门和下级人民政府的工作	无	乡镇为政府体系中的最低一级
行政管理权	管理本行政区域内的经济、教育、科学、文化、卫生、体育事业、环境和资源保护、城乡建设事业和财政、民政、公安、民族事务、司法行政、监察、计划生育等行政工作	管理本行政区域内的经济、教育、科学、文化、卫生、体育事业和财政、民政、公安、司法行政、计划生育等行政工作	环境和资源保护、民族事务、监察事务不在乡镇政府管辖权范围之内
行政制令权	发布决定和命令	发布决定和命令	
行政监督权	改变或者撤销所属各工作部门的不适当的命令、指示和下级人民政府的不适当的决定、命令	无	
人事行政权	依照法律的规定任免、培训、考核和奖惩国家行政机关工作人员	无	乡镇政府的人事任免权力属于乡镇人大,考核与奖惩则多来自上级政府

续表

类型	法律表述		备注
	县政府	乡镇政府	
行政保护权	（1）保护社会主义的全民所有的财产和劳动群众集体所有的财产，保护公民私人所有的合法财产，维护社会秩序，保障公民的人身权利、民主权利和其他权利； （2）保护各种经济组织的合法权益； （3）保障少数民族的权利和尊重少数民族的风俗习惯，帮助本行政区域内各少数民族聚居的地方依照宪法和法律实行区域自治，帮助各少数民族发展政治、经济和文化的建设事业； （4）保障宪法和法律赋予妇女的男女平等、同工同酬和婚姻自由等各项权利	（1）保护社会主义的全民所有的财产和劳动群众集体所有的财产，保护公民私人所有的合法财产，维护社会秩序，保障公民的人身权利、民主权利和其他权利； （2）保护各种经济组织的合法权益； （3）保障少数民族的权利和尊重少数民族的风俗习惯； （4）保障宪法和法律赋予妇女的男女平等、同工同酬和婚姻自由等各项权利	

二是事权与财权不一致，支出压力大，可用财力少。地方和基层政府的财政体制调整基本上是在20世纪80年代中期的收支水平上进行的。1994年实行分税制后，地方政府上交中央、省的财政比重过大，却没有因此而减少本身的义务，尤其是义务教育、社会保障、新农村建设、城市公共基础设施建设等公共服务领域的许多具体工作，必须依靠基层政府去完成。其中乡镇一级更为严重，自上而下的行政任务型管理与财政体制上的分级包干之间的矛盾非常突出。2010年社会保障全民覆盖，参加社会保险和享受最低生活保障就有45.84亿人次（医疗救助等除外），经办人

员就需要103.72万人。而2007年底,全国保险经办机构约有13万经办工作人员。[46]换言之,如果实现社会保障全民覆盖,经办人员人数要扩大到原来的八倍。这将大大增加基层政府的财政支出责任。

表3 2010年参保人数增加与所需经办人数测算（单位：万人）

	城乡居民养老保险人数	城乡居民医疗保险人数	工伤保险人数	失业保险人数	生育保险人数	最低生活保障人数	总计
年参保人数	110109.1	134073.3	85421.7	85421.7	36634.1	6703.7	458363.4
经办人数	22.02	26.81	17.08	17.08	7.33	13.4	103.72

三是效能与成本不吻合，行政效能低下，管理成本较高。随着改革开放后国民经济的发展，市、县、乡级政府的行政成本也增长较快，其增速也呈明显上升趋势。据统计，我国的政府行政成本以每年20%左右的速度增长，而地方政府行政成本的增长速度十分惊人。同时，机构臃肿、叠床架屋、人浮于事、相互扯皮，致使行政成本的扩张，并没有显著提高行政效能。相反的是，由于行政资源无法以最合理的方式最大限度地投入到规范性的行政活动中，恰恰影响了行政机关的工作效率和效能的提高。

四是管理模式与政策法规不配套，行政行为失范，职责监督缺位。从目前运行的情况来看，不少基层政府机关还习惯于运用行政手段直接管理微观事务，往往投入大量精力，忙于名目繁多的审批事项，甚至管办不分，从而造成政府职能越位、错位、缺位并存，做了许多不应由政府负责的事务，而有些应由政府负责处理的却没有及时到位。同时，一些部门权力和责任不相称，加上行政主体内部之间的监督机制以及上级机关与下级机关之间的监督机制尚未完全建立，行政随意性大，监督不力，致使在公务活动中越权、侵权和不负责的现象时有发生。

表4 部分社会保险基金贪污和挪用案[47]

案发/审判时间	犯案人员	犯案人员原单位/原职务	损失金额
2005年6月	陈振方	河南平顶山市社会保险事业局局长	1800余万
2008年10月	楼坚	浙江义乌市社会保险管理处参保登记科科长	33万余元
2001年11月	黎贵儒	海南洋浦社会保障中心主任	91万余元
2001年4月	陈明世	海南通什市社会保障局业务员	3.34万
2008年5月	史勇	云南曲靖市罗平县社会保险事业管理服务中心出纳	196.6万元
2006年12月	赵刚	北京市东城区社会保险基金管理中心支付部工作人员	44万余元
2007年1月	主任、科长	宁夏石嘴山市医保中心中心主任和财务科长	3233.56万
2006年5月	冯斌	泰州高港区劳动和社会保障局社保基金征缴中心主任	125.6万
2008年7月	文瑞全	江西南昌市社会保险事业管理处党支部书记	240余万
2007年7月	靳恩河	河山东宁阳县农行客户经理	1000余万
2007年6月	张志鹏	陕西省汉中市社会保险业务经办中心原出纳	140余万元

第四，城乡社会民众参与的失范与失序。公民参与是各国民众参与国家和社会治理的一种普遍性和广泛性的活动，不仅能促进民主政治的发展与进步，而且还能预防和解决某些公共问题的产生。目前我国城乡民众的公民参与的失范与失序问题还较为突出。公民对参与的认知和自身能力仍不足，公民参与的积极性不高、自觉性不强、从众性较强、公众知识缺乏和参与能力有限、参与者囿于自身利益，公共利益观缺失。[48]而当前公民参与缺乏制度保障，缺乏通畅的合法参与途径。[49]公众参与意见反馈机制欠健全，政府意识与作风也有待转换。公共行政透明度不够，官僚思想残存，行政主体习惯于主宰政策过程、发号施令。[50]公民参与的社会基础也

仍显薄弱。公民社会的建设远不成形，公民文化缺失[51]，社会团体、民间组织参与政策制定的作用极其有限[52]，强势集团操纵政策过程的危险不乏存在[53]。这些问题与民众参与的主体行为密切相关。

一是参与代表的有限性。在任何公民参与过程中，公共管理者的首要任务就是决定公民参与的程度，即究竟需不需要公民参与？如果需要，应该如何确定公众参与的程度？[54]我国民众参与的有限性主要表现在两个方面：首先，参与行动处于行政部门的指令之下。相当一部分民众缺少民主意识和独立自主的人格，许多社会团体对政府的依赖性大，业务活动受主管行政部门的指导，履行职责不到位，独立性弱。在代表公民参与方面明显力不从心，各种参与活动带有浓厚的行政色彩。其次，民众参与的代表性不高，许多参与活动中，具有官方或有官方背景的参与者占有较大比重，作为普通民众的参与者的背景缺乏多样性。据2003年中国科协调查显示：我国公民具备基本科学素养水平的比例达到1.98%，但2000年美国公民达到基本科学素养水平的比例为17%；1992年欧共体科学素养水平已经达到5%；1989年加拿大已经达到4%；日本在1991年已经达到3%。当前我国公民整体素质与能力影响着民众参与代表性范围的扩大。

二是社会参与的非理性。网络作为开放性和自由性平台，超越了地域和时间的限制，突破了传统媒体信息传播的阻碍，在保障民众参与方面具有重要的价值。但从另外一方面看，其在引导民众有序参与、保障公民参与效度等方面具有不可回避的短板效应。当前的社会参与更多的是一种表达式的单向参与，快速反馈式的互动仍未建立，有效的社会参与十分有限。同时，由于利益诉求不能得到合理回应，直接导致了以"泄愤型"为主体的公民参与逐步扩大。据统计，当前非理性、非规范化，甚至违法的"群体性事件"和网络事件正在呈爆炸式增长状态，"暴民政治"和"网络暴民"开始进入我们的生活，由泄愤导致的"群体性事件"逐步演变为打、砸、抢、烧，正是社会参与任意性的最大体现，如重庆万州事件和安徽池州事件。而且由于网络的虚拟性、隐蔽性、匿名性等技术原因和管理原因，一些非政府网站极有可能被别有用心的人利用，发布虚假的政策信息，编造政策谎言，制造虚假新闻，从而蒙骗广大公众，导致网上参与的失序与失范。

三是社会参与的非均衡性。虽然当前对于民众参与的重要性已被逐步认可，但相应的体制内公民参与机制尚未完全建立。以农民和底层市民为代表的弱势群体，在政治生活中面临资源和机会分配不均等问题，处于原子化生存状态，其政治权利往往被忽视、排斥，甚至遭到侵犯。民众在社会参与中持有搭便车的意识，很少参与集体，除非其个体生存受到极度威胁。在具有技术和资源限制性的网络时代，底层群体参与的差异性不但没有得到缓解，反而逐步加大。同时，我国东西部地区发展不平衡，也使民众的社会参与出现较大的空间差异。在发达地区，人民生活基本需要得到满足，文化和制度方面的建设资源投入较大；而不发达地区的投入较少，一定程度上制约着当地城乡居民的社会参与。

（二）当前我国城乡基层治理形势的成因分析

城乡基层治理作为连接国家与社会的重要一环，历来是国家和社会广泛关注的重点，也是各项改革措施落实到基层的难点。客观上，当前的城乡基层治理体系正处于逐步走向健全完善的过程中，但仍处于难度大、历时久、情况复杂多变的攻坚阶段。这一形势的出现，既是历史遗留的各种问题累积的结果，同时也是经济社会发展的矛盾产物。城乡基层治理的格局不完善、组织体系不健全、运行机制不畅、财政保障有限和社会基础薄弱是其主要原因。

第一，城乡基层治理的基本格局有待健全。 面对越来越复杂的社会形势挑战，中央确立了"党委领导、政府负责、社会协同、公众参与"的四位一体社会管理格局。但在实践中依然呈现管理体制主体单一，社会协同、公众参与还很不够，近年来，在科学发展观的指导下，各地结合当地实际积极探索新型的城乡治理格局，取得了一定的成效，但总体上仍然面临着诸多困难。突出体现在传统的单位制和一元化传统社会体制逐步走向解体，重新进行社会整合难度很大。[55]单位制解体后建立的社区体制无法承载全部基层社会治理功能，造成基层治理的低效，甚至真空；[56]政府角色转换和职能转变不到位，政府在社会管理中越位和错位。同时，政府在退出某些社会领域的过程中出现管理的真空地带，形成缺位状态。[57]并且，压力型体制的存在使得基层政府主要生产"考评性"产品，而不是生产服务型公共产品，这是基层政府在许多情况下不作为和乱作为，进行选择式治理的一个根源。[58]此外，对社会组织协同社会管理的认识不到位。一些地方党委、政府对新形势下社会组织的地位、作用、发展趋势等认识不足，极少数党政干部不信任社会组织，认为其不可靠，同时部分社会组织缺乏协同社会管理和公共服务的理念，受讲权利多、讲责任和义务少等因素的制约。[59]其问题根源于基层社区组织难以承担治理功能以及基层政府与社会组织合作协同机制的缺失。

一是当前社区体制与村（居）民自治难以承载全部基层社会治理功能。我国基层社会的结构性变迁过程中，基层治理功能主要由居委会和村委会来承接。与计划经济时代单位制组织占有经济和政治资源不同，不论是社区建设还是村（居）民自治，对其组织成员的控制能力远弱于单位制组织；传统刚性的制度化管理体系已逐步被替换。加上户籍制度逐步瓦解、人员流动性的增强，削弱了社区对人员的管束能力，无法简单地承接"单位"制社会解体后的治理功能。在城乡社会中不同程度都出现了"真空地带"。在城乡社区微观组织范围内，由政府一元主控向政府主导、社会协同的新格局的转变还没有真正落实：社会公共决策程序缺乏咨询听证和集体决策，社会管理缺少必要的指标管理和监督管理，责任不落实。各类非营利社会组织虽然层出不穷，但大多数规模较小，职责定位不清，存在行政依附性和行政化特点，营利化现象突出，不足以承当所赋予的社会协同管理职能，难以摆脱行政化色彩过浓现象。

二是基层政府与城乡社会组织之间缺乏成熟完善的合作和协同机制。政府职能转变客观上要求大量成熟的社会组织来承担相应的社会管理职能，以形成政府、社会组织、民众多元参与的城乡基层治理格局。[60]虽然近年来各类基层社会组织在发展社区公益事业和社区经济、化解社区矛盾、繁荣社区文化等方面发挥了一定的积极作用。但总体而言，城乡基层政府与社会组织的关系并未理顺，其功能边界不清晰，积极作用仍未得到充分而有效的发挥。虽然城市社区居委会与农村村委会是基层群众自治组织，依法具有自治功能，但在实际运行中城市社区居委会和农村村委会成了半行政性机构，成为上级政府的"腿"，其主要职责在于完成上级政府下达的各种行政性任务。各类社会组织发育缓慢、数量少、功能弱，与行政和半行政性政策研究组织之间缺乏制度化的联系，未能充分参与到公共决策事务之中。在个别地方和部门，民间的政策研究组织及专家咨询往往只被当做政策论证的工具。

第二，城乡基层治理的组织体制仍不完善。组织体制作为基层治理实践的重要载体和基础，主要涉及两个方面：基层政府的行政管理体制和社会组织管理体制。目前较为突出的问题是，城乡基层行政管理体制不健全。温家宝总理在2006年全国农村综合改革工作会议上指出，在我国农村改革中，上层建筑方面的改革相对滞后，基层行政管理体制不适应农村生产力发展的要求，政府职能转变不到位。[61]政府直接干预微观经济活动的现象依然存在，国有资产监管有待进一步加强，市场监管体制仍不够完善，社会管理体系仍不健全，公共服务职能仍比较薄弱。[62]同时，社会组织协同社会管理的体制也较不完善。社会组织登记管理部门和业务主管单位双重负责体制，不仅使一些社会组织因找不到业务主管单位而无法登记，而且因管理功能分散，使政府监管很难到位。[63]具体而言，从两方面来看：

一是城乡基层行政管理体制不完善，新形势下政府职能转变不到位。党的十七大报告提出"坚持用制度管权、管事、管人，建立健全决策权、执行权、监督权既相互制约又相互协调的权力结构和运行机制"。科学的行政管理体制机制能够减少政府机构之间的职能交叉和责权脱节问题，避免执行中的扯皮推诿，促进政府规范行政，提高行政效率。[64]但从各地实践来看，"锄了别人的田，荒了自己的地"的部门之争现象屡有出现。在横向上，政府与市场、社会的边界不清晰，政府或政府部门之间边界不清晰。政府力量过度深入和渗透到市场和社会领域，是社会组织发展缓慢、力量羸弱的重要原因。在纵向上，上下层级政府或部门间权责界限模糊，事权层层下移，导致基层无法承担起上级下移的任务，出现"谁都负责，谁都不负责"、"见利就争，见责就让"等现象。这种上下级之间的职责同构，导致基层有限的治理资源的内耗和浪费。更为严重的是，事权层层下移的同时会增加政策执行的地方依赖性，可能出现地方政府与中央政府的博弈行为，"中央权力地方化"就有可能产生。中央政策在执行过程中被"阻隔"，恰恰是近年城乡基层治理失效的重要原因。

二是社会组织管理体制僵化，自主性程度较低。从各国家公共服务改革的经验来看，各类社区自组织在社会公共产品与服务的供给上，亦具有不可取代的独特优势。当前我国在基层社会公共服务领域，引入社区民间组织的实践已经展开，但其作用的范围和程度较为有限。一方面，社区民间组织在类型上还主要涉及联谊、娱乐、健身等范围，而在医疗、困难群体帮扶等社会民众急需的公共产品方面还比较滞后；另一方面，社区民间组织进入基层社会服务行业时，所面临的行政性垄断和准入限制等体制性障碍仍未消除，成长发育面临重重困难，自主性极差。社区自治管理体制内部关系也不顺畅，业主委员会、居委会和物业公司等在管理职责中的矛盾冲突经常出现，社区自治管理体制内部决策、执行、监督三种职能间的关系仍旧没有真正理顺。当前的城乡基层改革，更多的是着眼于从职能分工角度理顺社区居委会与街道、政府职能部门关系，而对社区管理体制的职责分工探索不足。

第三，城乡基层治理的相关机制运行不畅。城乡基层治理覆盖诸多领域，需要充分考虑多个领域和多种因素，从而在宏观整体层面建构起一系列的制度、体制与机制相互配合、相互支撑的有机的制度体系。我国城乡基层治理实践发展中，各种机制创新层出不穷，成效显著。但值得高度重视的是，相关机制的缺失和运行不畅，已成为基层治理中的显性问题。在社会管理方面，缺乏必要的科学决策机制和政策影响评估机制，缺乏合理、规范的利益表达和沟通机制、多赢互利的利益整合机制、人民内部矛盾的化解机制和健全的社会稳定维护机制等[65]；在社会公共产品与服务方面，城市偏向型的公共产品与服务的供给机制导致公共服务的均等化难以实现[66]，也缺少有效的需求表达和参与机制[67]，公共服务供给的决策机制僵化，激励与约束机制不健全。[68]政府购买社会组织服务、让社会组织承接政府转移或委托部分社会管理与公共服务职能的进程比较缓慢，机制建设滞后。不少地方尚未建立社会组织检查、评估、奖惩等配套监管机制，难以为政府购买服务、财税优惠和奖优罚劣等提供可靠依据，不能有效激励社会组织健康发展和发挥社会管理协同作用[69]；在民众参与方面，存在着自上而下的政策制定模式问题以及民众参与和行政效率的内在矛盾，社会组织参与社会管理的机制不健全。[70]当前社会危机管理、基层市场监管以及政府问责机制的缺陷，是诸多问题产生的根源。

一是基层社会危机管理和矛盾协调机制的科学化、规范化程度较低。当前我国正处于社会转型期，各种社会矛盾逐渐凸显，突发性事件频繁，对我国社会管理的有效预警和快速回应提出了更高的要求。但当前我国公共危机管理体制抵御风险能力比较脆弱，公共危机监测、预防、预警、预案事前管理规划力度明显不足，尤其是将预防、预警的常态管理与应急管理有机结合的机制和能力尚未形成。一般都重事后处理，缺乏应对下一次危机的思路和措施，公共危机中社会动员不足，社会力量参与公共危机管理薄弱，面对潜在的危机事故反应被动、迟缓、不灵敏。同时社会诉求回应利益表达机制也还不健全：政府信访与司法关系不够顺畅；各种社会诉求机构作为社会诉求的主渠道作用不突出；相关法律法规政策制度不能及时跟上形势发展的需要。协作共管的局面没有形成，在各级政府、各部门之间相互推诿，最后造成社会诉求渠道的真空，酿成后患大祸，不得不由上级乃至中央出面处理。越级信访洪峰久高不退，群体性事件频繁发生，这些都充分暴露出社会管理中利益表达和矛盾调处机制有缺陷，甚至是严重的缺陷，制度化的、有效的利益表达机制和矛盾调处机制尚未完全建立。特别是社会强势群体与弱势群体的利益表达机制不对称，一些强势群体掌握着较强的话语权，影响公共决策和社会管理的公平正义。

二是城乡市场监管机制城乡有别、部门分割。社会主义市场经济逐步确立和深入发展过程中,可能出现市场失灵、垄断和公共利益的缺乏、社会发展不均等问题,因而要求我们要建立有力的监管机制,使政府成为合格的"守夜人"。由于观念意识的落后,许多政府部门在执法监管上也形成了典型的城乡二元分割。在部门利益的驱动下,各部门单独执法,缺乏合作,市场监管中"越位"、"缺位"、"错位"的问题严重。工商、质检等执法部门主要服务对象定位于"城市",而对于农村则多以"管不过来"为由放任发展,结果导致一些地方的农村市场成为执法监管的洼地盲区,从而为假冒伪劣泛滥提供了机会和平台。

三是有效的政策评估与政府问责机制尚未建立。问责机制,是高效能和富有公信力的现代政府所必需的品格及活力源泉。[71]改革开放之后特别是新世纪以来,责任型政府建设方面取得了一定进展。但从城乡基层政府的改革来看,监督部门和监督制度还存在着严重缺失现象,有效的评估和问责机制尚未建立。如在城乡一体化过程中,由于缺乏对政府权力边界的界定,20余省的地方政府借新农村建设之名,大搞声势浩大的"拆村运动"。[72]这不仅扭曲了城乡基本公共服务的供给结构,而且造成了公共资金使用和管理不当,资金被浪费或挪用的现象时有发生。由于各级政府在城乡基层治理中职责缺乏明确的划分,缺少有效的工作绩效考核制度,使得有关部门态度不积极、工作不到位,城乡居民应当享受的公共服务与公共财政投入不相匹配,也加重了城乡基本公共服务供给的失衡。同时,由于缺乏有效的政策评估和政府问责机制,导致我国各项社会政策的实效性大打折扣,如低保制度中的"养懒汉"现象、医疗保险卡的道德风险等。

第四,城乡基层治理的财政保障较为有限。作为政府治理工具,公共财政实际上是一种财政控制权的配置制度。我国实行的是分级财政体制,它直接决定了基层政府的财政能力,并直接影响到城乡基层政府的治理能力和治理绩效。从府际关系的角度,各级政府间的事权与财权关系划分不清,基层政府保障农村公共产品供给的财政不足。本应由国家承担的部分公共产品,如农村的基础教育、基础的医疗卫生、计划生育等基本社会保障和基层教育等事权交给基层政府负责,加重了基层政府和农民的负担,而集中化的财政体制导致我国各个基层政府普遍财政困难,严重地依赖于中央政府的转移支付和各种预算外收费,根本没有能力保障农村公共产品的有效供给[73];在基层政府财政层面,我国基层政府财政的自给能力一直不足,虽然近年来我国加大了财政体制的改革,但还只是初步理顺了中央政府和省级政府之间的关系,在省级以下缺少较为合适的责任和财力匹配模式。[74]结果导致财权过分向上集中,事权却过分向下转移,导致基层政府财政吃紧,无法有效完成基层治理任务,同时使地方公共产品在基层出现分散化和小型化,加深了基层政府对上级政府的依赖。[75]财政保障的有限性,在一定程度上影响和制约了城乡基层治理绩效的改善。

一是以经济发展为优先目标的财政支出带来社会公平的缺失。近年来,虽然国家财政状况有很大改善,各级政府也一再加大对农村公共服务的投入,但目前仍缺乏足够的财力保证城乡公共产品供给的大致均等化。特别是乡镇财政短缺、农村经济发展水平相对较低等问题的存在,使农村公共产品和服务供给的增加只能维持在较低水平,城乡基本公共服务均等化的财力供给与财力需求之间的缺口仍很大。基层政府对于经济活动的直接参与,以及政绩考核体系中对经济发展类指标的过度关注,导致了政府财政支出向经济类项目的倾斜。相应地,政府用于公共服务领域的支出始终保持在较低层面,在近几年更呈现了逐年下降的趋势。2005年,政府财政决算支出中文教、科学、卫生事业费占当年财政决算支出的比重接近18%,而2004、2003年时比重则分别为18.06%、18.27%,呈现下降的趋势。

二是基于制度惯性和既得利益的财政转移支付体系并未发挥平衡地区财力的作用。1994年分税制改革实施后,这种过渡性转移支付方式的弊端逐渐显现出来,具体表现在:转移支付形式过多,相互之间缺乏统一的协调机制;税收返还的制度设计,不利于公共服务的均等化。中央对地方上划的税收按基期年如数返还,并逐年递增,税收额多的地区得到的返还额多,其财力充裕,而税收额少的地区得到的返还额少,财力依旧不足。

税收返还占中央对地方转移支付的比例较大，2005年占中央对地方转移支付总规模仍然达到了33%；地方大量收入游离于既有财力之外，并未纳入相关预算管理范围，且仅将财政供养人数及其人员经费和公用经费作为依据；专项转移支付规模过大，且运行不规范。2005年专项转移支付的数额为351亿元，占中央对地方转移支付数额的31%。部分专项转移支付项目设置交叉重复、分配制度不够完善、资金投向较为分散。据不完全统计，2005年中央财政分配的239项专项转移支付项目中，有41项内容交叉重复，涉及资金156.37亿元；有65项没有管理办法或管理办法未公开，涉及资金705.8亿元，占专项转移支付资金总额的20%。省以下财政转移支付制度尚不完善，省以下的财政体制包括转移支付制度尚未作统一规范。近年来，各省、自治区、直辖市参照中央对省级的转移支付办法建立了省对市县的转移支付办法。但整体上制度建设比较滞后，省以下纵向财力差距和省内横向财力差距不断拉大，基层财政运行困难。

第五，城乡基层治理的社会基础仍然薄弱。城乡基层的治理不仅需要完善组织体系基础和强有力财政保障，坚实的社会基础也不可或缺。但目前我国城乡基层治理发展的社会基础还较为薄弱。社会管理主体和基础的公民社会很不发达。公民社会对社会管理的参与程度很低，这极大地限制了更多的社会公共事务管理在公民社会自我组织和自我管理的自我治理中实现[76]；兴起不久的公民社会还无法面对和克服政府失灵和市场失灵的双重困境，政府过多承担了不应该承担的对社会事务的直接管理任务，不但效果和效率不好，造成政府管理成本提高，而且对于社会朝向自主、独立和自治的进一步发展也无益处[77]；我国传统政治文化和行政文化明显地影响了民众参与的发展[78]。作为社会主体的广大城乡居民及其社会主体性意识是其中的关键性变量。

一是城乡二元分割体制下的基层政府和居民群体的显著差异。在城乡基层治理的推进中，政府作为掌舵者和执行者，城乡广大居民是重要参与者和服务对象。长期以来的二元分割体制，造成城乡基层政府和城乡居民之间差异明显。在广大农村地区，县乡政府缺少相应的专业人才，管理能力较低，依法行政的规范性、程序性不强，传统乡风民约中的价值观念往往成为行政过程中的重要价值尺度，重情理、轻制度，重目的、轻程序。在现代民主政治日益发展的背景下，广大村民的权利意识增强，农村基层政府的治理合法性受到质疑和挑战。此外，各广大农民通过长期承包的方式获得土地后，基本上都是自我独立经营，缺少协作的动机和激励因素，农业生产呈现分散性特点，并自然演进成利益主体的分散化。这些缺乏凝聚力的、分散的利益主体，往往从自身、局部和现实利益需要出发，基层公共利益往往无人关注和重视，更缺乏参与社会事务和公共治理的动力与动机。

二是传统文化影响下的主体意识缺失。长期以来，中国传统文化是一种地域型、依附型和封闭型的文化形态，与之相对应的是，社会成员对公共权威的畏惧与服从的政治文化心理，城乡居民的自主意识相对较差，对个体和群体在社会生活中的地位和作用缺乏正确的认识，这些都影响到社会民众对自身利益需求的认知和表达。城乡一体化进程中，农民主体性缺失与法治理念下公民权利平等性之间的矛盾，不利于我国城乡一体化进程的推进，已经成为影响甚至决定国家整体稳定和发展的社会问题。[79]而要消除这种传统文化对城乡居民参与的影响，是一个长期的工程，需要政府和社会各方面的努力和配合。

三、我国城乡基层治理的发展趋势与对策建议

在 2011 年的两会上，温家宝总理再次提出加大统筹城乡发展力度，强化农业农村发展问题。在这一过程中，必须不断加强政府自身的改革建设，加强和创新政府社会管理、充分发挥包括社会组织在内的各种服务资源，实现行政管理与群众自治的衔接和互动，逐步建立覆盖城乡居民的社会保障制度，加大对农村发展的财政支持力度，促进义务教育的均衡发展等，推动城乡协调发展。[80]建立健全与社会主义市场经济体制相适应、与形成城乡经济社会发展一体化新格局相符合的城乡基层治理体系，是当前

和今后一段时期我国体制改革的重要任务。

（一）发展趋势：国家整合与社会融合的城乡善治

党的十七大报告提出要"把城乡社区建设成为管理有序、服务完善、文明祥和的社会生活共同体"。从当前城乡社会发展的客观要求来看，统筹城乡经济社会发展、实现城乡经济社会一体化，要求打破城乡基层分割治理的格局，逐步形成城乡基层融合性治理模式，以此推进城乡社会的有机融合，提升城乡基层的社会管理和公共服务水平，保证城乡基层社会的稳定和谐，保证城乡居民权益的公平化和公共服务的均等化。因此，通过国家整合和社会融合，建立城乡分工合理、布局协调、资源互惠、流动有序、地位平等的城乡一体格局，并充分发挥国家、市场、社会多元主体作用，形成多元主体共同参与推动的一体化治理体制机制，从而实现城乡社会管理一体化、公共服务一体化、城乡居民地位和权益平等化，这既是城乡基层治理的现实要求，也是未来城乡基层治理的发展趋势。

党的十七届三中全会强调，建立促进城乡经济社会发展一体化制度。尽快在城乡规划、产业布局、基础设施建设、公共服务一体化等方面取得突破，促进公共资源在城乡之间均衡配置、生产要素在城乡之间自由流动，推动城乡经济社会发展融合。基于现实的国情及城乡经济社会发展特征，要实现城乡基层治理的转型，就需要在经济产业布局、基础设施建设、公共服务、社会管理及空间规划等诸多方面的整体一体化推进。具体而言，一是基层治理格局的一体。打破城乡市场和空间的体制分治和要素分割的制度障碍，实行管理机制的融合；打破原来户籍制度下的城乡人口隔离和不流动，创建城乡人口既有自由流动迁徙权利、又有合理调控的人口管理机制。二是城乡地区经济的链接。根据城乡特点，在发展农村型产业、农业经营为主和城市型产业、工商业经营的基础上，建立城乡产业关联和链接。三是城乡基层社会的趋同。指破除"重城市、轻农村"、"发展城市、掠夺农村"的想法，鼓励城乡生活水平和公共服务质量的趋同享受。四是城乡地理空间的融合。合理利用城乡空间，强化生态环境保护，妥善安排产业发展、城乡建设和区域基础设施建设，促进城乡之间基础设施衔接和配置一体化，在兼顾各方面利益的基础上促进合作、有序竞争、共享设施。

（二）积极推进城乡基层善治的对策建议

在当前城乡社会急剧转型、社会矛盾多发时，加强和改善城乡基层治理，是推进城乡经济社会协调发展的重要保障，是城乡基本公共服务均等化的必然要求，也是实现城乡社会大交融、大流动的善治目标的必要基础。推进城乡基层治理，需要一系列的制度、体制与机制相互配合、相互支撑，即需要有机的制度体系及其运行的保障。这要求我们必须将城乡基层治理置于整体治理框架之下考虑，着眼于治理内容，考虑社会管理与公共服务相统一的治理体制与机制；着眼于治理主体，考虑国家、社会、个人多元主体参与并相互配合的治理体制与机制；着眼于治理对象，考虑对社会各个领域综合治理的体制与机制；着眼于制约因素，考虑对政治、经济与文化等条件的协调把握，构建适合中国基层现实的治理整体框架，使涉及城乡基层综合治理的各种体制机制之间相互支撑配合、统一高效运转。

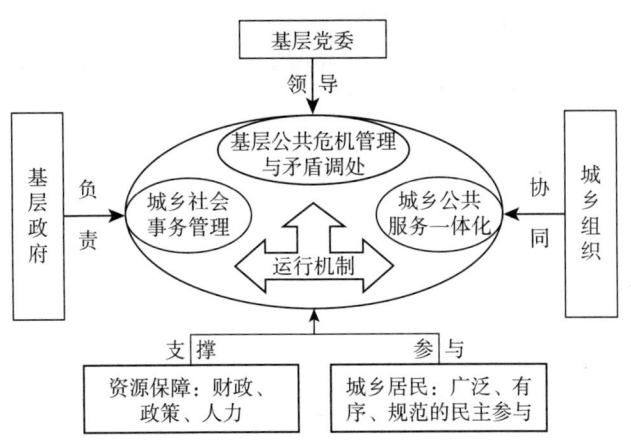

图3 新型城乡基层治理体系

第一，构建党委领导下多元主体协作共治的治理格局。当前经济社会发展的关键期，社会管理任务在规模上的扩大和难度上的增加，使传统的一元化的管理体制正面临着严峻挑战。建立与社会发展相适应的复合多元主体协作共治的社会管理格局，以增强管理体制对多元化的社会发展的容纳能力，各主体之间通过功能性的合作和互补，实现社会全面协调发展。

一是坚持基层党委领导，明确城乡基层治理的发展导向。党是领导我们事业的核心力量，基层党委始终应处于城乡基层改革与发展事业中的领导地位，这是保证城乡社会稳定发展的政治基础。党的领导在新的社会管理格局中的作用，主要是体现和贯彻党的意志和主张，发挥总揽全局、协调各方的领导作用。[81] 首先，要支持基层政府依法行政、管理社会事务，通过科学化、规范化、制度化的机制，加强对社会组织的管理监督，引导人民积极有序地参与社会建设和管理，坚持按客观规律办事；其次，要及时研究社会建设和管理中的新情况、新问题和新经验，不失时机地推动各项社会事业不断向前发展，充分发挥共产党员的先锋模范作用，尤其是发挥基层党组织和共产党员服务群众、凝聚人心的作用。此外，还要打破城乡党组织的封闭和分割状态，不断创新城乡基层党组织设置模式和交流、对接机制。最重要的是，党发挥其政治领导核心作用，不是要置身于城乡社会各领域中直接掌管具体决策权，而应是为各种社会合作和利益博弈提供基本的行为规范和准则，并使法律规则和社会规范成为体现党的基本路线和政治方针的主要载体。基层党委要引导社会中的资源配置和各类社会主体的行为取向，实现不同行为主体间的利益兼容以及城乡社会的整合。

二是坚持基层政府负责，强化城乡基层治理的责任主体。政府公共职能的转变与城乡基层治理的转型具有紧密的内在关联。随着城乡社会经济、政治、文化环境的变化和发展，基层治理的变革涉及复杂的利益调整，必须要实行明确的政府负责。首先，在"政社分开"的理念下，要充分发挥政府主体作用，承担社会管理和公共服务的宏观决策、监督职能。与此同时，创新公共服务体制，改进公共服务方式，努力把政府从具体事务中解脱出来，由公共服务的提供者转变为保证者，实现政府由主办者向主导者转变；其次，切实承担起实施公共管理和公共服务的政府责任，在加强城乡基层社会管理中，改革现有街道、乡镇政府，实现政府机构、政府编制人员以及政府职能部门设置的规范化、科学化和法制化。根据社会经济发展的实际形式以及实现政府职能转变的需要，推进政府职能部门的职责规范化、机构设置合理化，重点突出公共管理和公共服务部门；再次，政府在履行职能时要正确定位。一方面，凡是公民、法人和其他组织能够自主解决的，市场竞争机制能够调节的，行业组织、中介组织通过自律能够解决的事项，除法律、法规另有规定外，政府不再过多行政干预；另一方面，要切实担负起应尽的责任，包括建立健全城乡社会建设和管理的政策法规，依法管理和规范各类社会组织、社会事务、社会事业。此外，还要实施城乡基层政府权责能相配原则，理顺既有上下级组织管理体制，保障城乡基层政府同等的地位与权力结构，并获得同等程度的财政支持力度。

三是坚持城乡组织协同，激活城乡基层治理的组织力量。在城乡社会发展中，以社会组织为主体的社会协同作用日益彰显，与基层党和政府的领导形成呼应态势。要保护好、引导好各类社会组织参与基层治理，充分发挥各类社会组织的积极功能，加强政府与社会组织之间的分工、协作以及不同社会组织之间的相互配合，利用社会组织尤其是民间组织植根于民间的优势，发挥它们在提供服务、反映诉求和规范行为等方面的作用。首先，不断丰富和完善城乡市场及社会力量参与基层治理的重要途径和方式。为多主体之间的协同创造共同的运作空间和便利的工作条件努力，实现社会矛盾联调、重点工作联动、突出问题联治的多方协同管理模式，从而有效整合社会资源，多元参与，探索和实现基层社会管理主体由单一向多元转变。同时实现基层社会管理目标由单向管理、硬性约束向关注民生、体恤民情、服务社会转变。其次，积极引导城乡市场、社会及公众参与到基层社会的管理和服务中，形成政府与市场、社会、居民的良性互动机制。通过积极引导，建立政府与多元主体之间的沟通、信息交流、协商机制，实现城乡基层社会的依法有序参与，并建立政府对其他多元主体之间的监督机制，发挥政府、市场及社会主体的各自优势作用，形成推动城乡基层社会治理的合力。

第二，完善网络化、多元化、扁平化的基层治理体制。市场化、信息化时代的社会环境日益复杂多样，传统的科层组织结构日益暴露出自身的弱点，这要求政府的管理和服务更为多元化和个性化。为了适应动荡多变的复杂环境，增加组织的灵活性和适应性，提高工作效率，需要推进网络化、多元化和扁平化的行政体制改革，减少基层的行政组织层级，有利于地方上级对下级组织的监管，也有利于社会管理主体从政府向政府、社会和社区组织、城乡民众等多元主体治理的转变，从而充分发挥社会组织在提供服务、反映诉求和规范行为等方面的作用。

一是形成结构优化、政令通畅的基层行政管理体系。当前城乡基层管理运作不顺畅、矛盾突发的重要原因之一，就在于城乡基层政府组织权责不明确、职责不清晰。要实现政府职能的转变，首先，必须对城乡基层政府进行精简与整合，通过合理设置城市区街道和农村乡镇政府各类机构，使基层政府的组织配置合理明确，形成管、防一体，突出综合管理与行政执法，行政管理辐射功能与行政区划的管辖幅度相匹配的行政管理体制。其次，有效划分基层政府权力性质及边界，形成城乡基层政府明确、完善的权力配置，建立在涉及辖区内全局性、长远性和居民利益公共性的重大事项决定上的集体决策制度、重大决策调查咨询制度和公示制度、听证制度，提高公共决策的民主性和科学性；最后，健全由行政系统内部监督、专门机构监督、社会公众监督、新闻媒体监督等各方面相互结合、相互补充的监督体系及科学合理的仲裁程序，从而形成结构优化、执行顺畅的城乡基层行政管理体制机制。

二是培育特色鲜明、功能强大的城乡基层社会组织。加强和创新城乡基层的治理，必须改变治理主体单一的现状。城乡社会组织不仅有利于推动城乡经济社会的发展进步，还有利于反映民情民意，成为沟通民众与政府之间的中介桥梁，起到重要的管理和服务作用。《中共中央关于制定"十二五"规划的建议》中明确指出，"加强社会建设，加强社会管理能力建设,加强和改进基层党组织工作,发挥群众组织和社会组织的作用"。因此,在新的历史时期,要加强城乡社会组织建设,积极引导它们有序参与城乡基层管理活动。首先,要积极培育支持各类公益性、服务性社会组织、中介机构,并降低社会组织的准入门槛,规范登记管理制度,消除社会组织的行政化特征;其次,要强化各类企事业单位社会管理和服务职责,引导各类社会组织加强自身建设、增强服务社会能力,支持人民团体参与社会管理和公共服务,发挥群众参与社会管理的基础作用。

三是理顺边界清晰、分工明确的城乡基层政社关系。转变政府职能和提高政府服务水平,客观上要求理顺城乡基层政府与社会组织之间的关系。在社会转型发展过程中,各类城乡社会组织不断发展、壮大,社会组织的积极作用也日益体现出来,成为推动基层治理发展的重要力量。这就要求建立基层政府与社会组织之间的权力和职责边界及协同治理机制,基层政府通过购买、转包、政策支持、资金补助等形式,逐步将各类公益性、局域性社会服务交给社会组织来承担,使政府从纷繁复杂的事务中脱离出来,强化基础性管理和服务角色与监督职能。这就要求基层政府通过积极放权社会组织,及制定相应的制度规范,促使其在参与基层治理中不断走向成熟,成为政府管理和服务的有力助手,在平等、独立和相互信任基础上加强沟通和协调,形成各自功能明确、边界清晰的组织关系,共同推动城乡基层社会的和谐发展。

第三,创新灵活高效、统一协调的基层治理运行机制。建立健全城乡基层治理的各项机制,是有效化解社会矛盾、提升社会管理和服务水平的迫切需要,是强化基层治理中薄弱环节的有效举措。首先,城乡互动互促、社会有序流动离不开户籍制度改革、城乡社会保障和市场体系建设,能够推动区域间相互协调、相互促进,实现优势互补、共同发展,实现生产要素等在区域间的自由流动,从而促进社会和文化的交流、融合;其次,社会矛盾的化解也需要建立健全畅通的利益表达机制、利益导向机制和公众参与意见的反馈机制,从而实现行政立法、行政决策的民主化、科学化和合理化;最后,还需要建立社会风险评估、风险防范机制。在重要社会决策和重大工程项目制定、出台及实施前，对其可能发生危害社会稳定诸因素进行分析，评估发生危害的可能性，对不同的风险进行等级管理，做好危机预防工作，采取措施防范、降低、消除风险，从源头上预防和减少社会矛盾的发生。

一是创新运作规范、多元参与的城乡社会组织与社会事务管理机制。实践已经证明，实现政府与社会合作治理是社会事务有效管理的重要途径。现阶段，各类城乡社会组织蓬勃发展，在配置市场和社会资源、动员和鼓励社区民众参与甚至协调社会群体利益关系方面发挥了较为积极的作用。建立与当前社会发展相适应的城乡社会组织和社会事务管理机制，是当前城乡社会发展的必然要求。这就要求克服政府直接办社会组织的传统体制惯性，加快政府附属组织的社会化步伐，建立有助于社会组织良性发展的机制，推动城乡社会组织的培育发展。在秉承"坚决把政府不该管的事交给企业、市场和社会组织，充分发挥社会团体、行业协会、商会和中介机构的作用"的原则下，对政府职能进行剥离，明确社会组织的功能范围，并针对性地建立相关完善的社会组织功能运行机制，逐步形成政府行政管理与居民自治有机衔接和良性互动的城乡基层社会事务分类管理机制，从而推动城乡基层社会事务合作治理机制的形成。

二是建立统筹公平、效率提升的城乡公共服务一体化供给机制。相比较而言，农村公共服务供给机制的滞后是导致城乡公共服务差距逐步拉大的重要原因。这就首先要求我们逐步建立公共服务需求表达机制、合理的财政投入机制、多元化的供给机制和客观的绩效评价机制。具体而言包括通过对居民公共需求展开深入调查，科学识别其特征，实现基本公共服务"自下而上"的需求充分表达，为"自上而下"的供给相匹配奠定重要前提。其次，扩展在公共财政、社会捐资、社区自助等多元投入渠道的基础上，实现公共服务资金的最优化配置，创新城乡公共服务投入的机制，以及以政府、社区组织、其他社会组织等相互合作为多元供给主体、分工明确的运作机制。最后，通过对公共服务状况进行定期绩效评估，使各参与方都能够成为公共服务的评价主体，实现绩效评价的客观性与公正性，保证城乡公共服务供给的可持续性。特别是要充分尊重当前我国城乡发展的现实条件，严格区分哪些服务可以实行城乡一体化模式，覆盖到城乡社会全部地域；哪些尚需为一体化创造有利条件，有针对性地、有计划、分阶段地推进城乡公共服务一体化。此外，还要建立跨部门、跨领域的公共服务统筹规划机制，减少部门利益对城乡公共服务的资源分割与职责推诿，实现公共服务中的规模积聚和扩散效应，提高公共服务资源的使用效率和效益。

三是探索反应迅速、应对有力的基层危机管理与矛盾调处体制。面对层出不穷的各类突发性事件和社会矛盾，城乡基层原有的管理方式逐步显露出不足，工作方法简单粗暴，基层政府缺乏规范合理、灵活高效、统一协调的应对机制，反而使矛盾激化。为此，首先要立足于建立基层政府主导，基层政府、非政府公共组织、新闻媒体、工商企业、民众等多元主体相互协作和快速联动的基层危机管理与矛盾调处体制，打破危机事件和基层社会矛盾过程中的排外性和封闭性，实现资源利用效率最大化；其次，通过危机事件的防控体系建设以及合理的机构设置及精干的人员配备，形成完善的预警体系和危机管理与矛盾调处组织体系，并以制度化为目标，建立危机管理和矛盾调处信息交流机制，为危机处理及矛盾调处提供最详实的信息依据；最后，通过科学界定社会危机管理与矛盾调处绩效评估的主体、绩效评估的内容、绩效评估的方法、绩效评估的指标体系以及绩效评估结果的反馈与应用，建立城乡社会危机管理与矛盾调处绩效评估机制，提高应对社会危机能力。整体上，就是以社会需求和矛盾化解为导向，通过构建城乡社会危机预警机制、完善城乡社会危机与矛盾调处应对组织体系，逐步创新社会危机管理及矛盾调处和协同信息交流机制，并结合城乡社会危机管理及矛盾调处绩效评估机制的确立，最终形成反应迅速、应对有力的基层危机管理和矛盾调处体制机制。

第四，加强重心下沉、配置合理优化的城乡社会资源保障。城乡基层治理是一项庞大的系统工程，需要大量财力、人力资源投入。必须充分动员公共财政、社会组织及其他资源，并使城乡社会资源配置最优化，为基层治理的改革和发展提供有力的保障。当前应着重做好公共财政资源的合理配置、社会资源的有效动员和社会人力资源的培养开发。

一是合理配置公共财政资源。各级政府的公共财政资源仍然是加强和创新社会管理最重要的财力资源保障。首先，财政政策要体现为公众服务的理念，促进服务性政府的发展，要逐步由侧重支持经济建设转向侧重支持民生建设转变，进一步调整政府财政支出结构，放大为全社会提供公共产品和公共服务的职能，推动公共资源社会投入配置重心向下，注重充实基层财政，把基层政府的工作重心转移到社会管理和公共服务上来；其次，构建财权与事权相匹配的社会事务公共资源配置体制，确保有人干事、有钱办事，并从单纯重视"硬"的公共财政工具转向运用市场调节等"软"的财政工具，不断强化社会管理中的市场机制，推进部分公共产品和服务的市场化进程；最后，充分发挥财政政策的调控、导引和优化功能，实现政府、企业、社会在资源配置领域的合理分工与协调配合。利用公共财政政策不断提高社会管理的社会化程度，重视加强城乡基层群众性自治组织和社区建设，培育并引导各类民间组织健康发展，充分发挥其在社会管理中的作用。

二是广泛动员各类社会资源。社会资源投入主要有三种来源：（1）是各种机构的内部社会管理投入，如作为现代企业社会责任组成部分的企业社会投入；（2）是各种民间非营利组织的社会投入，这些组织在启动以后也部分地通过非营利的有偿服务来实现自我维持和发展；（3）是各种形式的社会捐赠，包括慈善捐助。当前社会建设和社会管理方面的资源投入主要还是政府财政投入，社会资源投入比较有限。因此，进一步完善有利于慈善捐助健康发展的税收制度和慈善组织制度，推动企业的社会责任建设，广泛动员社会资源投入社会管理。可以通过创新基金筹集方式，采取"一次认捐，按息捐赠"、"一次认捐，分年捐赠"和"定向捐赠，冠名基金"等方式，供企业灵活选择。

三是培育开发城乡人力资源。城乡社会各项事业的建设和发展需要大量的人力投入。为此，需要大力营造有利于人才成长和发挥作用的良好环境，加强培育社会工作队伍的专业化和职业化建设。首先，要促进社会人力资源的职业化。就业于城乡社会工作和社会管理各领域的人才队伍，主要来自政府相关部门、公办社会事业服务机构、社会团体和群众组织、基层社区自治组织和非营利民间社会组织。目前，我国在这些机构从业的职业化社会管理人员总量估计在 4000 万人以上，他们是社会管理人力资源体系的主要组成部分。其次，要发展以各种非职业方式参与社会管理的各种志愿者队伍。完善招募动员机制，进一步拓展志愿服务领域，建立志愿服务权益保障机制，鼓励志愿服务先进组织和个人，探索实施志愿服务荣誉制度。还要充分发挥志愿者队伍在社会利益关系的调节、新型社会规范的形成、现代公民意识的养成等方面不可或缺的重要作用。最后，通过常规教育体系培养、加强相关专业培训等形式，不断提升社会管理和社会工作人力资源专业化和科学化水平。

第五，夯实基层治理的社会基础。在城乡基层社会转型的过程中，公民意识日益觉醒、公民参与日趋广泛，城乡居民在社会治理中的地位和作用日益突出。为此，需要培育公民参与意识，培养公民参与热情，提高参与能力，来夯实城乡治理的社会基础。

一是保障城乡居民的有序参与，激活治理主体的能动性。城乡公民的社会参与方面，主要存在着范围和层次的局限性、观念和行动的非理性以及实践的非均衡性三大问题。知情权的扩大是改善和提高城乡民众参与的关键。为此，要保障广大居民对基层政府公共信息的了解，扩大民众对社会公共事物的知情权。这就要求进一步推动电子政务的发展，完善政府公开信息发布平台的建设。同时，要建立公民参与的反馈评价机制，督促政府部门关注民众的意愿表达，加强公民与政府的双向沟通。还应当建立完整的法制规章，对基层民众参与社会公共事务的内容、方式、途径作出明确的规定，做到有法可依、依法参与，使民众参与朝常态化、理性化、制度化的方向发展。

二是注重社会舆论的引导，重塑城乡居民的社会认同和政府认同。压力型体制下基层官民矛盾格外突出，相当一部分民众对政府失去信任，公信力极大下降成为当前困扰城乡发展政策实施的主要问题。信息化时代政府认同的重塑，要求打破传统的封闭性，主动合理利用网络媒体等进行有效传播，通过与公众充分地沟通和交流，达成解决问题的共识。要建立舆情监测系统，对广受关注的公共事务实施舆情收集、分析处理、舆情预警等措施，有的放矢地观察民意走向，将民意采集渠道制度化，搭建起与公众沟通互动的平台。最重要的是，面对信任危机，基层政府不能试图隐瞒事实，要推动公众了解政府正在采取恰当的行动力，尽可能地修复危机造成的损伤，对网络舆论加以科学的引导，为民众营造和谐、多元、民主且充满活力的公共话语空间，以主动的姿态重塑政府威信与权威，加强政府的影响力、公信力和吸引力。

三是营造城乡居民主动性强、理性负责的社会文化。长期存在的"官本位"、"臣民思想"等传统观念在一定程度上抑制了城乡居民社会参与的主动性，这一方面要求通过大众媒体大力普及参与知识，激发民众的参与热情；另一方面也要求基层政府对其作出正确的判断，积极引导广大民众关注并参与公共事务，提高其社会参与的理性和责任感。

总之，城乡基层治理一直以来都是国家治理的重要组成部分，也是影响国家治理绩效的基础要素。在当前城乡经济转轨和社会转型时期，基层经济体制、社会结构、利益格局、思想观念等都正在发生深刻变化的时代，这些深刻的变化在给社会发展创造财富、激发社会活力的同时，也给城乡基层治理带来诸多新问题和新挑战。党的十七届三中全会强调要"在统筹城乡改革上取得重大突破，为整个经济社会发展增添新的活力"。因此，适应城乡社会的流动性、开放性、异质性、一体化的发展要求，应更新传统的发展思路和模式，积极推进城乡基层管理体制机制改革和创新，构建新型城乡基层治理体系。通过政府和社会的不懈努力，民主法治、公平正义、诚信友爱、充满活力、安定有序、和谐稳定的城乡基层善治局面将有望到来！

【注释】

[1] 李学举：《努力健全和完善中国城乡基层治理体制》，载《国家行政学院学报》，2005年第6期，第26页。

〔2〕程又中、张勇:《城乡基层治理:使之走出困境的政府责任》,载《社会主义研究》,2009年第4期,第2页。

〔3〕迟福林等:《中国农村改革新起点:基本公共服务均等化与城乡一体化》,中国经济出版社2009年版,第34页。

〔4〕项继权:《基本公共服务均等化:政策目标与制度保障》,载《华中师范大学学报(人文社会科学版)》,2008年第1期,第3页。

〔5〕邓新礼:《基层政府体制改革之我见》,载《学习月刊》,2008年第2期,第52页。

〔6〕党秀云:《论公共管理中的公民参与》,载《中国行政管理》,2003年第10期,第34页。

〔7〕杨雪冬:《走向社会权利导向的社会管理体制》,载《华中师范大学学报(人文社会科学版)》,2010年第1期,第6—8页。

〔8〕丁元竹:《当前我国社会管理创新的主要领域和基本做法》,载《马克思主义与现实(双月刊)》,2011年第5期,第156—161页。

〔9〕龚维斌:《深化社会管理体制改革——建立以政府为主导的多元化社会管理新格局》,载《行政管理改革》,2010年第4期,第37页。

〔10〕冯晓英:《改革开放以来北京市流动人口管理制度变迁评述》,载《北京社会科学》,2008年第5期,第66页。

〔11〕案例整理自中国政府创新网,http://www.chinainnovations.org/Item/33606.aspx,曾获第六届"中国地方政府创新奖"提名奖。

〔12〕案例整理自中国政府创新网,http://www.chinainnovations.org/Item.aspx?id=33611,曾获得第六届"中国地方政府创新奖"优胜奖。

〔13〕项继权:《我国基本公共服务均等化的战略选择》,载《社会主义研究》,2009年第1期,第54页。

〔14〕赵奉军:《论公共产品供给方式的变革》,载《中国发展》,2003年第4期,第25页。

〔15〕盛若蔚:《中国政府首办基本公共服务均等化问题国际论坛 亚洲国家公共服务均等化国际论坛在无锡举行》,见人民网,http://world.people.com.cn/GB/57507/8327469.html(访问时间:2008年11月12日)。

〔16〕案例整理自"新农合江阴模式",见中农兴业网,http://www.znxy.org.cn/

snnc/html/news/7467.html（访问时间：2009年6月30日）。

〔17〕朱文轶：《陕西神木医改调查》，见求是论坛，http://bbs.qstheory.cn/viewnews-575.html。

〔18〕韩俊、张耀杰：《我国乡镇机构改革存在的主要问题和政策建议》，载《理论视野》，2008年第5期，第12—15页。

〔19〕万斯佳、王莹莹：《大部制改革过程中构建基层服务型政府的基本路径》，载《中国经贸导刊》，2009年第20期，第70页。

〔20〕案例整理自中国政府创新网，http://www.chinainnovations.org/Item/33589.aspx，曾获得第六届"中国地方政府创新奖"优胜奖。

〔21〕郑风田、李明：《新农村建设视角下中国基层县乡村治理结构》，载《中国人民大学学报》，2006年第5期，第127页。

〔22〕于建嵘：《乡镇自治：根据和路径》，载《战略与管理》，2002年第6期，第118页。

〔23〕庞胡瑞：《广东乌坎事件舆情研究》，见人民网，http://yuqing.people.com.cn/GB/16788483.html（访问时间：2012年1月4日）。

〔24〕郑迎春：《公共政策过程中公民参与的双重价值解读》，载《理论导刊》，2008年第10期，第18页。

〔25〕李艳霞：《社会转型期中国公民意识的良性构建——以社会生活各领域关系为视角的分析》，载《社会主义研究》，2010年第1期，第35页。

〔26〕常红：《义工不是免费劳动力 中国首部义工法即将问世》，见人民网特别策划之《中国立法驶上"高速路"》，http://www.people.com.cn/GB/14576/14957/2947727.html。

〔26〕唐铁汉：《强化政府社会管理职能的思路与对策》，载《国家行政学院学报》，2005年第6期，第18页。

〔27〕中国行政管理学会课题组：《强化政府社会管理职能提高政府社会治理能力》，载《中国行政管理》，2005年第3期，第79页。

〔29〕周敏凯：《新时期我国政府社会管理若干问题理论思考》，载《学习与探索》，2006年第5期，第56页。

〔30〕于建嵘：《靠什么换来稳定》，见南方报业网，2009年6月23日。

〔31〕黄云鹏：《创新公共服务供给制度 加快政府职能转变》，载《宏观经济管

理》，2008 年第 7 期，第 48 页。

〔32〕陈昕、吴夫娟：《我国农村公共产品供给体制问题研究》，载《改革与战略》，2009 年第 6 期，第 27 页。

〔33〕李少惠等：《行政变革中的公共文化服务及其路向》，载《中国行政管理》，2007 年第 4 期，第 26 页。

〔34〕于慎澄：《我国农村公共服务供给机制问题探讨》，载《理论前沿》，2008 年第 20 期，第 29 页。

〔35〕汪玉凯：《现阶段中国公共服务的突出矛盾与政府责任》，见中国（海南）改革发展研究院编：《中国公共服务体制：中央与地方》，中国经济出版社 2006 年版。

〔36〕吕翠苹：《农村公共产品供给中的财税政策制约与对策建议》，载《发展研究》，2010 年第 3 期，第 73 页。

〔37〕杨灿明等：《农民国民待遇与制度伦理分析——兼论"三农"问题的解决对策》，载《中南财政政法大学学报》，2003 年第 5 期，第 29—34 页。

〔38〕吴红缨：《深圳出现大量外省农民工退保现象引发关注》，见新浪网新闻中心，http://news.sina.com.cn/c/2009-03-28/004717497961.shtml（访问时间：2009 年 3 月 28 日）。

〔39〕中华人民共和国国家统计局：《中国统计年鉴 2009 年》，中国统计出版社 2009 年版。

〔40〕谢宝富、毛日清：《转型时期我国乡镇行政体制改革的问题及论争述评》，载《求实》，2008 年第 12 期，第 64 页。

〔41〕吕雅范、于新恒：《中国行政管理体制改革的问题与对策》，载《政治与法律》，2008 年第 4 期，第 67 页。

〔42〕马晓河、武翔宇：《中国农村乡镇机构改革研究》，载《农业经济问题》，2006 年第 2 期，第 14 页。

〔43〕周天勇、谷成：《中央与地方事务划分中的四大问题》，载《中国党政干部论坛》，2007 年第 11 期，第 17 页。

〔44〕朱江华：《改革开放以来中国行政体制改革：研究综述及其展望》，载《经济研究导刊》，2009 年第 7 期，第 185 页。

〔45〕根据《地方组织法》整理。

〔46〕杨燕绥、陈仰东、鲍淡如主持的"社会保险经办能力建设研究"课题报告，见 http://wenku.baidu.com/view/12245aafdd3383c4bb4cd24d.html，第 1 页。

〔47〕钱振伟：《覆盖城乡居民社会保障管理体制研究：基于对部分市（州）县实践的调查》，经济科学出版社2011年版，第56页。

〔48〕万梅、李声宇：《论我国民主政治中的公民参与问题》，载《广西社会主义学院学报》，2006年第17期，第50页；〔美〕约翰·克莱顿·托马斯：《公共决策中的公民参与：公共管理者的新技能与新策略》，孙柏瑛等译，中国人民大学出版社2005年版。

〔49〕俞可平：《公民参与的几个理论问题》，载《学习时报》，2006年12月19日。

〔50〕顾训宝：《十年来我国公民参与现状研究综述》，载《北京行政学院学报》，2009年第4期，第36页。

〔51〕张艺、廖晓明：《扩大公民参与 构建和谐社会》，载《广东省社会主义学院学报》，2006年第1期，第30页。

〔52〕朱水成：《我国公民参与政策制定问题研究概述》，载《理论导刊》，2008年第2期，第106页。

〔53〕孙永怡：《我国公民参与公共政策过程的十大困境》，载《中国行政管理》，2006年第1期，第44页。

〔54〕〔美〕约翰·克莱顿·托马斯：《公共决策中的公民参与：公共管理者的新技能与新策略》，孙柏瑛等译，中国人民大学出版社2005年版，第45页。

〔55〕周红云：《中国社会管理体制改革：现状、原因与方向》，载《甘肃行政学院学报》，2008年第5期，第20页。

〔56〕程又中、张勇：《城乡基层治理：使之走出困境的政府责任》，载《社会主义研究》，2009年第4期，第3页。

〔57〕周红云：《中国社会管理体制改革：现状、原因与方向》，载《甘肃行政学院学报》，2008年第5期，第20页。

〔58〕吴理财：《应注意农村基层的选择性治理》，载《学习时报》，2009年1月12日；赵树凯：《政府治理是新农村建设的关键》，http://finance.sina.com.cn/review/20060607/11082631941.shtml。

〔59〕周云华：《发挥社会组织协同社会管理作用探讨》，载《湖南行政学院学报》（双月刊），2011年第6期，第29页。

〔60〕郑风田、李明：《新农村建设视角下中国基层县乡村治理结构》，载《中国人民大学学报》，2006年第5期，第128页。

[61] 温家宝：《不失时机推进农村综合改革 为社会主义新农村建设提供体制保障》，载《求是》杂志，2006年第18期，第3—9页。

[62] 青锋、范晓莉等：《行政管理体制改革：问题、路径与目标模式》，载《清华法学》，2008年第1期，第138页。

[63] 周云华：《发挥社会组织协同社会管理作用探讨》，载《湖南行政学院学报》（双月刊），2011年第6期，第29页。

[64] 陈锦文：《基层政府管理与群众自治良性互动的思考》，载《长白学刊》，2011年第2期，第31页。

[65] 周红云：《中国社会管理体制改革：现状、原因与方向》，载《甘肃行政学院学报》，2008年第5期，第18页。

[66] 江明融：《实现公共服务均等化目标的政策思考》，载《特区经济》，2007年第8期。

[67] 于慎澄：《我国农村公共服务供给机制问题探讨》，载《理论前沿》，2008年第20期，第29页。

[68] 陈昕、吴夫娟：《我国农村公共产品供给体制问题研究》，载《改革与战略》，2009年第6期，第27页。

[69] 周云华：《发挥社会组织协同社会管理作用探讨》，载《湖南行政学院学报》（双月刊），2011年第6期，第29页。

[70] 王云：《我国公共行政决策中的公民参与问题研究》，载《求实》，2006年第3期。

[71] 莫勇波：《公共政策执行中的政府执行力问题研究》，中国社会科学出版社2007年版，第28—29页

[72] 陈锐：《各地热衷"拆村"隐含危机》，载《参考消息》，2010年11月4日。

[73] 张曙光：《农村问题的根源是个人产品和公共品关系混淆》，载《领导决策信息》，2008年第44期，第26页。

[74] 杨勇：《基层政府行政现状与改革困境》，载《法制与社会》，2010年第6期，第170页。

[75] 贾康、白景明：《县乡财政解困与财政体制创新》，载《经济研究》，2002年第2期，第5页。

[76] 顾训宝：《十年来我国公民参与现状研究综述》，载《北京行政学院学报》，2009年第4期，第36页。

[77] 周红云：《中国社会管理体制改革：现状、原因与方向》，载《甘肃行政学院

学报》，2008年第5期，第20页。

［78］顾训宝：《十年来我国公民参与现状研究综述》，载《北京行政学院学报》，2009年第4期，第36页；李勇军：《构建和谐社会视野中的公民参与》，载《中共郑州市委党校学报》，2007年第3期，第33页。

［79］徐勇：《中国农村与农民问题前沿研究》，经济科学出版社2009年版，第3页。

［80］"2011年温家宝总理政府工作报告全文"，见http://www.china.com.cn/policy/txt/2012-03/05/content_24808051.htm。

［81］沈爱民：《在和谐社会建设中创新社会管理格局》，载《学会》，2011年第7期，第6页。

（袁方成：华中师范大学政治学研究院副教授，中共中央编译局博士后；柳红霞：中南财经政法大学副教授）

Abstract

Connecting the urban and rural areas, urban-rural grassroots-level governance is of great importance to the development of urban and rural areas as well as social stability. China is now experiencing drastic transformations and enormous social conflicts, which render better urban-rural grassroots-level governance a necessity. From the perspectives of urban-rural grass-roots management, public service and public participation, this report calls for the emergence of new urban-rural grassroots-level governance system, which would promote the balanced development of urban and rural areas, equal access to basic public service as well as democratic participation at the grassroots level.

Keywords

Urban-rural; Grassroots-level Governance; Public Service; Public Participation

■ 治理案例 | Case Studies

"公众参与"与"官僚控制"的双重变奏[*]

——杭州综合考评的发展线索解析

黄俊尧

摘　要：杭州自2005年开展的市直单位综合考评，包含着"公众参与"与"官僚控制"的双重发展线索。一方面，这类公众参与在包容性和有效性两个维度上都有所进展，推动着政府回应民生问题、提升治理绩效；另一方面，官僚机构面对规制压力可能交替采用常规策略和机会主义策略，使得综合考评的控制力发生变数。为了加强综合考评的实效，杭州不断尝试体系内的突围，引导绩效考评向绩效管理转型。

关键词：公众参与　官僚控制　综合考评　绩效管理　杭州

近年来，地方政府发起的"公众参与式"绩效评价已成为学术界聚焦的现象，它们往往包含着"公众参与"与"官僚控制"的双重发展线索，而杭州启自2005年的市直单位综合考评也是其中一个值得追踪研究的典型案例。对于社会事件的理解，结构论者主张从"关于社会历史现实的结构性视角"来入手，强调制度性的决定情势等客观条件对行动者的制约。[1]但具体到杭州案例，笔者认为从行动者的角度捕捉线索更有助于深化对综合考评发展历程的理解，毕竟公众参与和官僚控制都是

---

[*] 基金项目：本文受浙江省社科联"之江青年社科学者"行动计划资助（编号：T8-4），系全国行政学院科研合作课题（编号：13HZKT397）、杭州市哲学社会科学重点研究基地课题（编号：2012JD14）的研究成果。

在相关行动者的互动中呈现的,制度变迁则是对行动者博弈的结果的响应。

杭州案例中的行动者,可以区分为政治领导层、官僚机构与公众。政治领导层,主要指党委、政府的决策层,有时也涉及人大、政协机关的领导层。官僚机构包括党委、政府、人大、政协甚至"两院"的执行机构。公众不仅仅意味着普通市民,还包括其他社会层面代表。政治领导层作为绩效评价进程的主导者,掌握考评规则的制定与解释权;官僚机构是被考评的对象,接受来自政治领导层与公众的考核评价;公众既是绩效评价的主体,也是政府提供公共服务的对象。

一、公众参与的两个检视维度

(一)参与的包容性

杭州综合考评由三个基本环节组成:目标考核(45 分)、社会评价(50 分)与领导考评(5 分)。[2]公众参与集中在社会评价环节。与另外两个以内部考核为主的环节明显不同,社会评价环节的设立就是要通过外部因素的导入来激活政府绩效评价,达到控制官僚等目的。

某种意义上说,包容性是"公众参与式"绩效评价有别于以往政府绩效考核的核心特征。在 1.5 万名左右的参与者中,普通市民代表近万人,而且参与的社会层面还在不断扩展(目前的参与层面见表1)。公众对于参与政府绩效评价有着较高的积极性。2005 年度万名市民代表投票的回收率达到 99.64%;2012 年度的社会评价向各层面代表共发放评价票 15801 份,回收 15744 份,回收率也达到 99.64%。[3]

表1　2011年度各层面代表社会评价意见数量分布

参评代表层面	意见	建议	批评	表扬	其他性质	意见总数	所占比例	同比
1. 市民代表	4535	1081	433	121	1858	8028	75.01%	-3.84%
其中：城镇居民	4118	1028	373	118	1684	7321	68.41%	-10.44%
外来务工人员	342	35	47	2	123	549	5.13%	1.61%
农村居民	75	18	13	1	51	158	1.48%	-0.08%
2. 企业代表	329	113	30	3	210	685	6.40%	1.47%
3. 省直机关代表	167	113	23	9	40	352	3.29%	-0.01%
4. 专家学者（含绩效评估专家）	135	87	10	1	49	282	2.64%	0.65%
5. 社会组织代表	147	45	18	4	81	295	2.76%	—
其中：社区负责人	130	33	16	4	70	253	2.36%	0.48%
行业协会负责人	12	9	2	0	5	28	0.26%	—
民办非企业负责人	5	3	0	0	6	14	0.13%	—
6. 区、县部委办局	103	47	9	1	71	231	2.16%	0.69%
7. 市政协委员	97	42	9	1	34	183	1.71%	0.09%
8. 行风监督员（含绩效信息员）	123	23	4	0	21	171	1.60%	1.24%
9. 市党代表	57	27	5	4	33	126	1.18%	-0.12%
10. 市人大代表	51	18	6	6	15	96	0.90%	0.08%
11. 区县四套班子	35	12	5	1	28	81	0.76%	0.31%
12. 网民	45	11	9	3	0	68	0.64%	-1.10%
13. 区县街道乡镇	24	9	1	2	19	55	0.51%	-0.19%
14. 老干部	31	6	3	0	9	49	0.46%	-0.12%
合计	5879	1634	565	156	2468	10702	100%	—

资料来源：杭州市综合考评委员会办公室：《2011年度杭州市市直单位综合考评社会评价意见报告》。

公众参与广度的扩展主要体现在三点变化上：一是社会评价向外来务

工人员开放。从 2007 年度起,市民代表层面吸收部分非杭州市户籍的人员加入。市民代表对"社会服务相对较多部门"的投票权重为 25%,其中非杭州市户籍人员占 2.5%;市民代表对"社会服务相对较少的部门"及其他单位、党群部门的投票权重为 20%,其中非杭州市户籍人员占 2%。[4]杭州市综合考评办干部介绍了这项措施的起源:

> 外来务工人员参与是我们老大伍彬(市综合考评办主任)提出的,觉得外来人口人数在不断上涨,现在比例很大。但对放多少人进来还没有仔细考虑过,先进来再说。[5]

外来务工人员已成为一个正在对城市发展产生深刻影响的社会群体,无论在管理还是服务方面,党委政府都需要倾听他们的声音。接纳外来务工人员参与综合考评,说明杭州的领导层能够主动回应社会现实,审时度势地调整考评规则、拓展公众参与的广度。由表 1 可知,外来务工人员在社会评价中所提意见占总量的较高比例,2010 年度占总意见的 3.52%,2011 年度比例为 5.13%,都仅次于城镇居民代表和企业代表。这项做法也为政府部门带来回报:2007 年度的社会评价,外来创业务工人员对市直单位的满意率高于市民层面 6.68 个百分点。

二是吸收农村居民参与社会评价。2008 年度的市民代表层面出现了农村居民。随后市考评办发现,通过增加城区农民参与社会评价的样本数量,既可实现社会参与面扩容,也可更新部分代表样本,有助于解决市民代表样本固化问题,规避策略投票。于是 2010 年度的社会评价从 1 万个市民代表名额中提取出 1000 个名额分配给农村居民。[6]

第三项重要的变革措施是社会组织的加入。以往参与社会评价的九个公众层面中并未有社会组织的一席之地,也正因为缺乏有组织力量的支持,市民代表层面在制订行动规划、行政过程监督及效果评估等环节都相对被动,而且意见表达流于散漫和个体化。对于社会组织能否参与综合考评,政府长期以来的态度都比较慎重。对政府而言,社会组织的功能效用、管控方式、发展前景以及与政府关系都存在变数,而这种犹疑的态度也投射到政府绩效评价领域。直到 2011 年度的综合考评,杭州才尝试引入100家民办非企业单位和行业协会参与社会评价，杭州尝试引入社会组织来参与社会评价，或许可以和当时倡导社会建设和社会管理创新的大背景联系起来。不过，社会组织参与的真实效果还有待长期观察。表1显示，2011年度行业协会负责人参加社会评价时提出的意见建议仅占总量的0.26%，民办非企业负责人的意见建议占0.13%，二者在所有参与层面中所占比例最低。

另外，杭州市还着力开发民意表达的新工具，包括试行公众满意度网上评议、设立社会评价专线电话等。2007年度有400多名市民参加了网上评议，200多名市民通过专线电话提出了意见建议。[7]

（二）参与的有效性

检视公众参与的另一个维度是参与的有效性，包括公众能否充分表达利益诉求、政府能否及时有效回应民意等。历年社会评价都征集到大量意见建议。例如，2008年度征集到10915条，梳理归并后为5930条，并有789位填表人留下联系方式，希望得到有关部门的答复。2011年度社会评价共征集到各类意见建议10702条，其中留有联系方式的达1201条。[8]

公众意见建议集中于当年的热点民生问题。2006年度社会评价显示，食品药品安全、生态环境保护越来越受到社会各界的关注。[9]2007年度，有关物价上涨、垄断行业、社会治安三大民生问题的意见数量也明显上升。[10]2008年度公众的意见数量居前五位的分别是城市管理、公共服务、市场监管、环境保护和农村建设。2011年度社会评价涉及交通拥堵、高房价、看病难、上学难等公共服务类问题的意见达4230余条，占意见总量的近40%。2012年度社会评价中涉及各类民生问题的意见共计5144条，占意见总量的53.71%。[11]

从表2提供数据来看，公众在社会评价过程中的意见表达是较为充分的，其关注面从传统的"七难"问题（"行路难、停车难"、"住房难"、"就学难"、"就业难"、"看病难"和"脏乱差"等）扩大到垄断行业服务、公用事业服务、食品安全、环境保护、物价上涨、养老等问题。市考评办分析认为,群众对改善民生的要求逐步向更高层次转变。[12] 相当一部分民生问题,事后都进入了党政部门的整改方案或政策议程。公众意见还直击深层次的体制问题:行政审批制度亟需改革,审批与管理脱节、审批权与办事权过于集中;民意表达渠道不畅,职能部门回应不及时;公共服务设施供给不足;政府有偿服务问题等。[13]

表2 2011—2012年度各类民生问题意见数量的分布对比

问题	2012年度 意见数	占比	2011年度 意见数	占比	占比变化
垄断行业服务	1230	12.84%	1785	16.68%	-3.84%
公用事业服务	1021	10.66%	596	5.57%	5.09%
行路停车难	785	8.20%	956	8.93%	-0.73%
食品安全	411	4.29%	564	5.27%	-0.98%
办事难	333	3.48%	353	3.30%	0.18%
环境保护	306	3.19%	372	3.48%	-0.29%
物价稳定	239	2.50%	525	4.91%	-2.41%
住房难	189	1.97%	526	4.91%	-2.94%
上学难	136	1.42%	469	4.38%	-2.96%
社会治安	111	1.16%	148	1.38%	-0.22%
看病难	108	1.13%	496	4.63%	-3.50%
困难群众生活就业难	76	0.79%	83	0.78%	0.01%
安全生产及劳动保护	62	0.65%	89	0.83%	-0.18%
养老托幼	60	0.63%	36	0.34%	0.29%
清洁卫生难	46	0.48%	41	0.38%	0.10%
物业管理	23	0.24%	12	0.11%	0.13%
拆迁安置	8	0.08%	23	0.21%	-0.13%
其他	4434	46.29%	3528	32.97%	13.32%
合计	9578	100%	10702	100%	

资料来源:杭州市综合考评委员会办公室:《2012年度杭州市市直单位综合考评社会评价意见报告》,2013年4月17日。

通过分层面统计，市考评办还发现对民生问题关注的社会差异性。以2009年度为例，市民代表对"社会治安"，市人大代表对"食品安全"，老干部、专家学者和行风监督员对"困难群众生活就业难"，区、县（市）四套班子成员对"拆迁安置"，社区负责人对"物业管理"的关注度分别明显高于其他层面。而外来务工人员对"住房难"、"看病难"、"物价问题"、"上学难"、"办事难"、"安全生产及劳动保护"的关注度居各层面之首。[14]可见，综合考评逐渐成为公众表达利益和政府准确把握民意的中介机制。

至于政府对民意的回应，在外来务工群体身上集中体现出正面效果。外来务工人员代表在2007年度表达了"降低生活成本"、"丰富文化生活"、"加强教育培训"等愿望，并且反映了"黑心电价"、"子女入学"等具体问题。"黑心电价"指的是出租房用电价格为本市居民的几倍，外来务工人员心理上受到歧视，经济上加重负担，因而强烈要求政府解决该问题。2008年杭州全市开展了出租房电价整治专项行动，市、区出动检查2600人次，责令整改509家，整治工作取得一定成效。

在外来务工人员的子女就学问题上，杭州市也付出一定努力。2008年外来务工人员子女就读人数累计达13.83万人，其中就读公办学校8.8万人，同时新增七所外来务工人员子女学校。考虑到"希望取消借读费"意见，2008年杭州市取消进城务工人员子女借读费，义务教育段学生同时免杂费、课本费和作业本费达6939.76万元。2009年还落实市本级专项补助经费1335万元，发放教育培训消费券595.08万元。[15]

（三）公众参与的各界评价

一方面，参与的效果收获各方的肯定性评价。在环节设置上，有学者认为，杭州的社会评价在部门基本分中占据一半的比重，这在政府绩效考评中属于比较激进的做法。[16]换言之，与国内同类绩效考评相比，社会评价在杭州案例中发挥了更大的作用；与综合考评其他环节相比，社会评价对结果的影响最大。

杭州市领导层对比考评结果后指出：各单位最终排名的先后，主要取决于社会评价得分高低。例如，2005年度十个综合考评优胜单位（满意单位）的该项得分都在40分以上，相反，九个排名靠后的单位都在38分以下；排名第一的市民政局与末位的市卫生局总分相差5.9547分，仅社会评价环节就相差5.4927分；一些"窗口"单位之所以排名有较大提升，主要是因为努力解决群众关注的热点、难点问题，得到了群众认可。"说到底，满意不满意，不是由领导说了算，而是由群众说了算。"[17]

在公众参与的必要性上，社区干部的声音代表了基层群众的看法：

> 我认为很有必要，上面要求"民主促民生"，肯定要让老百姓有说话的地方，要听基层老百姓怎么说的，中层上面的机关就听不到老百姓的话了。[18]

来自城区的干部对照区级综合考评情况，肯定了市级考评的公众参与水平：

> （区里）群众参与率一般比较低，层面被控制，主要在政务部门和镇、街部门底下的科室打分，整体上还是自己在评自己。……市里跟区里不一样，票发的面很广，老百姓还是有参与的。我感觉杭州市这些年"办事难"还是有进步的。……从大环境来说，对促进民主有作用。杭州群众的民主意识、参与热情蛮好的，填选票、提建议都积极。[19]

市综合考评办官员甚至认为，综合考评已初步形成了一套与民主执政要求相适应的考评理念和方式，以及政府主导的公民参与网络。[20]"而社会评价也充分体现了综合考评的群众导向，扩大了公民有序政治参与，促进了民生问题的有效破解，是以民主促民生的生动实践。"[21]也可以说，公众参与最初是在工具层面被引入政府绩效评价，服务于控制官僚的目的，其后，它在政府治理方面的功能又被不断开发出来，最终在价值层面也获得了发展。

另一方面，针对社会评价及公众参与也不乏质疑的声音。例如市民代表的参与能力有限、参与渠道和机制未尽完善、考评对象对信息的控制等问题都饱受诟病，尤其是公众参与进程处于政府主导之下，令人对参与的真实绩效产生疑问：

> 现在考评还是皮毛性，而不是实体性参政议政。只考评满意情况，很粗糙，应该把职能分条列项，看部门究竟做到哪一些，程序上是否规范。现在的还有点像是政府形象工程，实体性参与取决于领导意志。[22]

二、官僚机构的行动策略

综合考评本质上属于杭州市领导管理干部队伍、提升治理绩效的重要工具。面对政治领导层的考核和公众的满意度评价，官僚机构可能作出"常规改进"和"策略抵制"两种不同的行动选择。常规行动意味着正面改进工作以提高综合考评得分，而策略抵制则是运用种种机会主义手段来寻求利益空间，阻挠考评目的的实现。事实上，这两套策略多被官僚机构交替运用。

（一）常规改进

受综合考评推动而改进工作的典型案例如市城管执法局。该部门历来在社会评价中的位次靠后，这样的处境迫使其不断创新工作方法。例如，2005年市城管执法局发动群众成立了8000多人的执法志愿者队伍，共上街协助执法4万余次；开展了执法进社区活动，要求做到有叫必到、违法必究、执法必严等。2005年12月，市统计局对5000户居民的入户调查反映，69.4%的市民认为城市管理水平有了提高[23]，这说明城管执法局的努力至少在一定程度上改观了社会形象，而社会形象密切关联着公众满意度测评的结果。2005年度的综合考评排位，市城管执法局果然较上年"满意单位不满意单位评选"跃升了23位。[24]

某干部从市民参与、社会沟通、队伍建设等角度总结了市城管执法局的成功经验：

后来我们从2005—2007年在全市中等偏上，尤其是2006年大翻身，第38名，这在全国范围内算好的。一个是我们建立了动员人民参与城市管理制度，成立志愿者总队。我们和团市委、文明办三合一，有社区干部、退休干部、市民、学生，当时3000多人，现在13000多人。当时列入党委一号工程。第二个是抓队伍建设，改变了在老百姓心目中形象。对领导干部、中层干部、队员全员培训，从全民执法、人性化执法入手。第三从法律层面，量法公平、公正、公开；还有跟社区、街道、城区四套班子、党代表、人大代表等沟通，到底我们是怎么做的，请他们来看，也是改变我们面貌的重要方面。[25]

更有针对性的努力付诸一系列创新目标。例如，2010年8月，市城管执法局为破解执法难题，在全国同领域首创"软着陆"执法模式，改变了过去动辄暂扣物品的机械执法模式。新模式强调慎用行政强制措施，在避免与当事人发生正面冲突的情况下，经过调查取证等手段，照样对当事人实施行政处罚，并且通过强化教育引导、促使当事人自行整改来实现城市管理的有效和理性。"软着陆"执法模式还建立起城管执法机关与公安、工商等行政部门以及法院、街道、社区、志愿者组织的沟通联系，着力健全信息互通、资源共享、工作衔接、配合协调的公务协助制度和多方参与的运行机制，形成城市管理行政执法的合力。"软着陆"执法开展至2010年底，全系统暴力抗法事件同比下降47%，无重大执法冲突和人员伤亡事件发生。[26]

其他部门类似的改进措施也给公众留下了深刻印象：

机关变化肯定有的，每个单位都要面子，大家都要竞争，竞争靠什么？就靠服务！像（老百姓）现在去土管局办事，都有专车接送，停在大厅里面的。几个职能部门办事态度是好上去了。[27]

从总体上看，官僚机构改进的重点逐渐由机关作风转移到工作绩效，尤其是对民生问题的回应。考评结果显示，政府部门解决民生问题的能力与其获得的社会评价存在关联，民生问题解决较好的部门，群众的评价就高，反之则评价较低。例如，市民政局、市人力社保局（劳动保障局）经常位居满意单位前列，这与它们联合开展"春风行动"，切实解决困难群众生产生活问题紧密相关。相反，2005年度考评期间公众对于"看病难"、"看病贵"的意见较多，说明仍有很多问题未获解决，相应地，卫生系统的排名也就比较靠后。[28]

（二）策略抵制

由于常规行动实施成本较高且未必即时见效，部分官僚机构也会转而采取策略行动，即不受正式规则认可，介于违规和违法的灰色地带间的种种机会主义活动。威廉姆森曾将交易过程中的机会主义行为理解为损人利己，包括撒谎、偷窃、欺骗及其他形式，是一种机敏的欺骗。"从更一般的意义上说，投机是指不充分揭示有关信息，或者歪曲信息，特别是指那些精心策划的误导、歪曲、颠倒或其他种种混淆视听的行为。"[29]伯恩斯认为，相对于组织精英来说，较弱行动者更愿意把规则体系当做某个既定的、处于他们影响范围之外的事物，他们所必须付诸行动的是要么利用系统框架内的机会，要么避免或逃避系统最严厉的惩罚。[30]这也意味着机会主义活动在不对称的行动者关系中将频繁出现。

针对来自政治领导层的压力，官僚机构经常运用规避责任、推诿扯皮、讨价还价等柔性抵制策略。杭州市领导归纳了四类负面现象："一是个别单位对社会评价意见的整改出现思想认识滑坡，存在松懈、厌倦和畏难情绪，工作消极应付；二是对于社会评价中反映的新情况、新问题重视不够，缺乏深入细致的调查研究，有针对性举措不多；三是对涉及多个部门的意见，承办单位之间存在着推诿扯皮现象；四是对一些处理难度较大的意见，有关单位没有及时提出整改计划和落实办理责任。"[31]

一些部门之所以消极看待综合考评，是因为对提升名次失去信心，甚至认为工作改进和考评排名之间未必有正向相关性。以市卫生局某干部的观点为例：

> 卫生局的问题是整个卫生体制决定的。评选我们在全国卫生系统

中处于什么位置，这才是合理的，相对比较科学。平行的这些部门可比性是没有的。……2005年我们最后是合格单位，从 2005 年到现在，我们采取了很多措施，排名提前了，但到前十名还是很难的，哪怕市领导来兼我们局长，进前十名也几乎不可能的。

很难说我们采取的措施和最后排名有什么关系，很难量化。也可能我们不采取措施，排名也上去了。部门横向比，没有可比性。比如有一年，环保局两个领导被逮进去了，他们自然就是最后一名。[32]

讨价还价策略的意图则是消解政治领导层的规则制定权优势。讨价还价时可提出诸种质疑，例如考评规则的公平性不够、公众对一些部门的偏见和误会较深等。讨价还价的一种特殊形式是"求情"，争取从核心领导者手中获得额外加分。

种种机会主义行动也说明：官僚部门通常不会公开挑战政治领导层的权威，作为权力等级中的相对弱者，他们在顺从的表象下更倾向于采用各类柔性抵制策略，将综合考评的压力消解于无形。这也是斯科特所谓的"弱者的日常反抗形式"在官僚政治场景中的呈现与应用。[33]

针对公众的评价压力，官僚机构也想出种种规避策略。例如"拉拢"：

投票过程中也有不良风气，根据我们了解的情况，有一些部门年底请人大代表、政协委员、社区书记开座谈会、搞活动、加强联谊，助长不良风气，相互吃请、赠送小礼物，几种情况确实存在。[34]

部分市民代表承认参加过部门举行的座谈会，但否认有送礼拉票的情况：

送礼物都没的。开座谈会有的，征求意见，物价部门就开过。一般是每个社区的书记、主任参加，在街道参加。[35]

而对于公众网上评议满意度，官僚机构则运用了"稀释民意"的策略：

老百姓网上参评实际上没有多少意义，每个局都会动员自己的干部去投票，哪个局人最多就最有利。应该让老百姓抽样才有意义。[36]

官僚机构的宣传手法也越发老练。例如，媒体属于中性的技术手段，既可作为公布考评结果、形成舆论压力的平台，也可被官僚机构用于隐性宣传：

> 各部门会在杭报、电视台、广播上宣传本部门业绩、亮点、民生工程。他们会用很巧妙的方法宣传，比如交警会做酒驾方面的连续报道、红绿灯设置的报道，这是对群众意见的回应。[37]

此外，官僚机构的内部往来间也穿插着拉拢和互惠的策略：

> 下来做工作有的，有针对性地指导投票人群，给我们做工作，开会也有的。特别是对社区，各条线都显得很关怀，赠送一些物品。比方说下个月要过年了，各部门之间，主要领导相互联谊活动……[38]

部门间的相互拉拢是为了利益交换。因为部门负责人掌握着一些可用来"互惠"的票源：有人以党代表、人大代表、政协委员等身份参加社会评价；各部门在"区（县、市）的部委办局"层面都有下级对口单位，可以相互帮忙打招呼、拉票等。

尽管针对不同对象，官僚机构的行动策略有所调整，但本质上都属于机会主义式的，不求工作改进，但求排名提升，有些做法甚至游走在违规的边缘。也正是此类机会主义行动，使综合考评的控制力发生了一些变数。

三、政治领导层的平衡手

综合考评的发展历程中，政治领导层始终扮演着主导者和平衡者的角色，调节着公众参与的深度与官僚控制的力度。

（一）对公众参与的双重态度

对于政治领导层而言，引入"参与式"绩效评价是作为规制官僚自主性和提高地方治理绩效的一项重要策略，他们对公众参与的态度，既有鼓励和支持的一面，又有引导和限制的考量。

以往杭州市领导曾多次在公开场合强调"让人民评判、让人民满意"的意义，2010年接任杭州市委书记的黄坤明（2010年1月—2013年10月在任），重申了社会评价的重要性：

这里我强调一点，2011年度综合考评征求到的12837条意见，既反映了民意，也饱含着民智，要切实分析好、整改好、运用好。对一些反映具体事项的问题，要明确责任，尽快整改。对一些反映多年的问题，要作为整改的重中之重，跟踪督办，务求实效。对一些意见比较集中的问题，要深入分析研究，注重在理念思路、体制机制、方法手段上探索创新，着力克难攻坚，积极回应百姓诉求。请市考评办把人民群众反映的问题作一梳理，分类后交由对口部门和领导调研解决。[39]

领导层的态度传递出坚持开展"公众参与式"绩效评价的决心，而社会评价工作也不断得到完善。例如，2007年度提出：建立社情民意信息库，即针对各类民意渠道反映的批评意见建立专门的信息库，并将社会评价意见更多地运用到综合考评之中；发挥舆论监督作用，扩大信息公开，通过网站、报纸、电视等各种媒体，采取多种方式让公众了解市直各单位基本情况和工作业绩，缓解信息不对称；定期向社会发布社情民意报告，公布整改情况。[40]

2008年4月，杭州市综合考评办首次在《杭州日报》、"中国杭州"政府门户网站、杭州考评网全文发布了《2007年度杭州市市直单位综合考评社会评价意见报告》。报告还公示了部门的重点整改目标，使公众对年度综合考评情况有更全面的了解。媒体称这种向社会公布民评报告的做法在全国尚属首次。[41]之后，发布年度社会评价报告就成为杭州综合考评的惯例。

2010年度出于矫正市民代表中存在的策略投票行为的考虑，市考评办改进了入户调查方式，严格按照统计抽样的要求，对135个社区、8000多户城市居民采用现场随机抽样、留置式入户调查，以提高样本的代表性。[42]

2012年度市考评办首次推出了"跟踪督办整改目标"，即每年从社会评价意见中分析梳理出20项各界关注度高、与市民日常生活密切相关、多次反映而未得到较好解决的具体问题，作为跟踪督办整改目标下达到相关牵头责任单位，并在《杭州日报》和"杭州考评网"上向社会公示，还将接受服务对象的绩效测评。市考评办主任伍彬解释道：因为有些意见年年提、年年改，但效果不大，老百姓不满意；还有些问题涉及多部门，也是整改难点。[43]与此相应，市考评办着手建立常态化的跟踪督查机制，包括市考评办、整改责任单位、绩效信息员、媒体四方联动的整改机制。其中，市考评办邀请 28 名市民代表担任绩效信息员，参与社会评价意见的跟踪督办工作。[44]

公众关注度较高的部分热点问题先后进入了党委、政府的决策议程。杭州领导层甚至将解决以"七难"为代表的民生问题，与政绩直接挂钩[45]，并且根据民意适时调整"七难"的内涵。2007 年 9 月，市委、市政府召开"破七难"工作专题会议，将"环境保护"和"食品安全问题"列为"破七难"的重要内容。同年 12 月，杭州市委正式提出了"7＋2"的"破七难"新框架。[46]市综合考评办因其特殊的利益综合功能，也对新框架的形成发挥了重要作用，

> 这几年我们在梳理意见、提供整改意见、建立绩效信息库上下了很大力气。从 2007 年开始形成社会评价意见报告，从面上分析带有普遍性、倾向性的问题，向市委、市政府汇报。对于"七难"问题的内涵作了调整和充实，市委后来形成 7＋2、7＋X 框架。[47]

杭州市委、市政府进而采取了一系列对策措施。以困难群众生活问题为例，杭州着眼于建立和完善各级帮扶救助网络、加大帮扶救助力度、开展就业援助，并形成制度化的解决方案。这些工作获得了公众的积极评价。例如，2008 年度公众对"破七难"工作总体满意度（满意、比较满意、基本满意三项相加）为 95.77%，比 2007 年度上升 4.59 个百分点，比 2006 年度上升 5.89 个百分点。[48]近年关于"困难群众生活就业难"的意见也大幅减少。

另一方面，政治领导层对公众参与的态度也并非自由放任的。从一份官方报告中不难看出政府的忧思。报告针对以社会评价中群众反映意见作为组织考核的参考依据，陈述了以下弊端：

> a. 社会评价中群众反映的意见正确与否和准确程度，在短时间内难以核实，在参考时一时很难作出准确的判断。

b. 组织考核时参考社会评价中群众反映的意见，势必会给被考评单位，特别是意见较多的单位带来一定的思想包袱，引起不必要的猜测，带来一定的负面效果，从而给参与考评的工作人员带来压力。[49]

尽管这份报告形成于综合考评机构化、体系化之前，但上述问题一直为官僚机构所担心。政治领导层则需要不断维系公众参与程度和官僚机构可承受度之间的平衡。

（二）对官僚机构的灵活控制

政治领导层在三项策略点上采取行动，以压缩官僚机构的自主行动空间，使其趋近领导层的行动目标。首要的策略点是消解官僚机构在专业技术和信息上的优势。唐斯就此提出一些具体对策，包括：尽可能发布准确的命令，以减少下属的自由裁量权；组织书面报告来了解下属行为；抽查小部分命令的执行情况；运用反信息歪曲机制；设置独立的监控机构；使用参谋人员协助控制直线人员等，并且认为对工作绩效进行检查与报告的独立监控机构是官僚组织中最普遍的、作用最大的、最复杂的控制机制之一。[50]出于相近的控制思路，杭州市设立了综合考评委员会办公室，作为组织实施绩效评价的独立机构，也是政治领导层的实际代理人。综合考评办的一项重要职能就是梳理和汇总公众的意见建议，其中包含大量关于官僚行政绩效的信息。考评办梳理出来的公众意见有三个流向：一是以年度报告形式向社会公布；二是转达相关单位，要求其作为整改的依据；三是汇报政治领导层，进而可能进入市委、市政府的中心工作议程。可见，领导层在官僚机构的例行工作汇报以外开辟了新的信息源，从而打破了后者对执行过程的信息垄断，部分化解其信息优势。

领导层第二个策略点是牢牢把持制定和修订规则的权力。诺思曾指出："任何社会、经济或政治体制都是由人构建的，并且这种结构在我们所处的这个有序社会里，具有人为的功能。"[51]事实上，规则往往是对某种资源和利益配置格局的确认，倘若规则是某类行动者单方面制定并迫使其他行动者遵守的，那么它必然倾向于维护制定者的利益。在杭州案例中，有能力通过规则的制定来实现自身目标的显然是政治领导层，他们也可以适时调整规则以对官僚机构形成新的压力。

例如，目标考核原本只涉及职能工作和共性工作，皆是以"合格"而非"优秀"为导向的，以致官僚机构缺乏创新动力。有鉴于此，杭州市又增设了创新和创优目标考核。创新、创优目标都属于加分项目，在常规目标得分比较接近的单位之间，创新和创优目标带来的加分就成为决定最终排位的关键，从而刺激官僚机构开展工作创新。

> 搞了创新创优项目后，压力更大了，迫使单位去创新创优，如果没有这两分，排名很难靠前。去年我们单位创新项目拿了1.49分，就是用我这个项目（"自荐海选"——村委会选举模式的创新）。前年的创新项目是星光老年之家延伸到农村。[52]

> 我们这两年创新项目都有加分，去年搞了全社会参与实施食品、药品安全，打分中等偏上，前年搞了高校药品房规范化，今年是药品质量安全的在线监督。[53]

杭州政府部门近年在城市治理方面屡有新机制、新项目出台，倘若追根溯源的话，一部分动力就来自创新目标考核。

领导层第三个策略点是在官僚机构的奖惩方面掌握一定的自由裁量权。杭州案例中，相对于目标考核和社会评价，领导考评环节直接扩大了政治领导层的行动空间，增强其对官僚机构的控制力：

> 2005年的时候，我们局前两项测评不一定是最后的，领导考评加上去，我们才变成最后的。领导有可能是在几个部门之间综合考虑权衡，有的部门不能连搞两次最后……[54]

领导考评的存在价值也得到一些部门的肯定：

> 领导考评是有必要的，特别是主要领导。他们了解工作艰难程度、付出和成果之间差异的原因。有些事情就是领导指示去办的。[55]

有访谈对象透露，核心领导者除了参与"领导考评"环节外，还掌握"加分"等超常规的权力，足以影响各单位在综合考评中的排位：

> 没有正式规定谁可以加分,但一般领导都识趣的,不会随便去加分。其实就两位主要领导(书记、市长)有加分权,领导加零点几分,对排位的影响就很大。……主要领导有加分权,也有他们的考虑,要控制下,不然没有人听他们的话了。去年加分的事情闹得挺大,本来城管办是最后一名,他们去找领导加分,结果物价局就变成最后一名。[56]

笔者观察到,2011年度杭州综合考评才正式公布加分的条件、对象和幅度[57],将"加分"予以制度化,而上述访谈发生在2010年,说明访谈对象提及的加分情况可能已存在一段时间,公布加分规则更像是对既成事实的追认。尽管加分的规定很严格,但似乎获得主要领导的首肯才是最重要的前置条件。

另一方面,作为官僚体系内的决策者和执行者,政治领导层与官僚机构又是不可分割的统一体,前者也会视情况需要,运用妥协和安抚策略为官僚机构减压。

妥协策略主要体现在规则层面的让步。从综合考评达标线的拟制过程[58],就可以观察到领导层在加压与减压之间的平衡。实施"三合一"综合考评后,各单位的得分将比公众满意度评价时期有较大幅度上升,如果沿用原有的70分达标线,对官僚机构就会缺乏压力。但根据数学模拟结果显示,若将达标线提高到85分,将产生1个线下单位;若设置为86分,则有4个。达标线的提高需兼顾科学与合理,市目标办和满意办建议取85分,而最后实际制订的达标线进一步放宽到82分和84分。由于官僚机构在日常工作中的角色不可或缺,政治领导层必须在规制的收紧和放松之间掌握好平衡。

此外,综合考评陆续设置了一系列单项奖,包括"进位显著奖"、"政府服务质量奖"、"创新奖"等,明显具有安抚意图,即以单项奖来勉励综合考评中难获"满意单位"的部门。例如,杭州市城管执法局就凭借"打造杭州公厕国内一流品牌"项目,获得了2011年度首次设立的"政府服务质量奖"。

四、质疑与突围：从绩效考评到绩效管理

（一）对于综合考评效果的质疑

多年来，对于综合考评实效的质疑也不绝如缕。首要问题是综合考评各环节中可能存在瑕疵。例如，有人主张从公平性角度考虑，不应在考评体系中设置领导考评环节：

> 领导考评，领导分管哪块就肯定给哪块分数高，领导不应该参与打分的，他们在其他层面已经投过票了（领导也可能身兼党代表、人大代表等）。[59]

至于"加分"的做法自然也会引来争议：

> 现在考核，领导的分值加大了，领导加到哪里，哪里就是满意单位了。原先是眼睛向下，让老百姓评，领导这块加大，就没有意义了。[60]

更多的质疑集中在目标考核上：

> 目标考核主要针对具体工作、重点工作完成情况。目标考核控制力度不是很大，本身也是人为的，本来就是该完成的任务，换个形式而已。[61]

> 缺陷是考核指标、目标由各单位申报，很多单位没有切实的创新目标，到年底为了加分，专搞一些形式出来，作用也很难说。考评办对很多业务部门工作不熟悉，对他们业务要求不能很科学地掌握。它还是内部监督、内部考核，老百姓对考评指标都不清楚。政府部门的绩效很难科学量化，大多是主观感受，自由裁量权很大。[62]

质疑的对象随之从职能目标扩大到创新、创优目标。笔者访谈时发现，部分单位的中层干部（处长）作为创新工作的具体执行者，反而多对创新目标考核持怀疑态度，视之为不堪其扰的形式主义，增加不必要的工作负担。有人批评所谓的"创新"徒具形式：

> 现在考评是玩花样，所谓创新目标，就看谁做得漂亮。……改革要从制定指标的科学性改起，要加压力，不要过多追求所谓的创新目标、形式花哨。对政府来说，主要的不是创新，而是平常心。创新目标打分也要公开。[63]

> 很多创新是"被"创新。考评办每年要求报创新项目，哪有这么多创新项目？最后只能是互相骗、自己骗自己了。很多创新项目跟几百万杭州市民一点关系都没有。[64]

也有人认为创新、创优目标经历了一个考核效用递减的过程：

> 创新创优目标一开始有激励作用，但考核不严。省部级奖项的要求，有的单位在省部级期刊上发了文章就说达到要求。现在逼得每个单位年年都申报创新，除了一些特殊部门外，大多数都是形式，但不要这几分就是傻子了。[65]

还有人对创新目标的专家评分表示不以为然，认为专家只看部门报送的文字材料而未必了解实际情况，评分的公正性存疑。[66]

对于种种非议，市考评办干部认为，至少在推动杭州治理创新方面，政府部门当回事做了，意味着创新创优目标发挥了杠杆激励作用。对专家评分问题，市考评办也作出了一些回应：

> 至于部门对专家打分的非议，专家主要看社会效益，对老百姓有什么好处，公共服务有什么创新。十个专家，去掉最高分和最低分。[67]

> 我们是从顶级专家库里选择的，专家都有专业水平。人员构成也分情况的，例如从城建、党建研究等类别分别挑选，既有学者，也有省级部门的。以前有两个专家不是很认真，打分时只讲自己的事情，而不是依据公共利益，我们后来就不请他们了。部门反感的主要是讲个人利益的专家。[68]

客观地说，批评意见的确有一定道理，但也不能完全否认创新目标带来的正面效果，例如激发官僚机构的竞争意识和工作潜力等。或许官僚机构的困扰对于公共服务的改进又是有益的。

再从综合考评的总体控制力来看，对于部门"一把手"以外的干部员工，综合考评的影响力明显偏弱：

> 以前我负责和上面这一块（市满意办和考评办）联系，领导老来问我，"这次得了多少分"？说穿了，就是和一把手有关系，几个副职领导就没人关心这个事。[69]

> 综合考评不能说流于形式，但也不是有多大作用。领导很在乎，工作人员不一定。领导有压力，对机关老百姓来说，也就是考核奖金不发了，仅此而已。光靠这个不是解决机关作风的良方，关键是要有公仆意识。[70]

综合考评尚不足以克服部门领导与员工的目标分歧。更重要的是，如同任何一项新出台的制度，综合考评随着时间的推移也会遭遇边际效用递减规律的困扰。一方面，难免被考核对象找漏洞、钻空子，前紧后松，难以测量出真实的绩效；另一方面，它无力触动若干难点问题：

> 我个人觉得，即使王国平书记一直在位，综合考评的作用也饱和了。早两年很有效果，机关态度方面做得较好，和这方面有关的"办事难"问题能得到解决。但是有些深层次的问题它解决不了，比如文山会海，发的一堆堆文件根本没人看，签一下就过去了，造成极大的浪费。还有办事效率低，他会说是制度管着的。[71]

（二）体系内的突围尝试

面对质疑，除了杭州市领导坚定支持综合考评外，作为专业化、实体化的实施机构——市综合考评委员会办公室，也在努力完善相关环节，为这项工作注入新的动力。市综合考评办一经成立，就在党政机构中承担起特定的功能，它还需要求新求变，以行动巩固自身的角色存在。

在市综合考评办的推动下，不但社会评价机制及公众参与实践有所发展，目标考核更是成为提升考评实效的突围对象。杭州近年尝试由"任务型目标责任制考核"或"单纯的满意度评比"向"功能型绩效管理"转型，从着眼于政府内部监管的"控制取向"向强调持续性改进的"功能化取向"转变，这意味着对绩效评估与绩效管理的理解进一步深入。[72]

功能型绩效管理要求综合考评更多地发挥"诊断"功能,及时发现和识别政府管理中存在的问题,从多个角度分析问题成因,采取适当的方法和策略来解决问题,督促绩效提升;要求结果与过程并重,通过过程控制,不仅仅推动考评对象的绩效整改,更要培育和发展其解决问题与变革创新的能力。[73]

近几年我们在理念上有很大转变,一开始侧重站队、排位、奖惩,现在继续有这个功能,但更多转向正面激励为主,问题发现与绩效改进,不断发现、研究问题,推动问题解决。我们把老百姓反映集中的热点、难点问题作为重要整改目标,公示、测评、考核,更好地推进整改,回应老百姓诉求,形成"评价—反馈—整改,再评价—再反馈—再整改"机制。……媒体和网络反映的情况、"96666"和"12345"建立的绩效信息库,我们都会定期分析。2009年我们开始发给相关部门绩效改进信息书,要求他们整改、反馈,我们检查整改情况。去年第一份发给建委,经济适用房租赁问题,中央电视台也报道了。今年又发了几份。[74]

从2009年度起,目标考核逐渐围绕绩效管理设计实施方案,尤为重视过程管理。突出体现在评分标准部分,对目标制定、过程管理、完成情况分别赋予一定分值。其一,目标制定的设定分值为综合考评中职能目标分值的5%,按实际评估结果赋分。各单位根据评估反馈意见,对目标进行修改、补充,符合目标制定要求的,按(目标制定设定评估分值－实际评估得分)×50%予以加分。其二,过程管理的设定分值为该项目标分值的10%。对于目标实施过程中的绩效问题,市考评办以《绩效改进通知单》形式要求整改而未及时整改的,经查实,扣目标分值的3%—6%;整改不到位的,扣目标分值的6%—8%;未整改的,该项目标过程管理不得分。其三,完成情况的设定分值为该项目标分值的90%。根据完成目标任务的实际情况,分别按每个项目的分值确定考评分数。此外,完成情况中进一步细分了约束性指标、预期性指标、社会评价意见整改专项目标考核、市政府为民办实事项目,并且都设定了具体的评分标准。[75]

此后，目标考核方案的绩效管理思路愈益明晰，尤其是2012年度，在杭州成为全国政府绩效管理试点城市的背景下，市综合考评办制定了系统的、替代性的绩效考核指标体系，以绩效考核目标和专项目标替代了先前的职能目标和共性目标。绩效考核目标细分为关键指标、职能指标和重点工作目标，专项目标则包括通用指标、专项协作目标、诉求回应目标和自身建设目标等。[76]

表3 杭州市市直单位目标绩效考核指标体系

类型	分项指标	考核或评价指标内容	考核维度		目标（指标）解释	权重
			实现程度	绩效测度		
绩效指标	关键指标	市委、市政府确定的涉及本部门的相关国民经济和社会发展定量指标	√	—	"两会"通过的杭州市国民经济和社会发展主要指标数据	75%
	职能指标	市直单位法定职责履行情况相关绩效指标[3]	√	√	由各单位根据"三定"方案，结合我市实际，提炼反映本单位履行职能情况，体现效率、效益、效果等结果性的内容	
	通用指标	适用于市直各单位的部分综合性绩效指标，包括依法行政指标、电子政务指标、行政效率指标等	√	—	由市法制办、市电子政务办公室、市考评办（市效能办）、市阳光办、市审改办等提供，采用本部门纵向比较和各部门横向比较的方法	

（续表）

类型	分项指标	考核或评价指标内容	考核维度		目标（指标）解释	权重
			实现程度	绩效测度		
工作目标	重点工作目标	市委、市政府确定的年度重点工作任务	√	—	市委、市政府确定的年度重点工作任务分解，可考核的目标（其中政府预算内投资重大项目评估由市发改委提供）	75%
		市政府为民办实事项目	√	√	按《市政府为民办实事项目考核办法》考核	
		市委、市政府中长期战略目标和重大决策分解到当年的相关工作任务	√	√	包括重大经济政策、改革措施、重大规划等评估，由市发改委等提供	
	专项协作目标	由有关部门牵头、多部门协作配合的，事关全市、有明确年度目标任务、适于量化考核的阶段性重点工作，由若干专项组成	√	—	由专项工作牵头单位提出，按照必需、可行、有效和总量控制、有进有出的原则设置。专项目标由牵头部门提出具体的分解依据、考核内容和考核办法，经市考评办审核后下达，纳入相关单位年度绩效目标考核。专项牵头单位对该项目负总责。每一专项纳入时间不超过3年，每年根据实施情况动态调整	
	诉求回应目标	信访和"12345"、社会评价意见整改、效能投诉处理、公共服务窗口评价、建议提案办理	√	—	分别由市信访局、市考评办、市监察局和市政府办公厅、市人大提案委、市政协提案委、市委组织部牵头负责	

(续表)

类型	分项指标	考核或评价指标内容	考核维度 实现程度	考核维度 绩效测度	目标（指标）解释	权重
工作目标	自身建设目标	领导班子建设、党风廉政建设、财政绩效评价、机构编制评估	√	—	分别由市委组织部、市纪委（监察局）、市考评办、市财政局、市编办等牵头负责	20%
	绩效管理工作	包括目标制定、督查工作和追溯考核等内容	√	√	由市考评办、市委、市政府督查室牵头负责。按照目标绩效管理办法、目标制定咨议评估办法、督查工作管理办法实施考核	5%

资料来源：杭考评办〔2012〕9号文件。

这一新的方案暗含着兼顾绩效与目标的系统考核思路，具体执行者是这样理解的：

> 2012年度目标考核办法，绩效指标是固化的，工作目标是变的。主要考核四个"力"：关键指标、职能指标、重点目标反映执行力；专项协作目标反映协作力；诉求回应目标反映回应力；自身建设目标反映自身发展力。关键指标、职能指标、重点目标就是原来的个性（职能）目标，自身建设目标是原来的共性目标。这样就可以排序分析出单位的短板在哪里。……考核执行力，是在关键指标、职能指标、重点目标中拿出两项目标，由服务对象或工作对象来作测评。我们请第三方通过问卷、回访等方式收集服务对象评分。[77]

对于绩效考核目标，以平时考核为基础，以年终完成情况、目标实施过程和目标完成取得的绩效为主要依据，赋予"实现程度"为目标设定分值的90%，赋予"绩效测度"为目标设定分值的10%。考核流程依次分绩效分析和报告、检查核验、绩效测评、综合评定四个步骤展开。首先,各单位通过"绩效分析和报告"形成自证性说明;其次为"检查核验",即在年终目标检查中,检查组以听汇报、看台账、召开座谈会、实地检查等方式,综合日常采集的有关绩效信息和其他相关部门的意见,对自证情况的客观性和真实性进行核验;再次是"绩效测评",对每个市直单位抽取一项重点绩效目标,通过电话访问、问卷调查、专家评估等方式,进行第三方测评;最后进行"综合评定"。

对于专项目标,则以平时考核为主,年终确需集中检查的,经申报审核后参加市考评办统一组织的集中检查。[78]

值得一提的是,屡遭部门诟病的创新类目标考核,在内容上也有所变化,可能将调低部门创新工作的"强度":

> 现在不止是创新、创优,还有克难攻坚、提升服务质量,一共四项,部门选择的范围大了,比如继承性创新,就是在原有工作基础上提升。城投集团(城市建设投资集团)今年报了解决公共自行车还车难项目,规划局也报了从布点角度解决还车难问题,我们协调他们联合申报,城投集团的还车系统在其他城市很有收益,规划局通过了国家建设部的公共自行车布局标准和管理运行标准。规划局和城投集团合作后,效益体现出来了。城投直接服务于老百姓,今年打分不会低的,既是继承性创新,又是回应公众诉求。[79]

城投集团与规划局合作的案例也反映出,综合考评办有意识地将目标考核与社会民生问题的解决衔接起来。

在针对部门绩效的过程管理方面,综合考评办也采用了多项技术手段。以"数字考评"系统建设为例,该系统在精细化管理的要求之下,具备资源共享、实时监控、定量考核、全程管理等特征,即要依托统一的电子政务网络实现综合考评与市直各单位业务管理系统的互联互通、信息共享,有条件实行数字化动态跟踪管理,探索推行数字化"绩效卡"管理。[80]谈及过程管理的进程,市考评办干部说:

> 我们现在会作一些抽查。以往主要听汇报、看台账,从去年开始,把暗访和测评结合起来,成立了暗访测评组、绩效信息员队伍。

暗访容易发现问题。我们搞绩效测评，去年对医疗服务请第三方公司帮我们做，然后提供给卫生局。[81]

我们现在抓过程管理，主要抓手是数字考评，日常数据报送等，已经找了几个单位做试点，推进难度比较大，等于全程把他们的工作监控起来了。[82]

出于可以理解的原因，绩效管理肯定不会是一帆风顺的，但重要的是，由此可以看到杭州政府绩效评价不断寻求突围的努力。另外，可以肯定的是，相比"公众参与"这条辅线，"官僚控制"才是综合考评真正的主线和目的，而综合考评能否扭转控制力下降的趋势，至少将压力维持在必要的水平，将决定其自身的存在价值。

【注释】

[1] 〔美〕西达·斯考切波：《国家与社会革命：对法国、俄国和中国的比较分析》，何俊志、王学东译，上海人民出版社2007年版，第19页。

[2] 杭州市于2005年成立综合考评委员会，领导市直单位综合考评工作。2006年8月，杭州市设立综合考评委员会办公室（简称市考评办）作为常设办事机构，专门负责综合考评的组织实施工作。市考评办挂靠中共杭州市直属机关工作委员会，机构级别为正局（副厅）级，与其他市直单位平级。综合考评对象为杭州市直机关各部、委、办、局及市直有关单位。目标考核内容主要是职能目标、共性目标、创新创优目标等完成情况；社会评价环节邀请九个社会层面进行满意度测评，评价内容包括市直单位的服务态度和效率、办事公正和廉洁自律、工作实效和社会影响方面；领导考评主体为市四套班子领导及市法院院长、市检察院检察长，考评内容是各单位的工作目标及市委、市政府交办任务的完成情况。三项分数汇总即为综合考评得分。参见《中共杭州市委、杭州市政府关于对市直单位实行综合考核评价的意见》，市委发〔2005〕60号，2005年12月27日。

[3] 杭州市委副书记朱报春：《扎实推进综合考评，以一流业绩让群众满意——在杭州市2005年度市直单位综合考评总结大会上的讲话》，2006年4月6日；杭州市综合考评办：《2012年度杭州市市直单位综合考评社会评价意见报告》，2013年4月17日。

〔4〕杭州市综合考评办：《2007年度市直单位社会评价工作实施方案》，2007年12月18日。

〔5〕访谈记录编号：20091105，访谈对象B为杭州市综合考评办干部。

〔6〕座谈会记录编号：20101203，发言者N为杭州市综合考评办干部。

〔7〕《王金财同志在2007年度市直单位综合考评总结暨第八次"为省直单位服务月"活动动员大会上的讲话》，2008年11月14日。

〔8〕杭州市综合考评办：《2008年度杭州市市直单位综合考评社会评价意见报告》，2009年4月28日；《2011年度杭州市市直单位综合考评社会评价意见报告》，2012年2月21日。

〔9〕杭州市综合考评办：《2007年度杭州市市直单位综合考评社会评价意见报告》，2008年4月25日；《始终让人民评判，始终听人民心声：王金财副书记在2007年度市直单位综合考评市民评价动员大会上的讲话》，2007年12月18日。

〔10〕杭州市综合考评办：《2007年度杭州市市直单位综合考评社会评价意见报告》，2008年4月25日；《王金财同志在2007年度市直单位综合考评总结暨第八次"为省直单位服务月"活动动员大会上的讲话》，2008年11月14日。

〔11〕杭州市综合考评办：《2008年度杭州市市直单位综合考评社会评价意见报告》，2009年4月28日；《2011年度杭州市市直单位综合考评社会评价意见报告》，2012年2月21日；《2012年度杭州市市直单位综合考评社会评价意见报告》，2013年4月17日。

〔12〕杭州市综合考评办：《2012年度杭州市市直单位综合考评社会评价意见报告》，2013年4月17日。

〔13〕杭州市综合考评办：《2007年度杭州市市直单位综合考评社会评价意见报告》，2008年4月25日。

〔14〕杭州市综合考评办：《2009年度杭州市市直单位综合考评社会评价意见报告》，2010年4月23日。

〔15〕杭州市综合考评办：《2008年度杭州市市直单位综合考评社会评价意见报告》，2009年4月28日；伍彬：《综合考评与绩效管理：杭州的实践和探索》，人民出版社2012年版，第223页。

〔16〕周志忍：《政府绩效评估中的公民参与：我国的实践历程与前景》，载《中国行政管理》，2008年第1期。

〔17〕杭州市委书记王国平:《落实四个坚持,争创人民满意——在杭州市2005年度市直单位综合考评总结大会上的讲话》,2006年4月6日。

〔18〕访谈记录编号:20091125-4,访谈对象L为杭州市西溪街道Z社区书记。

〔19〕访谈记录编号:20090921,访谈对象L为中共杭州市西湖区委组织部干部。

〔20〕伍彬:《公民导向、注重绩效的杭州综合考评》,载《中国行政管理》,2009年第1期。

〔21〕杭州市综合考评办:《2007年度杭州市市直单位综合考评社会评价意见报告》,2008年4月25日。

〔22〕访谈记录编号:20090902,访谈对象Y为中共杭州市委党校教师。

〔23〕中共杭州市委副书记朱报春:《扎实推进综合考评,以一流业绩让群众满意——在杭州市2005年度市直单位综合考评总结大会上的讲话》,2006年4月6日。

〔24〕同上。

〔25〕访谈记录编号:20091201-2,访谈对象H为杭州市城管执法局干部。

〔26〕杭州市城管执法局:《探索"软着陆"执法方法,破解城管执法难》,2010年度综合考评创新创优目标介绍。

〔27〕访谈记录编号:20091125-3,访谈对象G为杭州留下街道X社区主任。

〔28〕中共杭州市委副书记朱报春:《扎实推进综合考评,以一流业绩让群众满意——在杭州市2005年度市直单位综合考评总结大会上的讲话》,2006年4月6日。

〔29〕〔美〕奥利弗·E.威廉姆森:《资本主义经济制度:论企业签约与市场签约》,段毅才、王伟译,商务印书馆2002年版,第71—72页。

〔30〕〔瑞典〕汤姆·R.伯恩斯等:《结构主义的视野:经济与社会的变迁》,周长城等译,社会科学文献出版社2004年版,第191页。

〔31〕杭州市综合考评办:《2007年度杭州市市直单位综合考评社会评价意见报告》,2008年4月25日。

〔32〕访谈记录编号:20091125-2,访谈对象G为杭州市卫生局干部。

〔33〕〔美〕詹姆斯·C.斯科特:《弱者的武器》,郑广怀等译,译林出版社2007年版。

〔34〕访谈记录编号:20091125-2,访谈对象G为杭州市卫生局干部。

〔35〕访谈记录编号:20091125-4,访谈对象为杭州市西溪街道Z社区书记。

〔36〕访谈记录编号:20091201-1,访谈对象B为杭州市民政局干部。

[37] 访谈记录编号：20091105，访谈对象B为杭州市综合考评办干部。

[38] 访谈记录编号：20091127-1，访谈对象J为杭州市上城区某单位干部。

[39] 《黄坤明同志在全市2011年度综合考评总结暨深化作风建设大会上的讲话要点》，2012年2月18日。

[40] 杭州市综合考评办：《2007年度杭州市市直单位综合考评社会评价意见报告》，2008年4月25日。

[41] 方益波：《杭州公开发表社会各界对市直单位的评价意见在国内尚属首次》，见新华网浙江频道：www.zj.xinhuanet.com（访问时间：2008年4月25日）。

[42] 杭州市综合考评办：《2010年度杭州市市直单位综合考评社会评价意见报告》。

[43] 余逊达、伍彬：杭州电视台《钱塘论坛》谈话内容，2013年9月28日。

[44] 杭州市综合考评委员会办公室：《2012年度杭州市市直单位综合考评社会评价意见报告》。

[45] 中共杭州市委书记王国平：《落实两观 破解七难：在市委常委（扩大）会议上的讲话》，市委办通报〔2004〕121号，2004年7月20日。

[46] 杭州市综合考评办：《2007年度杭州市市直单位综合考评社会评价意见报告》，2008年4月25日。

[47] 座谈会记录编号：20101203，发言人N为杭州市综合考评办干部。

[48] 杭州市综合考评办：《2008年度杭州市市直单位综合考评社会评价意见报告》，2009年4月28日。

[49] 杭州市目标办和满意办：《关于市直单位综合考评办法修改完善情况的汇报》，2005年9月21日。

[50] 〔美〕安东尼·唐斯：《官僚制内幕》，郭小聪等译，中国人民大学出版社2006年版，第153—167页。

[51] 〔美〕道格拉斯·C. 诺思：《对制度的理解》，见科斯、诺思、威廉姆森等：《制度、契约与组织：从新制度经济学角度的透视》，刘刚等译，经济科学出版社2003年版，第15页。

[52] 访谈记录编号：20090910，访谈对象J为杭州市民政局干部。

[53] 访谈记录编号：20091112，访谈对象J为杭州市食品药品监管局干部。

[54] 访谈记录编号：20091125-2，访谈对象G为杭州市卫生局干部。

[55] 访谈记录编号：20091125-1，访谈对象H为杭州市房管局干部。

〔56〕访谈记录编号：20101206，访谈对象 W 为杭州市直机关工委干部。

〔57〕例如，加分条件相对严格：加分项目应为市直单位的非常规性工作，工作要求高、难度大、涉及面广，对杭州市经济社会发展有重大影响；该项工作系市委、市政府主要领导主抓或交办的，并列入相关责任单位年度工作目标；责任单位在该项工作实施过程中能够提高标准、力破难关，特别出色地完成工作任务。同时具备以上条件并经市委、市政府主要领导批示确认，可提交市考评委予以加分。单项工作的加分不超过 0.3 分；如承担符合加分条件的多个项目，可叠加分数，但总加分不超过 0.5 分。杭州市委办公厅、市政府办公厅《关于实施 2011 年度市直单位综合考评的通知》，市委办发〔2011〕131 号。

〔58〕综合考评得分在达标线以下的末位单位，将成为不满意单位，并受到处罚。杭州市目标办和满意办：《关于市直单位综合考评办法修改完善情况的汇报》，2005 年 9 月 21 日。

〔59〕访谈记录编号：20100101，访谈对象 T 为杭州市劳动和社会保障局工作人员。

〔60〕访谈记录编号：20091201-1，访谈对象 B 为杭州市民政局干部。

〔61〕访谈记录编号：20091127-1，访谈对象 J 为杭州市上城区某单位干部。

〔62〕访谈记录编号：20090915-1，访谈对象 N 为杭州市监察局工作人员。

〔63〕访谈记录编号：20091120-2，访谈对象 J 为杭州市政府办公厅干部。

〔64〕访谈记录编号：20120615，访谈对象 H 为杭州市政法委干部。

〔65〕访谈记录编号：20101206，访谈对象 W 为杭州市直机关工委干部。

〔66〕访谈记录编号：20121009，访谈对象 Y 为杭州市文广新局干部。

〔67〕访谈记录编号：20121010，访谈对象 X 为杭州市综合考评办干部。

〔68〕访谈记录编号：20121216，访谈对象 A 为杭州市综合考评办干部。

〔69〕访谈记录编号：20100525，访谈对象 H 为杭州市某直属机关干部。

〔70〕访谈记录编号：20091120-1，访谈对象 X 为杭州某市直机关干部。

〔71〕访谈记录编号：20100525，访谈对象 H 为杭州市某直属机关干部。

〔72〕政府绩效管理包括三项最基本的功能活动：政府绩效评估、政府绩效衡量、政府绩效追踪，旨在将个人绩效、部门绩效和组织绩效整合在一起，使整个公共组织处于高激励、高服务质量的状态。绩效评估不能取代绩效管理的管理模式，否则将陷入为评估而评估的困境，无法实现绩效管理的价值。胡税根：《杭州市政府绩效评估模式研究》，见陈汉宣、马骏、包国宪：《中国政府绩效

评估30年》，中央编译出版社2011年版，第84页。

[73] 伍彬：《综合考评与绩效管理：杭州的实践和探索》，人民出版社2012年版，第278—279页。

[74] 座谈会记录编号：20101203，发言人N为杭州市综合考评办干部。

[75] 2010年度的"完成情况"中又补充了"带★的绩效考核目标"，根据目标完成的绩效程度进行等级评价，再予以赋分。杭州市综合考评委员会办公室：《2009年度市直单位目标考核工作实施方案》、《2010年度市直单位目标考核工作实施方案》。

[76] 《关于印发2012年度杭州市市直单位专项目标考核办法的通知》，杭考评办〔2012〕21号；杭州市综合考评委员会办公室：《2012年度市直单位目标考核工作实施方案》。

[77] 访谈记录编号：20121216，访谈对象A为杭州市综合考评办干部。

[78] 杭州市委办公厅、市政府办公厅：《关于实施2012年度市直单位综合考评的通知》，市委办发〔2012〕144号。

[79] 访谈记录编号：20121216，访谈对象A为杭州市综合考评办干部。

[80] 伍彬：《杭州政府绩效综合考评的实践与探索》，载《行政管理改革》，2010年第12期。

[81] 座谈会记录编号：20101203，发言人N为杭州市综合考评办干部。

[82] 访谈记录编号：20121010，访谈对象X为杭州市综合考评办干部。

（本文作者为杭州行政学院政治学与法学教研部副教授，浙江大学地方政府与社会治理研究中心兼职研究员）

Abstract

Public participation and controlling the bureaucracy are the double clues of comprehensive performance appraisal in Hangzhou since 2005. On one hand, inclusiveness and effectiveness of public participation have made some progress, which promotes government response to livelihood issues and improve governance performance. On the other hand, bureaucracies will take conventional strategy and opportunistic strategy alternately to respond to regulation so that the pressure of comprehensive performance appraisal may be in doubt. In order to improve its effectiveness, politicians in Hangzhou keep trying to make some change within the framework of comprehensive performance appraisal system and transform performance appraisal to performance management.

Keywords

Public Participation; Controlling the Bureaucracy; Comprehensive Performance Appraisal; Performance Management; Hangzhou

学术动态 | Academic Events

建构中国的改革政治学,积极推动政治进步

——首届"中国政治学30人圆桌会议"研讨纪要

2013年8月17日至18日,"首届中国政治学30人圆桌会议"在北京举行。会议由清华大学政治发展研究所、清华大学政治学系、北京大学政治学系、中国人民大学政治学系、中央党校世界政党研究中心和中央编译局比较政治与经济研究中心六家学术机构共同发起。参加会议的30名正式代表由全国12家重要的政治学研究和教学机构,根据学术水平、学术品行和社会政治责任感的标准,联合推荐产生,在国内政治学界获得广泛的认可。六家发起单位还集体推荐产生了15名青年学者代表。会议坚持"平等、理性、包容、专业、责任"的原则,以"政府创新与政治发展"为主题,旨在通过研究和倡导政府创新,推动创新型政府和服务型政府建设,推进中国特色的社会主义政治发展。

现将会议主要观点摘录如下:

一、改革是社会主义制度的自我完善和发展,随着世情、国情和党情的新变化,随着改革进入深水区和关键期,尤其需要凝聚改革共识、积极探索改革新路径

与会学者认为,坚持中国特色社会主义发展道路,继续推进改革开放,以改革开放来解决当前面临的各种问题,是最为基本的共识。但是,在改革的路径问题上,与会学者存在不同的认识。例如,有学者认为,只有增强权力的公共性和扩大民众的政治参与才是真正的出路;有学者提

出,改革要实现社会建设与经济建设并重,积极推动以社会管理体制改革作为主体内容的改革;也有学者建议,改革特别需要顶层制度设计,制度顶层设计要考虑制度普遍性与特殊性、内容与形式的关系;有学者提出,改革已经到了深水区,既要赋予地方改革空间,鼓励地方创新,又要推动中央进行顶层设计,只有上下互动,才能推动中国政治体制改革继续前进。关于改革路径,有学者认为,未来中国会通过非革命的方式逐渐进入政治一元、社会多元的协商性后威权体制;要在增量改革的基础上,积极推动存量改革,将既有的宪法法律制度规定转化为具体可操作性的程序设计;立足于现实结构性要素,实现政权和治权的分离;要通过锻造改革者的智慧、勇气、忠诚、廉洁等美德;要通过制度创新,来推进民主法治,打造权力的笼子,提高公共服务质量,维护公民的权益。

二、当代中国的政治体制改革,必须坚持社会主义的发展方向,最终实现高度的民主和高度的法治

与会学者的观点主要包括这样几个方面:作为一种特殊的"党国政治体制",其改革的出发点,就需要寻求双重逻辑和制度上的平衡,比如寻求党治和法治的平衡、权利和自由的平衡、稳定和发展的平衡,而不是各执一端;在民主发展路线上,选举驱动式的民主已经不具社会共识,中国不可能按照选举驱动民主的路线发展,全社会要面临的共同问题是如何实现有效治理;只有在党外民主的监督下,党内民主才能有效地推行,党内民主应与党外民主相结合渐进而有序地推动;要沿着民主的方向进行适应性政府管理体制改革,要继续推动责任政府建设和干部人事制度改革;立法机构迫切需要实现人大常委专职化;在中央与地方关系上,中央与地方职责要明晰,形成合理的央地政府职责体系;民主与法治是政治体制改革的根本方向,须臾不可偏离。

三、合理界定政府、市场与社会的边界,实现法治框架下的治理转型

与会学者认为,改革的实践已经证明,只有在政府、社会与市场三者之间建立合理的规范的关系,才能实现协调与合作;有危机并不可怕,真正可怕的是对日益迫近的危机自我陶醉、盲目自信。一些群体性事件的妥

善处理说明，国家与社会中温和理性的力量可以在妥协、交易、合作的基础上进行良性互动，并为政治体制改革创造条件和奠定基础；改革开放30年以后，国家开始变得越来越依赖于社会来汲取财政收入，但国家为了维持相对于社会的自主性，会有意识地通过保留大量的国企以减少对社会的依赖，这为国家应对各种治理的挑战奠定了坚实的基础；综合改革是以治权改革为核心，重点在于调整政府与社会、政府与市场、政府与公民、政府与社区自治组织四种关系的改革，具有一元和多元协同治理的结构性特点，但变化只限于治权结构，没有触及政权结构；中国自改革开放以来的地方发展主义，已经面临很大的变革压力，随着资本力量、社会组织和公众力量的逐步成长，国家应该作出一定的变革，打破自上而下的控制体系，赋予地方更大的权威；国家治理须有政治地理空间思维，建议加强对主权性疆域的有效管控和治理，除领土外，疆域还包括超主权的疆域，中国的利益已经大大超过主权管辖范围，如何管控利益边疆，如何进行有效治理则是今后我们面临的重要议题。

四、积极推动基层民主发展是我国政治体制改革的重要路径，但基层民主发展同时也面临巨大挑战

与会学者认为，作为国家与社会关系的连接点的基层社区，目前面临整合困境，建议构建国家层面的整合性、协调性平台。组织系统上实现国家与社区、社会适度分离；引导民众参与建设社区的积极性，培养共同体意识；在基层民主中，农民的行为逻辑其实是由国家建构的，改革开放以来，农村邻里之间传统的合作互助关系已经消失，代之以金钱交易，农民各自处于一种孤立无援的状态；集体产权的改革和变迁正在重构农民和政府之间的权力关系，并将对整个组织的权力结构发挥重要和深远的影响；在土地征收过程中，公共利益的内涵经过了从"国家建设"到"建设"再到走向虚无的演变过程，不同社会利益的力量对比开始发挥越来越重要的影响。在农民的抗争之下，出现了对公共利益加以限缩的迹象；基层民主的协商议事会等制度能够起到民意吸纳的功能。目前的制度创新是功利的、零散的，尚未形成整体性的变革。

五、鼓励公民有序政治参与，提高行政效能，增强政治公信力，是巩固政治合法性的重要条件

与会学者认为，地方党政机构的改革创新在不同的时间，对政治改革、行政改革、公共服务改革和社会管理体制改革的重要程度存在明显差异。东部高于西部、城市高于农村。地方政府的改革创新很大程度取决于上级领导的施政理念偏好；中国前进中存在问题的原因，与政治和行政不分有关。一是决策、执行不分。这既成为决策失误的根源，又成为执行不畅的根源。二是干部管理体制的泛政治化与干部管理过程的泛行政化同时并存。未来应该建立起合理的规范的政治与行政的关系；公民参与是实现老百姓利益表达和诉求的主要途径，应当继续推进竞争性选举，解决民意基础问题。同时，扩大政治参与渠道，让老百姓能够通过常态化的参与来影响到地方官员；要通过参与式行政吸纳公众参与，提高政府绩效，提高公众对政治的信任度，进而提高现有体制的结构合法性，积极发展参与式行政，是建构政治合法性的重要现实途径。国际学术界关注的失败国家研究，应积极参与研究和探讨，深入分析失败国家的内涵、基本特征、发展路径、理论分野等。

六、现代信息技术的飞速发展，以及外部环境的存在对当代中国的民主政治建设如透明政府、网络民主发展等提出了新的思考命题

在全球化、市场化、信息化和网络化的背景下，中国的地方治理面临许多外部环境的影响和压力，地方官员群体开始由原来被动学习变成主动有意识学习。外部因素和内部因素的良性互动，可能成为中国未来政治发展的一种重要的影响因素；中国政治发展面临着全球化和一体化的外部制约，以及市场经济改革所释放的能量和红利递减、民主政治的能量和优势发挥不够、社会意识形态领域共识缺乏等诸多内部制约。海外对中国民主前景的分析有三种视角和两种基本判断，三种视角包括全球化的视角；市场化的视角和精英循环化的视角；基本判断包括走向民主的乐观主义和走向专制的悲观主义两种截然不同的判断。发达的网络媒体改变了整个政治生态，使得人人都是信息主权者，既是媒体信息的接受者，也同样是媒体信息的发布者，这就有可能形成对权威的不信任、不认同和不服从。

七、群众路线是建设社会主义民主政治的一个重要切入点

有学者认为，党的群众路线包含着四对核心关系，即利益表达与利益整合的关系、权力授予方与权力行使方的关系、民众与政府的关系、政治评价与政治制定的关系。群众路线可以成为深化民主政治的切入点，循着群众路线来推进政治体制改革；当前开展的群众路线是反对"四风"的重要活动，但这还不够，解决问题根本上还应该抓住群众路线中的民主。过去民众缺吃少穿，需要物质救助，而那个时代已经过去，现在群众最需要的是民主，既然搞群众路线，就应该赋予群众民主。

八、政治学研究和政治学研究者要与现实问题相结合，积极参与和推动中国特色社会主义政治文明建设

与会学者认为，中国政治学面临三个问题：如何在党国体制背景下展开对话，如何在大背景之下去实现法治和民主，如何在强国家背景之下保障公民自由。政治学研究和政治分析必须区分价值维度和经验维度，必须在普遍性的原则之下去掌握中国特色；中国政治学自主性存在严重不足。中国的改革与中国政治学，一荣俱荣，一损俱损，不少学者主张建立改革的政治学，在学术品格上的经验性特质不容置疑，在研究进路上现实的因果关系要得到认同；中国的现实需要寻找一种超越自由主义的民主理论即治理民主理论，强调国家与社会关系的均衡，不但重视政治过程意义上的民主政治，更强调民主政治的结果即良治；政治学应构建以进步观念为核心内容的政治发展观来指导中国的改革。进步的政治发展观要求从经验事实出发，以解决问题为中心；要求经验事实上升到理论的过程中充分发挥能动性和创造性；要求用历史延续性的眼光考虑未来中国；在设计改革方案的时候，必须考虑成本、代价的研究；政治讨论应当理性化，而不是情绪化。理性研究应该是以问题为导向，而不是简单的概念之争。

最后，与会学者认为，党的十八大明确提出，要积极稳妥地推进我国的政治体制改革，坚持走中国特色的社会主义政治发展道路。实现这一艰巨的任务，实现两个"百年目标"、一个"中国梦"，都离不开民主法治。

没有高度发达的民主法治，不可能有中华民族的复兴和进步，不可能有人民的幸福生活。在推进民主法治过程中我们必然要遇到、也正在遇到新的挑战，这些挑战与政治学研究紧密相关，都需要政治学者的参与。与会学者希望通过搭建政治学交流的高端平台，形成中国政治学界的学术共同体，以各自的政治学专业知识和专业技能，就中国政治发展中的重大问题展开深入的研究，发表自己的见解，贡献自己的智慧，共同推进中国社会的政治进步和中国的政治学研究。

■ 书刊信息：城市治理 | Latest Books and Articles: Urban Governance

中文论文

1. 刘建平、杨磊:《中国快速城镇化的风险与城市治理转型》,载《中国行政管理》,2014年第4期。
2. 任勇:《城镇化与城市治理变革:分权化和全球化的视角》,载《兰州学刊》,2014年第2期。
3. 王颖、陈路:《地方政府城市治理的困境与思考——武汉市"城管革命"的分析》,载《武汉交通职业学院学报》,2014年第1期。
4. 孙力:《大城市治理理念的现代转型》,载《党政论坛》,2014年第1期。
5. 程宇:《回顾与反思:近二十年来城市治理研究的文献评估(1992—2012)》,载《湖北第二师范学院学报》,2014年第3期。
6. 刘志平:《城市化进程中我国城市治理的困境与对策探讨》,载《福建广播电视大学学报》,2014年第2期。
7. 陈娟:《复合联动:城市治理的机制创新与路径完善——基于杭州市上城区的实践分析》,载《中共浙江省委党校学报》,2014年第2期。
8. 汪锦军:《城市"智慧治理":信息技术、政府职能与社会治理的整合机制——以杭州市上城区的城市治理创新为例》,载《观察与思考》,2014年第7期。
9. 李保林、刘强、高云:《协商民主经验对城市治理创新的启示》,载《学习论坛》,2014年第8期。

10. 胡刚、苏红叶：《广州城市治理转型的实践与创新——基于"同德围模式"的思考》，载《城市问题》，2014年第3期。

11. 赵丽江、陈标：《地级城市治理空间与层级的多元选择》，载《国家行政学院学报》，2014年第3期。

12. 张景奇、娄成武：《城市治理视野下我国大城市内涝防治研究》，载《上海行政学院学报》，2014年第4期。

13. 蒋晓伟、饶龙飞：《城市治理法治化：原则与路径》，载《甘肃社会科学》，2014年第4期。

14. 韦如梅：《城市治理中的公民参与：新加坡经验的中国借鉴》，载《湖北社会科学》，2014年第8期。

15. 莫于川、雷振：《从城市管理走向城市治理——〈南京市城市治理条例〉的理念与制度创新》，载《行政法学研究》，2013年第3期。

16. 林尚立：《重构中国城市治理体系：现代城市发展与城市治理对话——复旦大学林尚立教授访谈》，载《南京社会科学》，2013年第6期。

17. 韩福国：《作为嵌入性治理资源的协商民主——现代城市治理中的政府与社会互动规则》，载《复旦学报（社会科学版）》，2013年第3期。

18. 曹海军、霍伟桦：《城市治理理论的范式转换及其对中国的启示》，载《中国行政管理》，2013年第7期。

19. 韩冬雪：《关于我国城市治理变革理念与实践的几个问题》，载《国家行政学院学报》，2013年第2期。

20. 倪咸林：《社会复合主体：城市公共治理的结构创新——以杭州市城市治理经验为例》，载《南京师大学报（社会科学版）》，2013年第2期。

21. 曲凌雁：《"合作伙伴组织"政策的发展与创新——英国城市治理经验》，载《国际城市规划》，2013年第6期。

22. 韩福国、孙颖、许小丹：《人口流动视野下的现代城市公共安全建构——基于"新型产业工人"对开放式城市治理结构的需求分析》，载《甘肃行政学院学报》，2013年第1期。
23. 莫于川：《从城市管理走向城市治理：完善城管综合执法体制的路径选择》，载《哈尔滨工业大学学报（社会科学版）》，2013年第6期。
24. 任进：《城镇化、城市治理与法治》，载《行政管理改革》，2013年第6期。
25. 程宇：《国外城市治理前沿聚焦：基于城市权力结构的研究》，载《江汉学术》，2013年第4期。
26. 韩福国：《重建中国现代城市治理的整体性维度》，载《探索与争鸣》，2013年第11期。
27. 程宇：《国外城市治理：基于城市权力结构视角的综述》，载《湖北行政学院学报》，2013年第4期。
28. 席恒、张婷：《大城市治理中的合作收益——以陕西省"铁公机"应急交通保障联动机制为例》，载《上海行政学院学报》，2013年第6期。
29. 苏晓智：《从示范城市运动看美国社区社会特征下的城市治理——以西雅图、亚特兰大和代顿为例》，载《开发研究》，2013年第3期。
30. 张国玉：余斌：《基于城市可持续科学发展能力评价的城市治理——以宁波市等37个城市为例》，载《四川行政学院学报》，2013年第1期。

中文书目

1. 何艳玲：《变迁中的中国城市治理》，格致出版社/上海人民出版社 2013 年版。
2. 尤安山主编：《沪港城市治理：比较、借鉴与合作》，社会科学文献出版社 2013 年版。
3. 王胜本：《城市治理的架构与机制：利益的一种解析视角》，燕山大学出版社 2013 年版。
4. 邱梦华等编：《城市社区治理》，清华大学出版社 2013 年版。
5. 沈晖：《治理城市违法建筑的法律机制研究》，同济大学出版社 2013 年版。
6. 梁旭：《城市环境污染及治理研究》，时事出版社 2013 年版。
7. 吴鹏森、章友德主编：《城市犯罪与基层治理》，社会科学文献出版社 2013 年版。
8. 吕来明等：《城市流动摊贩权利保护与治理机制》，法律出版社 2013 年版。
9. 陈辉煌：《长三角城市群协调发展与区域共生治理研究》，西北大学出版社 2013 年版。
10. 黄石鼎：《流动的城市：管理与服务》，广州出版社 2013 年版。
11. 李江涛：《走向善治：新型城市化背景下的城市治理》，广州出版社 2013 年版。

12. 郭圣莉、刘晓亮：《转型社会的制度变革：上海城市管理与社区治理体制构建》，华东理工大学出版社2013年版。

13. 石发勇：《准公民社区：国家、关系网络与城市基层治理》，社会科学文献出版社2013年版。

14. 高春凤：《融入视角下流动人口城市社区管理体制》，知识产权出版社2014年版。

15. 柯红波主编：《走向和谐"生活共同体"：城市化进程中的社区分类管理研究——以杭州市江干区为例》，浙江工商大学出版社2013年版。

16. 刘荣增等：《中国城乡统筹：城市增长管理视角》，科学出版社2013年版。

17. 连玉明主编：《社会改革与城市创新》，社会科学文献出版社2013年版。

18. 宋雅杰：《城市环境危机管理：以深圳大鹏半岛为例》，科学出版社2014年版。

19. 吴鹏森、章友德主编：《城市化、犯罪与社会管理》，社会科学文献出版社2013年版。

英文论文

1. Resnick, Danielle, "Urban Governance and Service Delivery in African Cities: The Role of Politics and Policies", *Development Policy Review*, Vol. 32, July 2014, Supplement.

2. Plüss, Larissa, "Steering, Not Rowing? An Analysis of the Political Influence, the Role Perceptions, and the Behavior of Swiss City Councillors in Different Urban Governance Contexts", *Urban Affairs Review*, Vol. 50, No. 4, 2014.

3. Bunning, Jessica, "Governance for Regenerative and Decarbonised Eco–city Regions", *Renewable Energy: An International Journal*, Vol. 67, July 2014.

4. Dowling, Robyn; M., Pauline; and Bulkeley, Harriet, "Retrofitting Cities: Local Governance in Sydney, Australia", *Cities*, Vol. 38, June 2014.

5. Puppim de Oliveira, et al., "Green Economy and Governance in Cities: Assessing Good Governance in Key Urban Economic Processes", *Journal of Cleaner Production*, Vol. 58, November 2013.

6. Weck, Sabine; Beißwenger, Sabine, "Coping with Peripheralization: Governance Response in Two German Small Cities", *European Planning Studies*, Vol. 22, No. 10, Oct. 2014.

7. Lawton, Philip; Punch, Michael, "Urban Governance and the 'European

City': Ideals and Realities in Dublin, Ireland", *International Journal of Urban & Regional Research*, Vol. 38, No. 3, 2014.

8. Evers, David; de Vries, Jochem, "Explaining Governance in Five Mega – City Regions: Rethinking the Role of Hierarchy and Government", *European Planning Studies*, Vol. 21, No. 4, 2013.

9. Hidle, Knut; and Normann, Roger Henning, "Who Can Govern? Comparing Network Governance Leadership in Two Norwegian City Regions", *European Planning Studies*, Vol. 21, No. 2, 2013.

10. Yuson Jung; and Newman, Andrew, "An Edible Moral Economy in the Motor City: Food Politics and Urban Governance in Detroit", *Gastronomica*, Vol. 14, No. 1, 2014.

11. Heinrichs, Dirk; Krellenberg, Kerstin; and Fragkias, Michail, "Urban Responses to Climate Change: Theories and Governance Practice in Cities of the Global South", *International Journal of Urban & Regional Research*, Vol. 37, No. 6, 2013.

12. Shapely, Peter, "Governance in the Post – War City: Historical Reflections on Public – Private Partnerships in the UK", *International Journal of Urban & Regional Research*, Vol. 37, No. 4, 2013.

13. Nelles, Jen, "Cooperation and Capacity? Exploring the Sources and Limits of City – Region Governance Partnerships", *International Journal of Urban & Regional Research*, Vol. 37, No. 4, 2013.

14. Levelt, Melika; and Janssen – Jansen, "The Amsterdam Metropolitan Area Challenge: Opportunities for Inclusive Coproduction in City – region Governance", *Environment & Planning C: Government & Policy*, Vol. 31, No. 3, 2013.

15. Obeng – Odoom, Franklin, "The State of African Cities 2010: Governance, Inequality and Urban Land Markets", *Cities*, Vol. 31, April 2013.

16. Khan, Shahed, *et al.*, "From Blueprint Master Plans to Democratic Planning

in South Asian Cities: Pursuing Good Governance Agenda against Prevalent Patron – client Networks", *Habitat International*, Vol. 38, April 2013.

17. Senol, Fatma, "Elected Neighbourhood Officers in a Turkish City (Izmir): Gendered Local Participation in Governance", *Urban Studies*, Vol. 50, No. 5, 2013.

18. Zanon, Bru, "Scaling – down and Scaling – up Processes of Territorial Governance: Cities and Regions Facing Institutional Reform and Planning Challenges", *Urban Research & Practice*, Vol. 6, No. 1, 2013.

19. Doberstein, Carey, "Metagovernance of Urban Governance Networks in Canada: In Pursuit of Legitimacy and Accountability", *Canadian Public Administration*, Vol. 56, No. 4, 2013.

20. Colavitti, Anna Maria, et al., "Urban Planning in Italy: The Future of Urban General Plan and Governance", *European Planning Studies*, Vol. 21, No. 2, 2013.

21. Zhou, Mujun, "Debating the State in Private Housing Neighborhoods: The Governance of Homeowners' Associations in Urban Shanghai", *International Journal of Urban & Regional Research*, Vol. 38, No. 5, 2014.

22. Hendriks, Frank, "Understanding Good Urban Governance: Essentials, Shifts, and Values", *Urban Affairs Review*, Vol. 50, No. 4, 2014.

23. Jun, Kyu – Nahm, "Escaping the Local Trap? the Role of Community – Representing Organizations in Urban Governance", *Journal of Urban Affairs*, Vol. 35, No. 3, 2013.

24. Wetzstein, Steffen, "Urban Economic Governance, Business and Globalisation: Australasia's 'Committee – for – City' Phenomenon", *Geography Compass*, Vol. 7, No. 6, 2013.

25. Rice, Jennifer L., "Public Targets, Private Choices: Urban Climate Governance in the Pacific Northwest", *Professional Geographer*, Vol. 66, No. 2, 2014.

26. Cocks, Matthew, "Conceptualizing the Role of Key Individuals in Urban Governance: Cases from the Economic Regeneration of Liverpool, UK", *European Planning Studies*, Vol. 21, No. 4, 2013.

27. Beal, Vincent; and Pinson, Gilles, "When Mayors Go Global: International Strategies, Urban Governance and Leadership", *International Journal of Urban & Regional Research*, Vol. 38, No. 1, 2014.

28. Muñoz-Gielen, Demetrio, "Urban Governance, Property Rights, Land Readjustment and Public Value Capturing", *European Urban & Regional Studies*, Vol. 21, No. 1, 2014.

29. Yooil Bae, "Decentralized Urban Governance and Environmental Collaboration in South Korea: The Case of Hyundai City", *Pacific Affairs*, Vol. 86, No. 4, 2013.

30. Miller, Michelle Ann; and Bunnell, Tim, "Problematizing the Interplay between Decentralized Governance and the Urbanin Asia", *Pacific Affairs*, Vol. 86, No. 4, 2013.

31. Lauermann, John; and Davidson, Mark, "Negotiating Particularity in Neoliberalism Studies: Tracing Development Strategies Across Neoliberal Urban Governance Projects", *Antipode*, Vol. 45, No. 5, 2013.

32. Horak, Martin, "State Rescaling in Practice: Urban Governance Reform in Toronto", *Urban Research & Practice*, Vol. 6, No. 3, 2013.

33. Hinze, Annika M.; Smith, James M., "Into the Twenty-first Century: North American Urban Governance and Development in a Global Context", *Urban Research & Practice*, Vol. 6, No. 3, 2013.

34. Rodriguez, Alejandro; Brown, Alvin, "Urban Governance Reform Index: An Alignment of Traditional Reform and Public Choice Propositions", *Public Organization Review*, Vol. 13, No. 3, 2013.

35. Smedby, Nora; and Neij, Lena, "Experiences in Urban Governance for Sustainability: The Constructive Dialogue in Swedish Municipalities", *Journal*

of *Cleaner Production*, Vol. 50, July 2013.

36. Aylett, Alex, "The Socio – institutional Dynamics of Urban Climate Governance: A Comparative Analysis of Innovation and Change in Durban (KZN, South Africa) and Portland (OR, USA)", *Urban Studies*, Vol. 50, No. 7, 2013.

37. Hughes, Sara, "Authority Structures and Service Reform in Multilevel Urban Governance: The Case of Wastewater Recycling in California and Australia", *Urban Affairs Review*, Vol. 49, No. 3, 2013.

38. Blanco, Ismael, "Analysing Urban Governance Networks: Bringing Regime Theory Back In", *Environment & Planning C: Government & Policy*, Vol. 31, No. 2, 2013.

39. Lombard, Melanie, "Citizen Participation in Urban Governance in the Context of Democratization: Evidence from Low – Income Neighbourhoods in Mexico", *International Journal of Urban & Regional Research*, Vol. 37, No. 1, 2013.

40. Baptista, Idalina, "Practices of Exception in Urban Governance: Reconfiguring Power Inside the State", *Urban Studies*, Vol. 50, No. 1, 2013.

英文书目

1. Acuto, Michele, *Global Cities, Governance and Diplomacy: The Urban Link*, Routledge, 2013.

2. Andrew, Caroline, and Graham, Katherine A., *Canada in Cities: The Politics and Policy of Federal – Local Governance*, McGill – Queen's University Press, 2014.

3. Asano, Kota and Takada, Mitsuo, *Rural and Urban Sustainability Governance*, United Nations University Press, 2014.

4. Bahl, Roy; Linn, Johannes F., *Governing and Financing Cities in the Developing World*, Lincoln Institute of Land Policy, 2014.

5. Bekker, Simon and Fourchard, Laurent, *Governing Cities in Africa: Politics and Policies*, HSRC Press, 2013.

6. Bowden, Matt, *Crime, Disorder and Symbolic Violence: Governing the Urban Periphery*, Palgrave Macmillan, 2014.

7. Bradford, Neil John, and Bramwell, Allison, *Governing Urban Economies: Innovation and Inclusion in Canadian City Regions*, University of Toronto Press, 2014.

8. Bradford, Neil, and Bramwell, Allison, ed., *Governing Urban Economies: Innovation and Inclusion in Canadian City Regions*, University of Toronto Press, 2014.

9. Bulkeley, Harriet, *An Urban Politics of Climate Change: Experimentation and the Governing of Socio-Technical Transitions*, Routledge, 2014.

10. Deakin, Mark, *Smart Cities: Governing, Modelling and Analysing the Transition*, Routledge, 2014.

11. Garcia-Zamor, Jean-Claude, *Strategies for Urban Development in Leipzig, Germany: Harmonizing Planning and Equity*, Springer, 2014.

12. Gebhardt, Hans, *Urban Governance, Spatial Planning and Economic Development in the 21st Century China*, Lit Verlag, 2014.

13. Goldsmith, Stephen, and Crawford, Susan, *The Responsive City: Engaging Communities Through Data-Smart Governance*, Jossey-Bass, 2014.

14. Gupta, Bhuvanesh, *Urban Local Government*, Wisdom Press, 2014.

15. Hamilton, David K., *Measuring the Effectiveness of Regional Governing Systems: A Comparative Study of City Regions in North America*, Springer, 2013.

16. Herrschel, Tassilo, *Cities, State and Globalisation: City-Regional Governance in Europe and North America*, Routledge, 2014.

17. Jena, Duryodhan, *Decentralization and Urban Local Governance*, Manglam Publications, 2014.

18. Mapuva, Jephias, *Challenges to Urban Democratic Governance in Zimbabwe: The Case of the Appointment of Special Interest Councillors in Urban Local Councils*, Cambridge Scholars Publishing, 2014.

19. Obeng-Odoom, Franklin, *Governance for Pro-Poor Urban Development: Lessons from Ghana*, Routledge, 2013.

20. Ostrander, Susan A., *Citizenship and Governance in a Changing City: Somerville, MA*, Temple University Press, 2013.

21. Pagano, Michael A., ed., *Metropolitan Resilience in a Time of Economic Turmoil*, University of Illinois Press, 2014.

22. Palanithurai, G., et al., *Governance at Community Level in China and India: A Comparative Analysis*, Concept Publishing, 2014.

23. Pekkanen, Robert J., *et al.*, *Neighborhood Associations and Local Governance in Japan*, Routledge, 2014.

24. Rahman, Taibur, *Urban Governance and Informal Growth Regulation in Dhaka*, A. H. Development Publishing House, 2013.

25. Rajit, H. S. Gupta, and Okhandiar, R., *Policy and Legal Framework for Urban Green Space Governance in India*, Daya Publishing House, 2013.

26. Rich, Michael J. and Phillip, Robert Stoker, *Collaborative Governance for Urban Revitalization: Lessons from Empowerment Zones*, Cornell University Press, 2014.

27. Rodríguez-bolívar, Manuel Pedro, ed., *Transforming City Governments for Successful Smart Cities*, Springer Verlag, 2014.

28. Sandhu, Jasmeet, and Bal, Gurpreet, *Urban Development and Governance: Issues, Concerns and Challenges*, Rawat Publications, 2013.

29. Seixas, João and Albet, Abel, *Urban Governance in Southern Europe*, Ashgate Publishing, 2013.

30. Shand, Rory, *Governing Sustainable Urban Renewal: Partnerships in Action*, Routledge, 2013.

31. Shapely, Peter, *Governance Inner-City Communities and Exclusion: Urban Decline in Britain 1957–1987*, Ashgate, 2014.

32. Silva, Carlos Nunes, *Citizen E-Participation in Urban Governance: Crowdsourcing and Collaborative Creativity*, Information Science Reference, 2013.

33. Singh, U. B., *Ethics & Social Accountability in Urban Governance*, Global Research Publications, 2014.

34. Skelcher, Chris, Sullivan, Helen and Jeffares, Stephen, *Hybrid Governance in European Cities: Neighbourhood, Migration and Democracy*, Palgrave Macmillan, 2013.

35. Tomba, Luigi, *The Government Next Door: Neighborhood Politics in Urban China*, Cornell University Press, 2014.

36. Vojnovic, Igor, *Urban Sustainability: A Global Perspective*, Michigan State University Press, 2013.

37. Wolfe, David A., *Innovating in Urban Economies: Economic Transformation in Canadian City – Regions*, University of Toronto Press, 2014.

38. Yip, Ngai – ming, *Neighbourhood Governance in Urban China*, Edward Elgar, 2014.

《中国治理评论》约稿函

《中国治理评论》是一份发表中外治理研究成果的专业学术出版物,计划每年出版2—4辑。《中国治理评论》秉持学术宗旨,采用当今国际学术刊物通行的匿名审稿制度,提倡严谨治学,鼓励理论创新,关注实证研究,以期为中国政府和社会治理的研究者提供一个学术交流的平台。该刊由俞可平教授任编委会主任和主编。

《中国治理评论》主要有"主题探讨"、"治理案例"、"书评"、"学术动态"、"书刊信息"等栏目。"主题探讨"栏目每期一个主题,发表对治理领域某一专题进行探讨的理论研究论文;"治理案例"栏目刊登对国内外政府和社会治理的描述与分析性案例研究文章,每个研究案例字数要求为1万—1.5万字;"书评"栏目介绍和评论国内外新出版的重要治理研究著作,每篇书评字数要求为5000—8000字;"书刊架"栏目介绍当前国内外治理方面的最新文献资料,并选择其中有代表性的若干篇文章作摘要性介绍;"学术动态"栏目反映国内外关于治理研究的会议信息(含杂志社的有关活动)。

本刊特向学界同仁诚挚约稿。本刊投稿不限中文,被录用的外文文章由编辑部负责翻译成中文,由作者审查定稿。来稿须未曾在大陆任何公开出版物上发表,请勿一稿两投。优稿优酬。请遵守学术规范,如出现剽窃,文责自负。投稿体例如下:

一、稿件要求

（一）形式要求

1. 电子文件

Microsoft Office 软件文本。

2. 打印文件

A4 纸。

（二）文本要求

1. 正文文本

5 号宋体，单倍行距，页边距上下限、左右边距均采用 Office 软件的默认设置。

2. 文章标题

一级标题："一、二、三……"；

二级标题："（一）（二）（三）……"；

三级标题："1.2.3……"；

四级标题："（1）（2）（3）……"。

一、二、三级标题各占一行，其中一级标题居中，二、三级标题缩进两个字符且左对齐，四级及以下标题后加句号且与正文接排。

3. 图表文件

（1）统计表、统计图或其他示意图等，均用阿拉伯数字连续编号，后加空格并注明图表名称；

（2）表号及表名须标注于表的上方且居中；

（3）图号及图名须标注于图的下方，且末尾不加标点符号。

如图表下有标注补充说明或资料来源，格式为：先标注补充说明，再另起一段标注资料来源，具体为："注"须标注于图表的下方，以句号结尾；"资料来源"须标注于"注"的下方，并按正文引用格式标注文献。

示例如下：

表3　自民党与自由党的二元变量分析，2010

变量	相关系数
人口结构比例	－0.362＊＊＊

注：N=36，不包括监狱人员和外籍短期逗留人员，＊＊＊、＊＊和＊分别表示相关系数通过0.01、0.05和0.10水平的显著性检验。

资料来源：日本大藏省党派研究中心报告（2010）。

（三）信息要求

1. 第一页

应包括如下信息：

（1）文章标题；

（2）作者姓名、单位、通信地址、电话与电子邮箱地址。

2. 第二页

应提供以下信息：

（1）文章中、英文标题；

（2）200字以内中、英文摘要，以及3—5个中、英文关键词。

二、注释体例

本刊采用文尾注释。正文中注号用阿拉伯数字加六角括号标注于相关句子的右上角，通常应在相关标点之外。文后注号亦加六角括号，按出现先后次序连续排号，以尾注方式置于文后。

参考文献连续排序，用阿拉伯数字加六角括号表示。参考文献按先中文，后译文、外文排序，按照拼音和字母顺序A—Z升序排列为序。

例证如下：

（一）中文

马克思:《工资、价格和利润》,见《马克思恩格斯选集》第 2 卷,人民出版社 1995 年版。

沙菲克:《进化模式将是胜利者》,载《经济社会体制比较》,2004 年第 6 期,第 1—11 页。

张康之:《超越官僚改制:行政改革的方向》,http://theory.people.com.cn/GB/40764/55942/55945/4054675.html,2006 年版。

周子康:《中国地方政府编制管理定量分析的研究》(会议论文),东部地区公共行政组织第十四届大会,1991 年版。

（二）译文

[英] 亚历山大·罗森伯格:《经济学理论的认知地位如何》,见罗杰·E.巴克豪斯编:《经济学方法论的新趋势》,张大宝等译,经济科学出版社 2000 年版。

[美] 杰·D.怀特:《公共行政研究的叙事基础》,胡辉华译,中央编译出版社 2011 年版。

（三）外文

Putnam, Robert D., *Making Democracy Work*, Princeton: Princeton University Press, 1993.

Gambetta, D., ed., *Trust*, Oxford: Blackwell, 1988.

Romer, P., "Increasing Returns and Long-run Growth", *Journal of Political Economy*, 94, 1986, pp. 1002 – 1037.

Sabel, Charlels F., "The Re-emergence of Regional Economies", In Paul Hirst and Jonathan Zeitlin, eds., *Reversing Industrial Decline*, Oxford: Berg, 1988.

三、权利与责任

（一）根据《中华人民共和国著作权法》有关规定，经本刊发表的文章，其版权均属本刊专有；涉及国外版权问题，均遵照《中华人民共和国著作权法》及有关国家法规执行。凡向本刊投稿者皆被认定遵守上述约定。

（二）来稿由本刊编辑部组织匿名审查，编辑部有权对来稿进行修改，有关内容的修改意见将反馈作者。本刊编辑部如在收到稿件之后两个月之内未予答复，作者可另行处理。

（三）来稿请用电子文本 word 文档发送至编辑部电子邮箱：zgzlpl@163.com，《中国治理评论》热情欢迎您的赐稿！文稿一经采用，稿酬从优。

《中国治理评论》编辑部
电子邮件：zgzlpl@163.com
电话：010—66509508
传真：010—66120874

图书在版编目(CIP)数据

中国治理评论. 第5辑／俞可平主编.
—北京：中央编译出版社，2014.10
ISBN 978-7-5117-2361-1

Ⅰ. ①中…
Ⅱ. ①俞…
Ⅲ. ①社会管理－中国－丛刊
Ⅳ. ①D63-55

中国版本图书馆CIP数据核字(2014)第233919号

中国治理评论. 第5辑

出 版 人	刘明清
出版统筹	贾宇琰
责任编辑	侯天保
责任印制	尹 珺
出版发行	中央编译出版社
地　　址	北京西城区车公庄大街乙5号鸿儒大厦B座(100044)
电　　话	(010)52612345(总编室)　(010)52612339(编辑室) (010)52612316(发行部)　(010)52612317(网络销售) (010)52612346(馆配部)　(010)66509618(读者服务部)
传　　真	(010)66515838
经　　销	全国新华书店
印　　刷	北京时捷印刷有限公司
开　　本	787毫米×1092毫米　1/16
字　　数	336千字
印　　张	21.75
版　　次	2014年10月第1版第1次印刷
定　　价	49.00元

网　　址：www.cctphome.com　　　邮　　箱：cctp@cctphome.com
新浪微博：@中央编译出版社　　　　微　　信：中央编译出版社(ID：cctphome)
淘宝店铺：中央编译出版社直销店(http://shop108367160.taobao.com)

本社常年法律顾问：北京市吴栾赵阎律师事务所律师　闫军　梁勤
凡有印装质量问题，本社负责调换，电话：(010)66509618